병들고
은혜 안으로

병들고 은혜 안으로

초판 1쇄 인쇄　2011년 6월 14일
초판 1쇄 발행　2011년 6월 19일

지은이 l Cafe '생명의 삶과 함께하는 사람들' 펴냄
펴낸이 l 金泰奉
펴낸곳 l 한솜미디어
등　록 l 제5-213호

편　집 l 박창서, 김주영, 김미란, 이혜정
마케팅 l 김영길, 김명준
홍　보 l 장승윤

주　소 l (우143-200) 서울시 광진구 구의동 243-22
전　화 l (02)454-0492(代)
팩　스 l (02)454-0493
이메일　hansom@hansom.co.kr
홈페이지　www.hansom.co.kr

값 12,000원
ISBN 978-89-5959-272-2 (03810)

*잘못 만들어진 책은 구입하신 서점에서 친절하게 바꿔드립니다

故 김종성 목사 묵상집

병들고
은혜 안으로

Cafe '생명의 삶과 함께하는 사람들' 펴냄

한솜미디어

왜 우리는
故 김종성 목사의
묵상집 출판에 나서게 되었는가

故 김종성 목사의 묵상집 출판 준비위원회를 구성하면서 왜 우리는 이 일에 나서게 되었는가 자문하며, 하나님 앞에 이 일이 선하고 아름다운 진행이 되기 위하여 우리의 목적과 동기를 분명히 하자고 하였습니다.

우리는 지금 한 사람을 우상화한다거나, 영웅 만들기를 하고 있는 것이 아닙니다.

몇몇 사람들의 이해관계를 위한 출판사업을 하는 것은 더더욱 아닙니다.

그가 주님의 부름을 받고 떠난 후 여기 게시판에 올려진 그의 글들이 헛되지 않도록 하시는 성령의 격동하심을 받은 사람들이 감히 나서게 된 일입니다.

故 김종성 목사!

그는 한 평범한 시골 교회의 목사에 불과합니다.

그는 그가 졸업한 한국성서신학대학에서 그 학교의 교훈인 밀알정신을 배우고 주님의 밀알정신을 그의 삶과 목회현장에서 그리고 말씀 나눔에서 실천한 한 무명의 목사입니다. 말기 암의 투병 가운데서도 생명의 삶 게시판에 글을 올려 우리에게 선한 영향력을 끼쳤고 그가 주님께 부름 받아 세상을 떠난 지금 더욱 그의 묵상 글이 그리워지게 만드는 사람입니다.

그가 시무했던 교회의 가장 나이 많은 권사님의 이야기로는 그가 동두천의 한 허름한 지하 교회당에서 기도에 엎드리며 말씀 사역하는 5년여 세월 동안 어쩌면 그의 몸이 많이 망가졌을 것이라고 말합니다.

1년 전 그의 얼굴에 이상 징조가 나타났을 때 볼거리 정도로만 생각했다고 합니다. 그러나 그것이 말기 후두암으로 판정을 받고 시한부 삶을 살게 되면서부터는 산으로 가서 기도하는 횟수가 많아졌다고 합니다.

교인들이 대형교회로만 몰릴 수밖에 없는 한국교회의 흐름 속에서 그도 교회 성장을 위한 몸부림을 쳐보았지만 그가 목양했던 소수의 성도들과 지하 교회당의 모습으로는 이 대세의 흐름을 피해 갈 수 없었을 것입니다.

그러나 그는 대형교회로 향하는 양적 성장은 이루지 못하였어도 하나님께서 그에게 주신 은사를 살려서 교회 목양사역뿐 아니라 두란노 출판사가 제공하는 생명의 삶 게시판에 햇수로 3년여간 꾸준히 묵상글을 올리게 되었는데 이것은 그가 시무했던 교회 밖의 더 큰 주님의 양 무리들과 세상을 향해 하나님의 말씀을 나누는 기회가 되었습니다.

우리는 생명의 삶 게시판에서 그의 묵상 글들을 보았습니다.

우리는 그의 묵상 글에서 그가 마지막 남은 생명의 불꽃을 태우며 매일 매일 써내는 묵상 글들을 보았습니다.

그날에 주어진 성경 본문에 충실하면서도, 그날에 그에게 주신 말씀의 한 구절을 붙잡고 써내려간 묵상 글들은 마치 그의 생명과 바꾸는 글들로 여기 게시판을 거룩함과 진지함으로 빛나게 하는 글들이었습니다.

그의 묵상 글을 기다리는 사람들이 많아졌고 그의 투병을 지켜보며 기도하는 사람들이 많았던 중 지난 1월 17일 그는 마지막 글을 올리고 더 이상 묵상 나눔 게시판에 나타나지 않았습니다.

그리고 한 달여 지난 후 갑자기 나타난 그의 부고 소식은 다시 그의 글이 올라오기를 기다리는 사람들에게 한순간 숨을 멎게 하는 충격이고 슬픔이 되었습니다.

  생명의 삶 게시판에서 매일 매일 글을 올리면서 말씀 이해에 대한 탁월한 능력과 또 그것을 그의 신앙 인격과 삶에 담아 글로써 녹여내는 그의 글들을 더 이상 게시판에서 볼 수 없게 되었지만 우리는 하나님께서 그를 통하여 이미 주신 글들이라도 다시금 살려 내기를 원하는 소박한 소원으로 이 출판사역에 뜻을 모으며 힘을 합하기로 하였습니다.

  우리는 말기 암으로 꺼져 가는 자신의 생명을 불태우며 주님께 향한 신앙고백으로 써내려간 그의 묵상 글들이 아름다운 향기가 되어 이 시대를 살아가는 그리스도인들의 마음을 적시며 도전과 자극이 되고 주님을 모르는 사람들의 손에도 이 책이 들려져서 경건한 믿음과 삶의 가치가 무엇인지 전달하기를 원합니다.

  우리 안에 선한 소원을 주시고 이루게 하시는 주님의 일하심이 여기에 이르러 마침내 故 김종성 목사 묵상집 출판 준비위원회를 구성하고 첫 묵상집을 내놓게 되었습니다.

  아무쪼록 이 책을 읽게 되는 모든 독자들에게 故 김종성 목사에게 주셨던 성령의 감동과 은혜가 함께하기를 기원합니다.

2011년 3월 6일
故 김종성 목사 묵상집 출판준비위원회를 구성하고
위원장 김진철 외 출판위원 일동 올림

故 김종성 목사의 묵상집을 출판하면서

두란노 출판사에서 발간되는 월간 큐티지 "생명의 삶"을 통해 묵상하는 사람들이 많은 중 특별히 인터넷으로 생명의 삶 게시판에 들어와 글을 남기며 또 올려진 묵상 글을 통해 은혜를 나누는 분들이 많이 있습니다.

2009년 봄부터 2011년 1월 사이에 말기 암 투병 가운데서도 꾸준히 묵상 글을 남기면서 은혜를 끼치는 분이 있었는데 그분은 경기도 동두천시에 있는 한 작은 교회(그루터기 교회)에서 시무하는 김종성 목사님 이셨습니다.

언제부터인가 이 "묵상 나눔 게시판"에 들어오는 사람들은 그분의 묵상 글에 관심을 가지며 또 그의 지병을 염려하면서 한마음으로 기도하게 되었습니다.

그분은 2009년 12월 편도암 말기 진단을 받고 수술을 권유 받았지만 자신의 사명은 말씀을 전달하는 것이기 때문에 목 수술로 소리를 잃어버려서 설교를 못하는 것보다 끝까지 설교하다가 주님께 가겠다는 결심으로 목양과 설교 강단을 떠나지 않는 분이셨습니다.

그는 마치 영국과 미국의 대각성 운동에 불을 지핀 복음주의 설교가 조지 휘트필드 George Whitefield처럼 하나님께 받은 은사가 녹슬어 없어지기보다 닳아져서 없어지도록까지 쓰임받기를 원하는 말씀의 종이었습니다.

　한국성서대학 신대원을 졸업하고 목회하면서 설교에 특별한 은사가 있었던 그분은 2006년도에 분당에 있는 할렐루야 교회(당시 김상복 목사 시무)에서 목회자 100명을 뽑아 1년 동안 특별한 설교대학 과정을 설립했을 때도 수석으로 졸업하여 상금으로 예수님의 고향 이스라엘 성지순례 중 요단강 가에서 설교할 수 있는 축복을 누렸을 만큼 말씀에 대한 이해와 설교에 탁월한 은사가 있는 분이었습니다.

　그런데 2010년 후반기로 들어가면서 인터넷 "생명의 삶" 게시판에 올라오는 그의 묵상 글 속에는 임박한 죽음의 그늘이 비쳐지기 시작했는데 그럼에도 불구하고 생명을 뛰어넘는 믿음으로 하나님께 향한 신앙을 고백했던 그의 글들은 국내와 해외에서 이 게시판을 찾는 많은 사람들에게 감동과 은혜를 흘러넘치게 하였습니다.

　많은 분들이 기도와 댓글로 그를 응원하는 가운데 2011년 1월 17일 그는 마지막 묵상 글을 올리고 더 이상 나타나지 않았습니다.

　마지막 묵상 글을 올린 후 그로부터 한 달 후 2011년 2월 19일 그가 시무했던 교회의 청년이 인터넷 생명의 삶 게시판에 그의 부고 소식을 알렸을 때 많은 분들이 애도하였고 추모 글을 남겼으며 그분의 글이 인터넷 게시판에 묻히지 않고 세상에 빛을 보게 하자는 모임이 만들어졌습니다.

　이 선한 일에 동참하는 거의 모든 분들은 고인의 생전에 한 번도 만나 본 적이 없는 분들이고 아무 이해관계도 없었던 분들이지만 성령님께서 선한 동기를 불러 일으켜 주시고 분발시켜 주시는 마음 때문에 故 김종성 목사 소천 후 2주 뒤인 2011년 3월 15일 출판준비위원회가 결성되었습니다.

　그리고 이 출판의 과정을 지원하기 위한 카페도 만들게 되었는데 한마음과 한뜻으로 동참하시는 분들이 한 달 만에 100명을 넘어서게 되었고 출판기금도 만들어졌습니다.

우리는 "생명의 삶과 함께하는 사람들"이라는 이름으로 카페를 만들었고 또 이 이름으로 고인의 묵상집을 출간하기로 하였습니다. 이것은 두란노 출판사가 인터넷 "생명의 삶" 게시판을 만든 이후 최초의 오프라인 모임의 출발이 되었으며 그동안 게시판에서 이름으로만 알았던 분들이 서로 만나 얼굴을 마주하고 뜻있는 일을 하게 된 계기가 되었습니다.

고인은 약 700편의 묵상 글을 남겼는데 우선 160편의 내용을 이번에 출간하게 되었습니다.

이 모든 은혜의 배후에는 고인에게 귀한 묵상 글을 쓰게 하셨던 성령님의 감동과 은혜가 모든 과정 가운데 함께하고 계심을 믿으며, 또한 이 책을 통하여 영광 받으실 주님의 계획이 있으신 것을 감사드리며 이 책의 내용을 다음과 같이 구성하였습니다.

※ 특별히 이 책의 주요 내용들은 故 김종성 목사의 묵상 내용들을 담고 있지만 독자들의 이해를 돕기 위해서 부록으로 故 김종성 목사를 소개할 수 있는 글들을 실었는데 편집자의 주관적인 생각들을 배제하고 철저하게 생명의 삶 게시판에 올라왔던 글들을 중심으로 편집되었음을 밝힙니다.

C·O·N·T·E·N·T·S

왜 우리는 故 김종성 목사의 묵상집 출판에 나서게 되었는가 _ 4
故 김종성 목사의 묵상집을 출판하면서 _ 7

▶ 묵상의 향기 1 ·· 19
　(2009년 4월부터 2009년 11월까지)

▶ 묵상의 향기 2 ·· 99
　(2009년 12월부터 2010년 3월까지)

▶ 묵상의 향기 3 ·· 163
　(2010년 4월부터 2010년 8월까지)

▶ 묵상의 향기 4 ·· 255
　(2010년 9월부터 2011년 1월까지)

▶ [부록] 내가 본 故 김종성 목사 ·· 347

편집 후기 _ 365

이제 서론을 접고 책의 본론으로 들어가야겠습니다.
묵상 글이라는 이 책의 특성상
고인을 애도했던 많은 사람들의 댓글에서부터
이 글을 시작하려고 합니다.

2011.2.19. (토)

오늘 새벽 김종성 목사님께서 하나님의 부르심을 받아 하늘나라로 소천하셨습니다.

저는 김종성 목사님께서 시무하고 계시는 그루터기 교회의 김태현 청년입니다.

늘 좋은 묵상 글을 올려주심으로 큰 은혜를 함께 전해주신 목사님의 소식을 전해드리고자 이렇게 글을 올립니다.

그동안 계속적인 치료를 받고 계시다가 오늘 새벽(2011.2.19. 토) 하나님의 부르심을 받아 하늘나라로 소천하셨습니다.

故 김종성 목사님의 가정을 위하여 기도 부탁드리며, 삼가 고인의 명복을 빕니다.

- 장　소 : 양주시 덕정동 224-3
- 연락처 : 825-5000/010-3164-8958 김태현
- 발　인 : 2011. 2. 21(월) 오전

김종성 목사님의 가정에 하나님의 큰 축복과 은혜를 주소서.

| 추모 댓글들 |

허정순

그동안 몸이 불편한 와중에도 좋은 말씀 올려주셔서 감사합니다. 저도 병원생활을 해보았었는데 아플 때는 책보기도 힘드셨을 텐데 그 상황에서도 글을 올려주시고 많은 사람들에게 은혜를 전하심에 깊이 감동하였습니다. 이제 주님 품 안에서 편안히 쉬시고 남은 가족들에게 주님의 위로와 도움이 함께하시길 기도합니다. 2011-02-24

최차종

제가 목사님 소식을 이제야 보게 되었네요. 천국에서 뵙기를…. 가족분들께 주님의 위로하심이 있기를 기도합니다. 2011-02-22

조은예

목사님, 다시 오시길 기대하며 오랜만에 들어왔는데… 천국에 가셨네요. 목사님, 기도 많이 못해서 죄송합니다. 선한 목자였던 목사님, 이제 하나님 품에서 편히 쉬세요. 너무도 고생 많으셨어요. 2011-02-22

이소영

매일 이곳을 들러 목사님이 언제 나와 주실까 기다렸는데… 주님 품에 가셨다는 소식을 듣네요. 목사님의 글을 통해 얼마나 많은 것들을 얻었는지요. 그동안 병든 몸으로까지 많은 영혼을 위해 수고하신 목사님, 너무 감사드리고 사랑합니다. 천국에서 육신의 고통 없이 행복하고 바쁘게 지내시리라 믿습니다. 남겨진 유족들에게 우리 주님의 보호하심이 있으리라 믿으며 목사님 잊지 않겠습니다. 눈물이 앞을 가리네요.
2011-02-20

▶ 김은혜

　매일 믿음으로 말씀을 나눠 주시던 목사님을 주님의 품으로 안식을 누리게 하신 주님께서 위로해 주시리라 믿습니다. 목사님 천국 한가운데서 다시 만나요. 2011-02-19

▶ 김진철

　주님 품에서 평안하시기를 기원합니다. 병을 반드시 이기고 승리의 간증 하실 것을 기대했는데, 하나님의 또 다른 계획에 의한 부름임을 믿습니다. 천국에서 평안하소서! 2011-02-19

▶ 강경희

　방사선 치료 떠나시던 그날 큐티 나눔 게시판에서 이 모든 것이 아름다운 추억이 되게 해달라고 말씀하셨던 생각이 머릿속에서 떠나질 않네요. 하나님의 뜻과 섭리를 우리는 알 수 없지만 천국 그곳이 우리의 참소망 아니었던가요. 언젠가는 우리도 천국에서 만나겠죠. 목사님, 그동안 우리에게 하나님의 생명의 말씀을 전해주셔서 정말 감사드려요. 하늘나라의 크신 면류관을 받아 누리는 목사님의 모습에서 위로를 얻습니다. 사랑합니다. 김종성 목사님! 2011-02-19

▶ 정향희

　아침마다 묵상하는 말씀에 기대감을 갖게 하셔서 PC 앞에 앉게 하셨는데… 이제는 제한적 기다림이 아닌 게 마음 아프고 아쉽습니다만 하나님 품에서 위로와 참평강을 얻으심과 고통의 끝을 감사드립니다. 유가족들에게도 같은 은혜가 끼쳐지리라 믿습니다. 2011-02-19

➧ 김봉근

　그동안 김종성 목사님께서 나누어주신 묵상 너무나 감사했습니다. 함께 쾌유를 위해 기도해 왔는데… 매일같이 여기 계시던 분이 안 계셔서 내심 걱정을 많이 했는데… 주님께서 불러 가셨군요! 언제 한번 뵈었으면 좋겠다라는 생각이 이룰 수 없는 현실이 되어서 가슴 아프지만, 좋은 곳에서 평안히 계심을 믿고 아쉬움을 달랩니다. 세상 사람들에게 선한 영향력을 끼치는 사람으로 살아가는 것이 저희 그리스도인의 의무이자 주님께서 바라시는 삶임을 다시금 느끼며 제 연약한 신앙의 옷깃을 다시 한번 여미어 봅니다. 2011-02-19

➧ 김진희

　존경하는 김종성 목사님! 영원한 천국에서 다시는 아픔이 없고 눈물이 없고 고통이 없는 그곳에서 주님 품에 편히 안식하소서. 꺼져 가는 마지막 생명까지 불태우시면서 좋은 말씀으로 나누어 주고자 애쓰셨던 목사님을 그려봅니다. 오늘 아침은 눈물이 앞을 가리네요. 목사님께서 못다 하신 삶을 남아있는 저희들도 주께서 불러주실 그날까지 열심히 사명 감당할 것을 다시 한번 다짐해 봅니다. 남아 있는 유가족들에게도 주님의 위로하심과 인도하심이 함께하시길 빕니다. 2011-02-19

➧ 이미숙

　얼마 전에 핸드폰 문자라도 드릴까 하다가 못 드렸는데… 이제는 목사님의 글을 접할 수 없다니 슬프지만 천국에서 평안하시리라 믿습니다. 가족분들에게 위로의 말씀을 드립니다. 삼가 고인의 명복을 빕니다. 2011-02-19

❥ 유희숙

지금 목사님에 근황 소식을 접하네요. 게시판 글에서 또 다른 주님을 만나게 하시며 다시 힘을 주시던 목사님! 주님 품에서 편히 안식하소서…. 2011-02-19

❥ 임복자

김종성 목사님의 근황(?)을 접합니다. 이제 천국에 계시니 한편으론 부럽습니다. 귀한 영의 울림에 참 행복했던 저희들이었습니다. 남은 가족들과 지인들이 하나님 안에서 위로와 도우심으로 소망 속에 사시기를 기도합니다. 샬롬. 2011-02-19

❥ 박해동

김종성 목사님! 이제 주님 품에 안겨 편히 쉬소서. 당신의 자취가 남겨있는 여기 게시판을 드나들면서 결코 당신을 잊을 수 없을 것입니다. 뒤에 남은 가족들에게 주님의 크신 위로와 돌보심을 기원합니다. 2011-02-19

❥ 윤선옥

김종성 목사님을 존경하던 사람으로서 너무 맘이 아픕니다. 늘 천국을 소망하시더니 주님 곁에 가셨네요. 이제 육신의 고통에서 놓여 편안한 안식 하나님의 품에 안겨 계실 목사님 생각하니 한편 마음이 놓이기도 합니다. 삼가 고인의 명복을 빕니다. 글 올려 주셔서 소식 전하여 주심을 감사드립니다. 하나님께서 교회 가족들과 유족들을 위로해 주시길 바라옵고 모든 장례 절차를 은혜 중에 인도해 주실 것을 기도드립니다. 2011-02-19

▶ 강경희

　목사님, 이젠 아름다운 추억이 되어 버렸네요. 그렇죠? 새해가 시작되면서부터 새벽마다 목사님의 건강 회복을 기도했어요. 어제 철야예배에서 목사님 기도를 하는데 어쩐지 마음이 편안함을 느꼈답니다. 그래서 기쁨으로 큐티 나눔방을 찾았어요. 목사님이 꼭 돌아와 있을 것만 같았거든요. 그런데… 오늘 새벽에 소천하셨군요…. 그토록 소원하던 천국에서, 고통과 아픔 없는 그곳에서… 주님과 기쁨의 시간 누리게 되시길 기도합니다. 목사님을 통해서 큐티를 배웠어요. 얼굴 뵈면서 꼭 고맙다고 전하고 싶었는데… 미안합니다. 주님께서 그간의 짐 지고 살았던 삶을 몽땅 보상해 주실 거예요. 사랑합니다 목사님…. 먼저 가셨지만 언젠가 우리도 천국에서 다시 만나겠죠? 그때 얼굴 뵈면서 고맙다고 꼭 전하고 싶네요. 2011-02-19

▶ 우혜경

　내가 어떻게 조금 더 잘 살기를 바라는 마음으로 묵상할 때 목사님께서는 살고, 죽는 끝 앞에서 묵상하시는 은혜로 우리들에게 많은 은혜를 주셨습니다. 김종성 목사님께서 하나님과 함께하셨던 글들이 출판물로 남겨지기를 기도하는 마음으로 글 올립니다. 뉴질랜드에 살고 있는 저로서 지금 제가 할 수 있는 일은 기도밖에 할 수가 없는 일에 참 마음이 아픕니다. 김종성 목사님의 글을 그리워하면서 글 올립니다.

― 중략 ―

묵상의 향기 1

(2009년 4월부터 2009년 11월까지)

고난주간 말씀/시편/룻기/사도행전
미가/역대상/갈라디아서/역대하 말씀 중에서

병·들·고·은·혜·안·으·로

 2009년 4월 8일

하늘 워낭소리
요한복음 18:28-40

빌라도가 가로되 진리가 무엇이냐 하더라 이 말을 하고 다시 유대인들에게 나가서 이르되 나는 그에게서 아무 죄도 찾지 못하노라 [요 18:38]

재판의 생명은 공정성.
예수님의 재판은 이것이 담보되지 않았다.
부당한 고소로 시작된 재판은 부당한 압박에 의해 재판이 진행된다.
말도 안 되는 부당한 재판의 조건을 다 갖추고 있다.
재판권자의 무죄 판결도 무력화되는 부당한 상황에서 예수님의 십자가 처형 판결이 내려진다.
그러나 사실 이 재판이 공정해서는 안 된다.
공정하다면 예수님은 정해진 십자가 길을 걸어갈 수 없다.
부당한 재판이기에 예수님은 십자가 길을 걸어갈 수 있었다.
만약 예수님 아니라 다른 사람의 부당한 재판이었다면 예수님은 생명 걸고 그 사람을 위해 변호하셨을 것이다.
그러나 예수님은 스스로의 변호를 포기하셨다.
왜냐하면 부당한 도리 위에 자신의 길이 세워져 있음을 아셨기 때문이다.
세상은 조그마한 부당한 대우에도 악악댄다.
마치 조금의 부당함도 없었던 세상처럼.
그러나 부당함은 세상의 도리이다.
공정한 도리는 종말론적으로 도래한다.
부당한 도리 위에 세워진 당신의 길을 걸어가신 예수님은 소의 이미

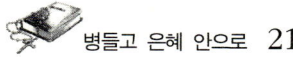

지에 가깝다.

하나님 나라의 워낭소리 주인공이 예수님이다.

【기도】 부당함에 악악대지 않게 하소서. 시시비비를 가리다가 정해진 길을 가는 것이 지체되거나 방해받지 않게 하소서.
【적용】 입 다물기, 기다렸다 천천히 대응하기

 2009년 4월 12일

설마에서 믿음으로
누가복음 24:1-12

사도들은 저희 말이 허탄한 듯이 뵈어 믿지 아니하나   [눅 24:11]

빈 무덤을 발견한 여인들과 빈 무덤 소식을 들은 제자들의 반응을 보면 예수님의 부활을 믿지 않았다.
주님이 여러 번 부활을 말씀하셨을 때 그들은 귀담아 듣지 않았다.
아니 귀담아 들을 수가 없었다.
부활은 사람이 받아들일 수 있는 인식의 세계 밖에 있는 사건이었기 때문이다.
사람은 인식할 수 있는 범위 안에서만 정보를 수용한다.
인식의 밖에 있는 일들은 듣기는 들어도 그냥 흘려보낸다.
그러나 들은 말씀들이 실제 삶에서 성취되는 일들이 반복되면 들은 말씀을 생각하게 되어 말씀에 대한 확고한 믿음이 서서히 생기기 시작한다.

이때부터 믿을 수 없는 초월적인 일들에 대한 인식의 범위가 확장된다. 초월적인 일들이 일어날 때 들은 말씀이 없다면 그저 놀라고만 말 것이다.

평상시 말씀을 차곡차곡 마음에 담아두는 묵상은 탄탄한 믿음의 재료가 된다.

【기도】 주님, 들은 말씀이 성취되어도 믿지 못했던 일들이 얼마나 많은지요. 믿음 없음을 도와주소서! 죽었던 믿음이 어둠의 무덤을 박차고 되살아 나오는 부활절 되게 하소서!
【적용】 오늘 주어지는 말씀을 생각 주머니에 정성껏 담아두기.

2009년 4월 14일

배부른 금식
사도행전 58:1-12

나의 기뻐하는 금식은 흉악의 결박을 풀어주며 멍에의 줄을 끌러주며 압제 당하는 자를 자유케 하며 모든 멍에를 꺾는 것이 아니겠느냐 또 주린 자에게 네 식물을 나눠주며 유리하는 빈민을 네 집에 들이며 벗은 자를 보면 입히며 또 네 골육을 피하여 스스로 숨지 아니하는 것이 아니겠느냐 　　[사 58:6-7]

종교적 행위가 불러올 위험성 중에 하나는 본래적 의미가 왜곡되는 것이다.

금식이라는 종교적 행위가 겉치레로 전락해 버리면 본래의 의미는 상실된다.

아무리 깊은 종교적 분위기 가운데 살아도 종교가 지향하는 것과는 상관없이 살아갈 수 있다.

교회 안마당에서 평생을 산다 해도 종교와 상관없이 살 수 있다.

마치 연못 안에 담긴 자갈 같다.

연못 안에 있는 자갈의 겉은 물로 촉촉이 젖어 있지만 그 안으로는 한 방울의 물도 들어가지 않는다.

금식은 자기의 배를 비워 남의 배를 불리어 주는 것이다.

금식은 자기의 배를 비워 남의 행복을 채워주는 것이다.

금식은 자기 주머니를 비워 남의 주머니를 채워주는 것이다.

금식은 관계를 비우는 것이다.

깨끗하게.

묶인 것들이 있으면 깨끗하게 끊어주는 것이 하나님이 기뻐하시는 금식이다.

금식의 지향점은 자신이 아니라 타인이다. 금식은 자신을 비우고 남을 채우는 것이다.

【기도】 오랜 시간 익숙한 종교적 행위로 거들먹거리지 않게 하소서! 언제나 처음처럼 믿음의 본질에 충실한 자가 되게 하소서!

【적용】 오늘 만나는 한 사람의 필요를 채워주기

 2009년 5월 5일

제발 더디 오시기를
시편 75:1-10

주의 말씀이 내가 정한 기약을 당하면 정의로 판단하리니

하나님이 정하신 날이 언제인가?
왜 아무에게도 그날을 알리지 않으셨을까?
왜 그날은 더디 오므로 오지 않을 것 같은 생각에 빠지게 하는가?
정한 기한이 되면 정의로 심판하신다니 그날은 언제인가?
"속히 다시 오마!" 약속하신 예수님은 아직도…
문득 정신을 차리고 보니 내가 앉아 있을 자리는 재판석이 아니라 피고석이다.
나도 모르게 나오는 기도 한 마디.
"주님, 제발 더디 오십시오!"
더디 오심이 저에게는 얼마나 은혜로운지요!
아직 기회가 있으니까요.

【기도】 영원하지 않다는 사실을 깨닫고 주님을 맞이할 준비를 하게 하소서!
【적용】 내일 주님이 오심을 예상하며 소지품 정리하기!

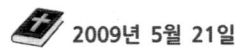
2009년 5월 21일

또 분양미달?
시편 84:1-12

만군의 여호와여 주의 장막이 어찌 그리 사랑스러운지요 [시 84:1]

오래 전 겨울 어느 노숙자가 방치된 창고에서 술에 취한 채 잠을 자다가 촛불이 넘어져 사망한 사고를 목격했다.
알고 보니 그 지역에 부모님이 거주하는 반듯한 집이 있었다.
한때는 세상에서 가장 포근했던 요람이 있던 집일 텐데.
그는 무슨 연고로 집을 나와 배회하다가 객사해야만 했을까?
사람들이 가장 많이 마음과 돈을 투자하는 곳은 집.
더 크고 더 아름다운 집으로 향하는 욕심은 끝이 없다.
그것도 안 되면 리모델링을 통해 그 욕심을 채운다.
집이 그 사람의 모든 것을 대변해 주는 것처럼.
집에 대한 애착은 가히 종교적이기까지 하다.
평생을 집 한 칸 마련하다가 죽는 것 같다.
정작 그곳에 많은 시간을 거주하지도 못하면서 겨우 집 한 칸 마련했다 싶으면 병이 들어 병원에서 쓸쓸하게 죽어가는 주검들.
그러는 사이 영혼의 집은 누더기 모양으로 방치되어 간다.
내 영혼의 안식처를 위해 얼마나 투자하고 있는가?
육신의 장막을 마련하는 곳에는 250:1이라는 엄청난 경쟁률을 기록하는 데 비해 영혼의 장막을 마련하는 곳에는 늘 분양미달이다.
"수고하고 무거운 짐 진 자들아 다 내게로 오라 내가 너희를 쉬게 하리라!"

나의 장막, 나의 집, 나의 안식처!
이곳에서 나그네처럼 살아도 나의 영원한 안식처는 예수님.
죄로 인해 누더기 된 나의 영혼을 새롭게 소생시켜 줄 나의 안식처 예수님. 세상은 온통 육신의 장막을 마련하는 일에 미쳐 가도 나는 영혼의 안식처를 준비하는 일에 미쳐 가리라.

【기도】영혼의 안식처를 잘 짓고 또 잘 짓게 하소서!
【적용】묵혀 두었던 죄악의 쓰레기들 소각하기!

 2009년 5월 23일

경건한 자에도 위기는!
시편 86:1-17

여호와여 나는 곤고하고 궁핍하오니 귀를 기울여 내게 응답하소서 나는 경건하오니 내 영혼을 보존하소서 내 주 하나님이여 주를 의지하는 종을 구원하소서
[시 86:1, 2]

경건하게 살면 시련과 고난이 피해 가지 않을까?
경건한 자는 누구보다도 형통하게 살지 않을까?
경건한 자는 풍성한 삶을 살지 않을까?
그래서 경건을 추구하며 사는 것이 아닐까?
그러나 경건한 자에게도 위기는 찾아온다.
그래서 경건을 좇던 사람들의 발걸음이 머뭇거린다. 그리고 속으로

의아해한다.

"그게 아니네!"

경건이란 무엇일까?

분명한 것은 만사형통의 열쇠가 아니다.

경건은 시련이 비 오듯 쏟아지는 이 세상에서 보호받는 방탄조끼가 아니다.

반대로 경건은 위기와 시련을 부른다.

"예수 안에서 경건하게 살고자 하는 자는 박해를 받으리라."

경건하게 살고자 하면 세상이 잡아먹을 듯이, 미친 듯이 돌변한다.

경건은 주님을 목말라 하는 것이다.

경건은 세상에 그 어떤 풍족함에도 만족하지 못하는 것이다.

경건은 환난 중에 주님을 찾는다.

미아가 엄마를 찾듯이 경건은 그냥 반사적으로 주님을 찾는 것이다.

시련은 경건을 연단시키는 도구인 동시에 경건의 진정성을 가름하는 시금석이다.

오늘도 경건을 좇는 내 발걸음은 주춤거린다.

심호흡 한 번 크게 하고 가던 발걸음 재촉한다.

어디선가 함성이 들려온다.

"돌아보거나 머물지 말고 산으로 도망하여 멸망함을 면하라!"

그 산은 경건의 산이요,

그 큰 산은 나의 예수님이다!

아직까지도 소금기둥 공장은 불황을 모른다.

【기도】 경건의 무게를 가볍게 하소서! 주를 향한 내친걸음 달려갈 수 있도록!

【적용】 사람 네트워크 차단하고, 주님 네트워크 연결하기! 만남, 핸드폰, 인터넷 차단하기!

 2009년 5월 24일

깃털처럼 가벼운 삶으로
룻기 1:1-14

나오미가 두 자부에게 이르되 너희는 각각 어미의 집으로 돌아가라 너희가 죽은 자와 나를 선대한 것 같이 여호와께서 너희를 선대하시기를 원하며 여호와께서 너희로 각각 남편의 집에서 평안함을 얻게 하시기를 원하노라 하고 그들에게 입맞추매 그들이 소리를 높여 울매   [룻 1:8, 9]

나 살겠다고 남을 죽이는 잔인한 세상에서,
나 살기 위해 온갖 비굴한 방법도 서슴지 않는 세상에서,
자신을 던져 남들의 짐을 조금이라도 덜어 주려는 작은 몸부림.
깃털처럼 날기엔 그의 삶은 너무 묵직했다.
나도 그런 삶을 살 수 있을까?
하염없이 눈물이 앞을 가린다.
세상의 사건이 한 편의 장엄한 메시지이며, 거룩한 한 편의 설교 그 이상이다. 늙어서 두 며느리에게 의지하며 살아가야 할 나오미.
며느리들을 데리고 고국으로 돌아가던 나오미는 가던 발걸음을 멈춘다.
자기보다 두 며느리의 삶을 돌아본 것이다.
구차한 자기 삶을 위해 두 며느리를 희생시켜서는 안 되겠다고 마음을 먹는다.
자기는 험난한 세상에 내던지고 며느리들을 안전한 곳으로 돌려보내려고 한다.
아, 예수님이다! 보려고만 하면 세상 구석구석을 불 밝히는 작은 예수들을 얼마든지 볼 수 있다.
자식 하나를 위해 자기 삶을 버린 엄마가 있다.

구차하게 살기보다 자기에게 짐 지어진 무거운 운명을 거부하지 않은 사람.

당신의 삶이 아름다운 것은 누군가를 위해 소중한 당신 삶을 깃털처럼 가볍게 던지기 때문입니다.

당신의 삶은 이 세상에 있는 저울로는 결코 달아볼 수 없는 깃털입니다.

당신은 영원히 아름답습니다.
그래서 당신을 사랑합니다.
영원히!

【기도】 주님, 희생하시는 주님 닮기 원합니다.
【적용】 남에게 짐 안 되기!

2009년 5월 26일

아주 작은 덩어리
룻기 2:1-13

룻이 가서 베는 자를 따라 밭에서 이삭을 줍는데 우연히 엘리멜렉의 친족 보아스에게 속한 밭에 이르렀더라 　　　　　　　　　　　　　　　[룻 2:3]

남의 밭에 가서 이삭을 줍는 일이 얼마나 부끄러운 일인가?
이방 여자로서 뭇 사람들의 눈총은 더욱 따갑다.
눈치를 보며 부스러기로 연명해야 하는 고통은 안 해 본 사람은 모른다.

줍는 일은 생명을 부지하기 위한 마지막 몸부림이다.

아침부터 저녁까지 해야 겨우 먹고 살 수 있는 고단한 삶이다. 줍는 일은 구걸하는 것이다.

철저하게 남이 베푸는 은혜에 의존하기 때문이다.

그러나 하나님은 룻을 위해 하나님의 은혜의 덩어리를 예비하셨다. 그가 바로 보아스이다.

하나님은 작은 부스러기를 얻기 위해 수고와 위험을 아끼지 아니한 룻에게 큰 덩어리를 예비하셨다.

하잖아 보이는 일들 속에 하나님의 은혜는 숨겨져 있다.

하나님은 먹이시는 하나님이시다.

구걸하듯 살아가는 작은 몸부림들 속에서 역사하시는 하나님이시다.

이런 작은 몸부림은 우습게 볼 일이 아니다.

이런 작은 몸부림은 생명을 향한 거룩한 제사이다.

가족의 생계를 위해 새벽녘 쓰레기 더미를 뒤져 박스를 챙기는 모습은, 새벽부터 공사판으로 나가 몸이 부서져라 일하는 모습은, 아들을 위해 그 고운 손이 갈라지는 일도 마다하지 않는 모습은, 모두가 하나님께 바치는 거룩한 제사이며, 순교이다.

하나님은 그 제사 안에 행복이라는 큰 덩어리 축복을 예비하신다.

큰 것에 가려 작은 일상 속에 넘실거리는 하나님의 덩어리 은혜를 잃어버린다면 더 높이 올라가야 하고, 더 많이 가져야 하고, 더 빨리 성공해야 하는 동물적 신화의 노예로 살아가는 수밖에 없다.

행복은 미천한 일상 속에 녹아있는 하나님의 은혜의 부스러기이기에 큰 것만 좇는 야수들의 시야를 비켜 가는 것이다.

【기도】 일상을 소중히 여기게 하소서! 탐욕에 눈이 멀어 큰 것만 좇다가

짐승처럼 살지 않게 하소서! 돈 잘 버는 대통령을 뽑은 이 나라에서 부스러기 줍는 민초들이 희생당하는 일이 더 이상 없게 하소서!

【적용】일상을 예배드리듯 살기

 2009년 5월 27일

누군가의 밥이 된 적이 있던가?

룻기 3:14-23

이 밤에 여기서 머무르라 아침에 그가 기업 무를 자의 책임을 네게 이행하려 하면 좋으니 그가 그 기업 무를 자의 책임을 행할 것이니라 만일 그가 기업 무를 자의 책임을 네게 이행코자 아니하면 여호와의 사심으로 맹세하노니 내가 기업 무를 자의 책임을 네게 행하리라 아침까지 누울지니라   [룻 3:13]

직장 구하기 어려운 시대에 밖에 나가 돈을 번다는 것이 얼마나 귀한 일인가?

그러나 설렁설렁 일하며 돈을 버는 직장은 없다.

모욕을 포함한 말로 다 표현할 수 없는 스트레스를 견디어야 한다.

자기 성취, 보람, 성공 등등은 분명 직장생활에서 얻을 수 있는 축복이다.

그러나 그 과정에서 받아야 하는 고통은 직장생활 경험이 있는 사람은 안다.

가장 큰 보람은 그렇게 자기가 으깨어지면서 식구들의 배를 부르게 하는 것이다.

보아스가 종들에게 룻에 대해서 특별한 지침을 내리는 것을 보면(건드리지 말며, 책망하지 말며, 꾸짖지 말며) 룻은 이방 여인으로서 온갖 학대를 받는 상황에 노출되어 있다.

룻은 이스라엘에서는 다문화 여성이다.

21세기 한국에서도 다문화 여인에 대한 차별과 학대가 자행되고 있는데 룻이 살던 시대 이스라엘에서 벌어지는 학대를 상상하기는 어렵지 않다.

신변의 위협까지 감수해야 했기에 (2:9 너를 건드리지 말라 하였느니라) 룻은 엄청난 스트레스와 노역에 시달려야 했다.

그런 일과를 마치고 돌아오는 룻의 손에는 두툼한 꾸러미 하나가 들려 있다.

그날 저녁 모처럼 가족은 배부르게 보리밥을 먹는다.

그날 밤 나오미와 룻이 사는 작은 방 문풍지 사이로 보리방귀가 쉴 틈 없이 터져 나온다.

보리방귀 냄새는 어떨까?

세상에서 최고로 구수한 향기일 것이다.

왜냐하면 그 보리밥은 룻의 피값이며, 룻의 생명 값이기 때문이다. 이보다 더 거룩하고 아름다운 예배를 어디에서 찾을 수 있을까?

하나님은 룻이 사는 치열한 삶이 있는 세속 세상에 더 많이 관여하신다. 신앙의 근본주의 안경을 벗은 사람들은 그 증거를 본다.

나는 누군가의 배를 부르게 하는 밥인가?

아니면 누군가의 어깨를 무겁게 하는 짐인가?

나는 누군가의 향기인가?

누군가의 냄새인가?

요즘 향수가 왜 그렇게 잘 팔리는지 알 것 같다.

【기도】 밥이 되신 주님처럼 저도 누군가의 배를 부르게 하는 밥이 되게 하소서!
【적용】 밤 늦게 들어오는 아들놈 기다렸다가 있는 밥이라도 잘 챙겨주자!

2009년 5월 31일

기적의 아들

룻기 4:13-22

이에 보아스가 룻을 취하여 아내를 삼고 그와 동침하였더니 여호와께서 그로 잉태케 하시므로 그가 아들을 낳은지라   [룻 4:13]

보아스는 젊은 나이는 아니다.
"네가 가난하건 부하건 젊은 자를 따르지 아니하였으니" [룻 3:10]
정상적인 나이에 건강한 관계라면 아이 낳는 것은 그리 어려운 일은 아닐 것이다.
룻이 아들을 낳은 것은 하나님의 은혜라고 성경은 언급한다.
"여호와께서 잉태케 하시므로"
육신을 따르지 않고 하나님의 약속을 따라 살아가는 룻은 기적의 아들을 낳는 은혜를 얻는다.
유다지파로서 예수그리스도의 계보의 상단을 차지하는 은혜를 누린다.
하나님은 이방 여인 룻을 통해 기적의 강물을 흐르게 하셨다.
고생을 품었더니 기적이 출산되었다.
하나님의 축복은 위장되어 나타나기에 인간적 안목으로는 발견할 수 없다.

【기도】 하나님의 지혜의 안경을 쓰고 고생으로 위장된 축복을 보게 하소서!
【적용】 주일 예배를 통해 십자가 은혜 품기!

 2009년 6월 2일

초강력 미사일을 준비하라

사도행전 1:12-26

여자들과 예수의 모친 마리아와 예수의 아우들로 더불어 마음을 같이하여 전혀 기도에 힘쓰니라
[행 1:14]

제자들은 같은 배를 타고 있는 예수님을 따르는 공동체이다.
이들이 살 길은 마음을 같이하는 것이다.
흩어지면 죽는다.
핍박은 가중되고 그렇다고 예루살렘을 떠날 수도 없다.
이런 핍박은 흩어지기 쉬운 공동체 일원들을 하나 되게 만들었다.
그렇다고 무한정 예루살렘에 거주할 수도 없다.
물질적 재원의 부족과 외부의 핍박이 그들을 힘들게 했다.
그들은 안팎으로 조여 오는 여러 가지 압박에 직면해야만 했다.
이런 압박을 견딜 수 있는 힘은 오직 기도 속에서 나온다.
하나님은 스트레스를 견디며 살아갈 동력을 기도라는 방법으로 공급하신다.

이들은 중단 없이 기도에 힘썼다.

죽자 살자 기도했다. 기도는 그들의 생명의 원동력이었다.

기도는 삶을 지탱시켜 주는 힘이다.

이렇게 기도하자 하나님은 그들을 보호하신다.

예루살렘 당국의 핍박이 그들에게 미치지 못하도록 하나님이 은혜를 베푸신다.

사실 제자들과 그 일행들이 예루살렘에서 온전히 보호받을 수 있었던 것은 기적이다.

그 기적은 하나님께 전적으로 메달리는 기도를 통해서 가능했다.

기도는 지금도 기적의 원천이다.

이와 같은 기적의 원천인 기도가 고상한 종교적 취향으로 전락해 버린 것은 분명히 불행한 현상이다.

하나님은 삶을 힘들게 하는 다양한 시련들을 부단한 기도를 통해 극복하게 하신다.

기도는 문제를 파괴하는 미사일이다.

내가 가져야 할 최고의 무기는 기도 미사일이다.

【기도】 한국교회의 기도 미사일을 통해 북한의 미사일 위협을 날려 버리게 하소서!

【적용】 어떤 문제이든지 기도로 맞서기!

 2009년 6월 3일

공짜 선물에 속지 마라
사도행전 2:1-13

저희가 다 성령의 충만함을 받고 성령이 말하게 하심을 따라 다른 방언으로 말하기를 시작하니라
[행 2:4]

제자들은 원래 방언(외국어)을 할 줄 몰랐다.

그런데 성령님이 임하시자 방언을 말하기 시작한다.

성령님이 외국말을 할 수 있게 하셨다. 외국어를 자유자재로 구사하려면 많은 언어훈련을 받아야 한다.

(시간+돈) 그런데 하나님은 그 능력을 제자들에게 주셨다.

그들은 그 비싼 선물을 공짜로 얻었다.

성령님이 지금도 이런 외국어 구사 능력을 주신다면 얼마나 좋을까?

그러면 돈을 들이지 않아도 "오렌지"를 "오륀지"로 발음할 수 있을 텐데.

하나님은 능력이 없는 제자들에게 외국어를 말할 수 있는 능력을 주신다.

하나님은 하나님의 복음을 위해 헌신된 자들에게 여러 가지 능력을 주신다.

그러나 그 선물은 절대 공짜 선물이 아니다.

제자들은 복음을 전하기 위해 자신을 드린 사람들이다.

성령의 능력이라는 선물은 복음을 위해 주시는 하나님의 선물이다.

성령님으로부터 외국어 능력을 받아 학원을 차려 돈을 벌라고 주신 것이 아니다.

성령의 능력을 돈벌이 수단으로 악용하는 무리들이 있다.

겉으로는 복음을 위한다고 하지만 속내는 따로 있다.

나는 성령의 능력 그 자체에만 매료되어 있지는 않은지, 나를 드러내고 나의 능력을 과시하는 무기로 삼으려고 하지는 않은지 진지하게 돌아볼 일이다.

세상에 공짜 없듯이 하나님 나라에도 공짜 없다.

복음을 전하지 않는다면 성령의 선물은 그날로 폐기처분된다.

제자들은 이 공짜 선물 쓰다가 목숨까지 바쳤다.

【기도】 헛된 영광 구하듯 헛된 능력 구하지 않게 하소서!
【적용】 한 사람 이상에게 복음을 전하기!

 2009년 6월 4일

옹졸함을 넘어
사도행전 2:14-21

하나님이 가라사대 말세에 내가 내 영으로 모든 육체에게 부어주리니 너희의 자녀들은 예언할 것이요 너희의 젊은이들은 환상을 보고 너희의 늙은이들은 꿈을 꾸리라 그때에 내가 내 영으로 내 남종과 여종들에게 부어 주리니 저희가 예언할 것이요   [행 2:17, 18]

예언은 지식이 아니다.

예언은 역사를 연구해서 만들어 낸 미래에 대한 논문이 아니다.

예언은 특정한 신분이나 직업을 가진 자들에게만 주어지는 것도 아니다.

예언은 성령님의 역사이다.
하나님은 차별 없이 모든 사람에게 성령님을 부어 주신다.
놀랍다.
여자에게도 예언의 영이 임한다니.
몇 년 전만 해도 여자는 강단에서 설교할 수 없었다.
목사가 될 수도 없었다.
지금도 여자 목사에 대한 편견이 얼마나 심한가?
하나님은 시대적 또는 전통적 배경을 초월하여 역사하신다.
하나님은 성령님을 모든 사람들에게 부어 주시는 사랑의 하나님이시다.
성별을 넘어,
시대를 넘어,
장애와 신분을 넘어 차별 없이 부어 주신다.
이 약속은 이미 이천 년 전에 주어진 약속이다.
어린 자녀들이 예언을 하면?
젊은이들이 환상을 보면?
노인들이 꿈을 꾸면?
여자가 예언을 하면?
말도 안 돼!
어떻게 그런 일들이!
성령의 역사를 방해하는 무서운 원수는 편견이다.
나의 옹졸함이 성령의 역사를 부정한다.

【기도】 하나님의 역사를 방해하지 않도록 편견의 안경을 벗겨 주소서!
【적용】 사사로운 옹졸함으로 다른 사람의 세계를 판단하지 않기. 경청하고, 경시하기!

2009년 6월 6일

원시 기독교, 현재 기독교, 미래 기독교
사도행전 2:37-47

믿는 사람이 다 함께 있어 모든 물건을 서로 통용하고… 하나님을 찬미하며 또 온 백성에게 칭송을 받으니 주께서 구원 받는 사람을 날마다 더하게 하시니라
[행 2:44, 47]

교회가 태동하던 때의 모습은 역동적입니다.
경이로울 정도입니다.
경이롭다는 것은 현재 교회에서는 보기 드물기 때문입니다.
원시 기독교와 현대 기독교를 비교하면 많은 차이가 납니다.
기독교의 교세가 줄어들고 있다고 다들 걱정입니다.
성도와 이웃들과의 관계, 기독교가 사회에 미치는 영향, 기독교인에 대한 사회적 평가 등등은 원시 기독교와는 많이 다른 모습이기에 마음이 아픕니다.
마음이 찔리기도 합니다.
그 중에 나도 한 몫을 차지한다고 생각하니 말입니다.
현재 이런 모습에서 미래 기독교를 내다보니 더 우울해지기만 합니다.
이 모든 것의 회복의 출발점은 회개입니다.
그런데 회개를 안 하는 것이 아닙니다.
교회에 모이면 가장 많이 하는 게 회개가 아닐까 합니다.
그러나 달라지지 않습니다. 사실은 회개하지 않는 것입니다.
회개는 하지만 회개가 예배의 이벤트로 전락해 버렸습니다.
마음에 찔려 가슴이 찢어지는 영적 진통이 없는 이벤트가 되었습니다.
회개하고 돌아서면 금방 히히덕거리며 무슨 일이 있었냐는 식입니다.

어떻게 그럴 수 있습니까?
완전 개그 수준입니다.
진정한 회개는 사람을 오랫동안 깊은 침묵으로 이끕니다.
물론 진지한 회개도 있습니다.
그러나 일반적으로 그렇다는 것입니다.
회개는 그 당시의 모습으로 증명되는 것이 아닙니다.
울고불고 난리를 친다 해도 회개에 합당한 열매가 없으면 그 회개는 아닙니다.
현대 기독교의 문제 중 하나가 값싼 은혜를 추구한다는 것입니다.
그 값싼 은혜는 값싼 회개와 일란성 쌍둥이입니다.
오늘 원시 기독교를 꿈꾸며 휴일을 보내렵니다.

【기도】 주님, 회개의 모양은 있으나 회개의 능력이 없음을 용서하소서!
【적용】 회개하는 현충일 보내기!

 2009년 6월 7일

돈 돈 돈
사도행전 3:1-10

베드로가 가로되 은과 금은 내게 없거니와 내게 있는 것으로 네게 주노니 곧 나사렛 예수 그리스도의 이름으로 걸으라 하고　　　　　　[행 3:6]

과연 베드로가 은과 금이 없었을까 생각해 봅니다.

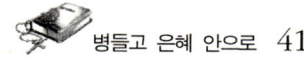

각 사람들이 소유를 팔아 사도들의 발아래 바치는 모습을 생각하면 아닌 것 같습니다.

아니면 문자 그대로 돈을 안 들고 갔을지도 모릅니다.

어떤 이유에서든지 앉은뱅이에게 필요한 것은 돈이 아니라 앉은뱅이를 고치는 것임을 하나님은 아셨습니다.

물론 걸인으로서 돈도 필요하겠지만 그것은 2차적인 문제입니다.

1차적인 문제는 앉은뱅이에서 일어서는 것 그리고 더 근본적인 문제는 성전에 들어가 하나님을 예배할 수 없었던 사람을 예배하는 온전한 사람으로 만들어 주는 것입니다.

하나님은 하나님을 예배하지 못하는 사람들을 찾아가십니다.

그리고 그들을 하나님을 예배하는 사람으로 만들어 주십니다.

인간이 누리는 가장 큰 복은 평생 하나님을 즐거워하는 것이기 때문입니다.

아무리 온전한 몸을 가지고 있어도 하나님을 즐거워하지 못하거나, 하나님을 예배하지 못한다면 그 사람은 가장 불행한 사람입니다.

너무 돈돈돈 하는 것은 볼썽사납습니다. 물론 돈은 필요합니다.

그러나 돈보다 더 중요한 가치를 추구하는 것이 인간입니다.

돈돈돈… 돈만 추구하는 세상에서 인간답게 사는 것이 얼마나 힘든지.

오늘도 돈이 줄 수 없는

하나님의 은혜가 필요합니다.

【기도】 돈돈돈… 하다가 돌아버리지 않게 하소서!
【적용】 예배의 기쁨 누리기!

 2009년 6월 8일

거들먹거리기
사도행전 3:11-16

베드로가 이것을 보고 백성에게 말하되 이스라엘 사람들아 이 일을 왜 기이히 여기느냐 우리 개인의 권능과 경건으로 이 사람을 걷게 한 것처럼 왜 우리를 주목하느냐
[행 3:12]

앉은뱅이를 일으켰으니 사람들이 베드로를 주목하는 것은 당연합니다.
그들이 볼 때 베드로는 신이나 마찬가지입니다.
신격화는 이렇게 이루어집니다.
사람이 할 수 없는 일들을 해 낼 때 신격화는 시작됩니다.
참 대단합니다.
베드로의 이런 태도는 예전에 베드로의 모습에서 쉽게 찾아볼 수 없습니다.
하나님은 무능한 베드로를 능력의 종으로 쓰시기를 기뻐하십니다.
그에게 겸손의 은혜를 주셨습니다.
하나님의 은혜로 베드로는 겸손의 영에게 붙들려 쓰임 받습니다.
사실 베드로는 주목 받을 만하지 않을까 생각합니다.
특히 실패와 좌절 속에서 눈물 흘렸던 경험이 있기에 사람들의 주목을 받는 것이 굉장한 감격으로 다가왔을 것입니다.
뭐 좀 한다는 자부심을 갖는 순간 어느새 거들먹거리는 자신을 발견하기에 오늘 베드로의 반응은 더욱 존경스럽습니다.
알아주기 원하는 것은 사람의 본성이 아닐까 생각합니다.
하나님의 영광을 가로채는 일들이 비일비재한 현실이기에 오늘 베드로의 반응에 더욱 고개가 숙여집니다.

영성은 이런 차이로 인해 그 수준이 결정되나 봅니다.
결국 영성은 속일 수가 없습니다.
삶에 그대로 배어 나오기 때문입니다.
오늘 영성의 최고봉을 바라보니
고개만 아픕니다.

【기도】 능력을 담을 만한 그릇 되게 하소서!
【적용】 고개 숙이기!

2009년 6월 9일

과연 정말 몰랐을까?

사도행전 3:17-26

그러나 하나님이 모든 선지자의 입을 의탁하사 자기의 그리스도의 해 받으실 일을 미리 알게 하신 것을 이와 같이 이루셨느니라 그러므로 너희가 회개하고 돌이켜 너희 죄 없이 함을 받으라 이같이 하면 유쾌하게 되는 날이 주 앞으로부터 이를 것이요
[행 3:18, 19]

그들이 과연 몰랐을까요?
그럼 말이 안 됩니다. 하나님이 오래전부터 모든 선지들의 입을 통해 알게 하셨다고 하는데 몰랐다니 말이 안 됩니다.
두 가지 이유를 추론해 봅니다.
하나는 아무도 쉽게 알지 못하도록 암호로 전했든지, 또 하나는 듣는 사람들이 고의로 선지자들의 외침에 귀를 막았든지. 하나님 앞에서 보이는 보편적인 반응을 고려해 보면 두 번째 이유가 더 설득력이 있어 보입니다. 그리고 아무도 알 수 없도록 암호로 전해졌기 때문에 몰랐다면 회개하고 돌이키라고 말할 필요가 있을까요?

회개는 적극적 의지를 갖고 한 행동에 대해 돌이킬 것을 요구하는 하나님의 요청이기 때문입니다.

모르는 경우는 두 가지입니다.

하나는, 정말 몰라서 그렇게 한 것과 또 하나는 알고도 적극적 의지를 갖고 그것에 반하는 행동을 하는 것.

아무래도 베드로 사도의 회개를 촉구 받는 이스라엘 사람들은 후자 같습니다. 경험적으로도 그렇습니다.

다 압니다. 그런데 부정한 것입니다.

자기들이 생각하고 기대하던 것과 다르기 때문입니다.

다 들었습니다. 그런데 흘려보낸 것입니다.

사람은 자기가 보고 싶어 하는 것만 보고 듣고 싶어 하는 것만 듣는 것처럼 그들도 하나님의 선지자들이 선포하는 내용이 자기들이 바라보는 것과 맞지 않으니 눈을 감아 버리고, 귀를 막은 것입니다.

회개는 자기 방식으로 보고 듣던 일을 중단하는 것입니다.

그리고 하나님의 말씀과 예언대로 받아들이는 것입니다.

하나님은 자기 방식으로 눈과 귀가 가린 것을 벗겨 주시는 분이십니다.

말씀이라는 렌즈를 통해 인생의 궤적을 좇아가면 내 앞서 가신 하나님의 발자국이 보입니다.

선명하게.

【기도】 내 안에서 말씀을 듣지 못하게 만드는 장애물을 제거해 주소서!
【적용】 귀 열어 듣기!

2009년 6월 11일

여전한 가방 끈 타령
사도행전 4:13-22

저희가 베드로와 요한이 기탄없이 말함을 보고 그 본래 학문 없는 범인으로 알았다가 이상히 여기며 또 그 전에 예수와 함께 있던 줄도 알고 또 병 나은 사람이 그들과 함께 섰는 것을 보고 힐난할 말이 없는지라 [행 4:13, 14]

예나 지금이나 많이 배우면 환영을 받습니다.
많이 배운 사람은 말을 잘 전달합니다.
사람을 평가하는 중요한 잣대 중에 하나는 학벌입니다.
상대적으로 못 배우면 환영받지 못합니다.
심하면 무식하다고 손가락질까지 당하기도 합니다.
그런데 하나님은 못 배운 제자들을 사용하십니다.
말을 잘 못하던 제자들이 거침없이 말씀을 선포합니다.
학문으로 사람을 평가하는 것은 필요합니다.
사람을 평가하는 객관적 기준이기 때문입니다.
그러나 교회에서마저도 가방 끈 타령하는 것은 영 아닌 것 같습니다. 주일학교 교사를 임명하는데 대학졸업 여부가 그 기준이 된다거나, 직분자를 임명할 때 학벌이 기준이 된다거나 하는 일은 정말 꼴불견입니다.
교회 안에서도 학벌로 사람을 평가하는 일들이 비일비재하게 벌어지고 있습니다.
편견 중에 참 벗어나기 힘든 편견이 바로 학문 편견입니다.
학벌 편견은 교회 공동체 안에서 성령의 역사를 방해하는 강력한 적입니다.

얼마 전 자기 교회는 많이 배운 사람들이 많다고 자랑하는 것을 들었습니다.

그래서 박사, 교수, 변호사 같은 직업을 가진 성도들이 많다고 합니다.

학벌 타령이 인식 속에 얼마나 뿌리 깊게 자리 잡고 있는지를 증명합니다.

학벌이 아닌 은사 받은 성령 충만한 사람이 인정받고 적극적으로 활동하는 그런 교회를 꿈꿉니다.

그렇다고 많이 배운 것 자체를 거부하는 것은 아닙니다.

많이 배우면 여러 가지로 유익합니다. 그러나 그런 학문도 절대 따라할 수 없는 성령의 역사가 교회 안에는 많아야 합니다.

하나님의 교회는 학문이 아니라 은사로 움직이는 독특한 공동체입니다.

이것이 세상은 절대 모방할 수 없는 우리들만의 고유한 축복입니다.

내 안에 나도 모르게 뿌리 깊게 박혀 있는 학벌 편견이 유독 부끄러운 아침입니다

【기도】 주님, 주님의 역사를 세상적 기준으로 격하시키지 않게 하소서! 학벌 편견의 안경을 벗겨 주소서!

【적용】 차별 없이 상대하기!

병들고 은혜 안으로 47

 2009년 6월 12일

두꺼비의 새 집
사도행전 4:23-35

사도들이 큰 권능으로 주 예수의 부활을 증거하니 무리가 큰 은혜를 얻어 그 중에 핍절한 사람이 없으니 이는 밭과 집 있는 자는 팔아 그 판 것의 값을 가져다가 사도들의 발 앞에 두매 저희가 각 사람의 필요를 따라 나눠 줌이러라

[행 4:33-35]

땅과 집을 팔아 헌금하면 칭찬보다 비난받기 쉽습니다.
광신자라고 욕먹기 쉽습니다.
가족들도 돌보지 않는 무책임한 사람이라고 손가락질 당합니다.
그런데 그렇게 비난하는 사람들을 보면 거의(?) 헌금하지 않습니다.
하나님이 보실 때 누가 불쌍한 사람입니까?
누가 축복받은 사람입니까?
하나님의 은혜는 강력하여 모든 장벽을 헐고 결박을 끊어냅니다.
하나님의 은혜는 소유욕이라는 장벽을 헐어 버리십니다.
하나님의 은혜는 집착이라는 결박을 끊어 버리십니다.
평생을 소유욕에 갇혀 돈지갑을 굳게 닫고 살아가는 것은 끔찍한 일입니다.
하나님은 이 저주스러운 상태에서 해방을 주십니다.
그들은 드디어 소유욕에서 벗어나 나눔의 기쁨 안에서 천국의 삶을 살아갑니다.
하나님은 그들의 집이 되어 주시고 그들의 터전이 되어 주십니다.
그들은 헌 집 주고 새 집을 얻습니다.
그들은 하나님 나라의 두꺼비입니다.

"두껍아 두껍아 헌 집 줄게 새 집 다오!"
굳게 잠긴 지갑이 열리는 순간이 은혜 받은 가장 확실한 증거입니다.
돈은 절대로 거짓말하지 않습니다.
사랑하면 저절로 지갑이 열립니다.
주님을 사랑한 그들은 기꺼이 지갑을 열었습니다.
그들은 주님을 위해 스스로 거지 된 사람들입니다.
하나님은 그들의 빈 지갑을 채우십니다.
그들은 하나님 앞에서 부요한 자들입니다.
열어야 채워집니다.

【기도】 물질 욕에 갇히지 않게 하소서!
【적용】 사랑하는 이에게 지갑 열기

 2009년 6월 13일

show… show… show

사도행전 4:36-5:11

베드로가 가로되 너희가 함께 꾀하여 주의 영을 시험하려 하느냐 보라 네 남편을 장사하고 오는 사람들의 발이 문 앞에 이르렀으니 또 너를 메어 내가리라 한대   [행 5:9]

거짓말 한 것,
그리고 주의 영을 시험한 것.

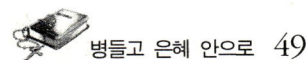

이것이 과연 죽음을 맞을 만큼 그렇게 큰 죄인가 생각합니다.

이런 기준을 현대 교회에 적용하면 살아남을 자 몇 명일까요?

이 사건을 목격하거나 들은 사람들이 과연 교회 안에 남아 있을까요?

날 때부터 앉은뱅이 거지를 온전한 사람으로 고쳐 준 사랑의 베드로 사도가 여기서는 저승사자의 모습으로 나타납니다.

한집의 부부를 동시에 장사 치르게 하니 말입니다.

하여튼 이 사건으로 들떠 있던 뜨거운 교회가 단번에 냉각되지 않았을까 생각합니다.

분위기에 편승하는 것도 바람직하지 않지만 분위기를 몰아가는 것은 더 나쁩니다.

이 사건은 현대 교회에 던지는 경고 메시지 같습니다.

사람은 자유의지를 갖고 있습니다.

남이 한다고 따라할 필요 없습니다.

헌신하되 자기 분량껏 하면 됩니다.

사람에게 인정받으려고 헌신하는 것은 미숙아들이나 하는 짓입니다.

하지 못할 사람에게 그런 분위기를 몰아가는 것에 휩쓸리지 않는 것이 지혜입니다.

성령운동을 빙자한 분위기 몰이에 희생되는 일은 없어야겠습니다.

주님께 드리려고 하다가 아까운 맘이 들어 다 드리지 않은 일은 사람이니까 그럴 수 있습니다.

문제는 주님께 드리고자 하는 동기입니다.

경쟁하듯 하지는 않았는지,

사람에게 인정받으려는 "show"는 아닌지 돌아볼 일입니다.

【기도】 주님, 성령님을 속인 죄를 용서하소서!

【적용】 있는 그대로 보여주기!

 2009년 6월 14일

버려진 발전소
사도행전 5:12-28

대제사장과 그와 함께 있는 사람 즉 사두개인의 당파가 다 마음에 시기가 가득하여 일어나서 사도들을 잡아다가 옥에 가두었더니   [행 5:17, 18]

대제사장들과 당시 지도자들은 제자들에게 민생들의 마음과 눈을 빼앗겼습니다.
자기들을 의존하며 살던 민생들이 사도들을 주목하기 시작했고, 급기야는 사도들에게 목을 매기 시작했습니다.
시기하지 않으면 사람이 아니겠죠.
그러기에 사도들을 핍박하지 않을 수 없었던 것입니다.
그래서 시기하지 말자 이렇게 단순하게 단정지어 버리면 촘촘한 삶을 엮어 나가시는 하나님의 은혜를 놓치게 됩니다.
시기해야 합니다.
남들이 나보다 더 잘 나갈 때 시기해야 합니다.
배가 아프도록 시기해야 합니다.
시기하는 것은 옳은 것이 아니라고 자조하며 넘기지 말아야 합니다.
그러면 안으로 곪습니다.
중요한 것은 시기를 어떤 동력으로 승화시키느냐입니다.
태풍은 많은 것을 파괴합니다.
거대한 물줄기는 많은 것을 앗아가 버립니다.
그러나 태풍을 다른 동력으로 만들면 풍력발전소가 되고, 거대한 물줄기는 수력발전소가 됩니다.
시기를 다른 동력으로 만들면 창조적인 발전소가 됩니다.

그 사람이 왜 나보다 더 잘 나가는지 살펴보면 이유가 있습니다.

그것을 배우고 익혀서 나의 한계를 넘어가는 것입니다.

그 시기의 대상들을 멀리하거나 핍박하는 대신 가까이 하면서 면밀히 살피고, 고개 숙여 배우는 것입니다.

그러면 길이 보입니다.

시기를 너무 쉽게 위장된 관용으로 덮어버리면 자기 발전의 동력을 잃어버립니다.

시기의 대상이 내 주변에 존재하는 것은 하나님의 은총입니다.

【기도】 파괴적인 시기를 창조적인 동력으로 바꿀 수 있는 능력과 지혜 주소서!

【적용】 예배를 통해 은혜 발전소 충전하기!

2009년 6월 16일

너는 나를 모르는데 나는 너를?

사도행전 6:1-15

온 무리가 이 말을 기뻐하여 믿음과 성령이 충만한 사람 스데반과 또 빌립과 브로고로와 니가노르와 디몬과 바메나와 유대교에 입교한 안디옥 사람 니골라를 택하여 사도들 앞에 세우니 사도들이 기도하고 그들에게 안수하니라

[행 6:5, 6]

다른 사람들에게 추천을 받는다는 것이 쉬운 일은 아닙니다.

누구나 다 부족한 것 한두 가지씩은 있기 마련입니다.
그런데도 성도들은 일곱 명의 사람을 사도들에게 추천했습니다.
추천한다는 것은 그 사람을 책임진다는 의미입니다.
책임질 마음이 없으면 추천하지 말아야 합니다.
그리고 일단 추천하면 끝까지 믿어주고 책임져 주어야 합니다.
사도들은 직접 일꾼을 택하지 않았습니다.
그들의 면면을 알지 못하기 때문입니다.
그래서 곁에서 지켜봐서 잘 아는 사람들에게 추천권을 부여합니다.
누군가를 추천하려면 그 사람에 대한 면면을 잘 아는 것은 기본입니다.
잘 모르면서 겉으로 드러난 모습만 가지고 추천하는 것은 신중하지 못합니다.
반대로 누군가를 비난하려면 그 사람을 잘 안 다음에 비난해야 합니다.
잘못하면 그 사람이 그럴 수밖에 없는 전후 사정을 고려하지 않고 겉으로 드러난 문제점만을 보고 무조건 비판에 편승하는 실수를 저지르기 쉽니다.
그러한 실수는 상대방에게는 치명적인 상처가 되기에 더욱 중요합니다.
추천하는 것도 중요하지만 좌천시키는 일은 더 많은 신중을 요구합니다.
사람을 아는 일에 있어서 피해야 할 독소는 "피상성"입니다.
배우자이든, 친구이든, 동업자이든, 교우이든,
어떤 관계든지 피상성은 사람 사는 세상을 헐어버립니다.

【기도】 주님, 사람을 알아가는 일에 게으르지 않게 하시고 안 만큼 끝까지 믿어주고 책임져 주는 사람 되게 하소서!
【적용】 주변 사람들을 진지하게 대하기!

 2009년 6월 17일

300용사들이여 성전聖戰에
사도행전 7:1-16

대제사장이 가로되 이것이 사실이냐 스데반이 가로되 여러분 부형들이여 들으소서…   [행 7:1, 2]

스데반은 법정에 서 있습니다.
고발당한 것입니다.
부당한 고발입니다.
더군다나 상당히 불리한 재판이기도 합니다.
상대도 만만한 사람들이 아닙니다.
승소하기가 힘들어 보입니다.
자기에게 불리한 증인까지 조작된 상태입니다.
대제사장이 스데반에게 고발당한 것이 사실인지를 묻고 있습니다.
이제 스데반은 스스로 변론해야 합니다.
섣불리 변론할 수 없습니다.
생과 사가 갈리는 변론입니다.
그러나 이 부당하고 불리한 재판에서 스데반은 결코 혼자가 아닙니다.
스데반 옆에 예수님이 계십니다.
만약 스데반에게 예수님이 함께하시지 않는다면 스데반은 이 무시무시한 법정에서 제대로 변론할 수 없습니다.
스데반은 자기가 이 재판에서 무사히 빠져나갈 것을 목표로 변론하지 않습니다.
그는 오직 사실을 변론할 뿐입니다.
이 사실을 변론하는 것이 자기에게 어떤 결과를 가져다줄지는 관심

밖입니다.

오직 예수님이 명하시는 변론을 할 뿐입니다.

스데반은 자기가 믿는 예수님을 변증하는 일에 목숨을 건 사람입니다.

스데반은 예수가 그리스도라는 사실을 알리고 싶어 미친 사람입니다. 모두들 보신保身을 위해 절절매는 상황에서도 스데반은 사실을 변론하기 위해 자신을 투신합니다.

자기가 알고 있고, 또 믿고 있는 사실을 위해 기꺼이 자기를 바치는 일은 아무나 흉내 낼 수 없는 거룩한 일입니다.

내가 목숨 바쳐 지키고 싶은 진실은 무엇인지 생각해 봅니다.

TV에서는 대통령 비서관이 법정에서 또 다르게 진술했다는 뉴스가 나옵니다.

기꺼이 목숨까지 바쳐 진실을 지키는 일은 아무나 할 수 없는 일인가 봅니다.

삶이 진실하다는 것은 진실을 위해 모든 것을 바칠 각오로 산다는 의미일 것입니다.

거짓이 난무하는 세상에서 보석보다 더 희귀해진 진실을 지키기 위해 위험을 무릅쓰는 것이 믿음입니다.

총과 칼을 들어야만 성전이 아닙니다.

거짓이 주인 행세하는 이 세상에서 진실을 말하는 것이야말로 매일매일 치러야 하는 나의 치열한 성전聖戰입니다.

【기도】 사실을 사실대로 말할 수 있는 용기를 주소서!
【적용】 거짓과 싸우기!

 2009년 6월 18일

크로싱!
사도행전 7:17-36

> 모세가 애굽 사람의 학술을 다 배워 그 말과 행사가 능하더라 나이 사십이 되매 그 형제 이스라엘 자손을 돌아볼 생각이 나더니 　　　[행 7:22, 23]

　모세는 교화되지 않았습니다.
　40년간 애굽 왕궁에 살면서도 애굽화되지 않았습니다.
　미국으로 이민 가서 10년만 살다가 귀국을 해도 혀 꼬부라진 소리를 하는 것을 보면 모세의 교화되지 않은 모습은 그냥 스쳐 갈 일이 아닙니다.
　모세는 특별한 대우와 교육을 받으면서 애굽의 문물에 능통한 사람이 되었습니다. 애굽의 언어, 문화, 학문과 지식, 생활방식 등등 모든 것을 익혔지만 정신만은 애굽으로 교화되지 않았습니다.
　참 놀라운 하나님의 은혜입니다.
　반면에 모세가 얼마나 힘든 삶을 살았는지를 짐작케 합니다.
　두 문화의 충돌과 갈등 속에서 자기 자신을 지키는 것이 얼마나 힘든 일인지.
　완전한 애굽의 왕자도 아닌 그렇다고 완전한 이스라엘인으로 살 수도 없는 태생적 구조가 모세를 무척이나 힘들게 했을 것입니다.
　완전히 애굽왕자로 교화되었다면 그렇게 갈등하지는 않았을 것입니다.
　모세는 이러한 갈등 구조 속에서 40년을 살았습니다.
　물론 하나님의 은혜이지만 그렇다고 그 속에서 자신을 지키며 견딘 모세의 아픔을 간과할 수는 없습니다.
　요즘 너무 쉽게 정신을 팔아먹는 일들을 목격합니다.

이익을 위해 지금까지 지켜오던 정신을 내팽개치는 일들을 봅니다.
그래서 생긴 유행어, 영혼 없는 사람들
정신을 팔아먹는 것입니다.
현실적 이익을 지키기 위해서라면 정신도 팔아먹습니다.
이런 세상에서 교화되지 않고 자신을 지킨다는 것이 쉬운 일은 아닙니다.
사람의 가치는 정신입니다. 정신이 살아있는 사람이 사람입니다.
몸이 펄펄하게 살아있어도 정신이 죽으면 걸어다니는 송장입니다.
정신을 지키기 위해 기꺼이 고통을 견디는 사람들을 보면서 사람으로 산다는 것에 자부심을 갖게 됩니다.
무엇으로도 팔리지 않는 숭고한 정신의 소유자를 만나기가 하늘에서 별을 따는 것만큼이나 힘든 세상입니다.
애굽에서 40년을 살면서 자신을 지킨 모세가 할 수 있는 마지막 선택은 크로싱!

【기도】 인간의 가치가 전도된 혼탁한 세상에서 정신적 가치를 회복하는 은혜를 주소서
【적용】 비겁함에 맞서기!

2009년 6월 19일

소유당한 신(1.2)
사도행전 7:37-45

> 그때에 저희가 송아지를 만들어 그 우상 앞에 제사하며 자기 손으로 만든 것을 기뻐하더니 하나님이 돌이키사 저희를 그 하늘의 군대 섬기는 일에 버려 두셨으니…
> [행 7:41, 42]

참으로 기발한 발상입니다.
백성들은 제사장인 아론에게 신을 만들어 달라고 합니다.
백성들은 신 없이는 살 수 없는 경건한 사람들처럼 보입니다.
무신론자와 유신론자 중에 누가 더 바람직한지 생각해 봅니다.
사실 백성들은 신을 믿고 싶은 것이 아닙니다.
자기들 마음을 헤아려 주는 신을 소유하고 싶은 것입니다.
자기들 뜻을 추인해 주는 정도의 신을 갖고 싶어 합니다.
다시 말해 이들이 원하는 신은 조정 가능한 신입니다.
이들이 원하는 신은 우상입니다. 죽어 있는 신입니다.
자기들의 욕심을 투영할 수 있고,
그리고 조정할 수 있는 어리석은 신을 원하고 있습니다.
이런 모습은 지금도 여전히 나타나는 현상입니다.
섬기고 경배할 신을 원하는 것이 아니라 무조건 축복해 주고 나의 빗나간 계획과 욕심을 추인해 줄 정도의 신을 원합니다.
직접 내 삶을 통제하거나 간섭하는 신을 단호히 거부합니다.
믿는 것도 중요하지만 하나님을 섬기는 동기를 따져 볼 일입니다.
믿지 않는 것보다 잘못 믿어 하나님의 영광을 가리는 일들이 빈번합니다.

【기도】 그릇된 믿음의 동기를 살필 수 있는 분별력을 주소서!
【적용】 그릇된 믿음의 동기를 살필 수 있는 분별력을 주소서!

2009년 6월 20일

잘 살고 잘 죽세!

사도행전 7:46-60

저희가 돌로 스데반을 치니 스데반이 부르짖어 가로되 주 예수여 내 영혼을 받으시옵소서 하고 무릎을 꿇고 크게 불러 가로되 주여 이 죄를 저들에게 돌리지 마옵소서 이 말을 하고 자니라   [행 7:59, 60]

하나님의 선지자가 핍박을 받은 것처럼 성령이 충만한 스데반도 핍박을 피할 수 없었습니다.

그들의 마음을 찌르는 말씀을 선포하기 때문입니다.

마음을 어루만지며 격려하는 말씀을 선포했다면 핍박 대신 환영받았을 것은 뻔한 이치입니다.

상식적으로 생각하면 스데반의 죽음은 아까운 죽음이며 비참한 죽음입니다.

성령이 충만한 스데반이 오랜 시간 동안 사역을 한다면 많은 열매를 거둘 수 있다는 의미에서 그의 죽음은 아까운 죽음입니다.

누구 하나 회심시키지도 못하고 죽은 죽음이기에 더욱 아까운 죽음입니다.

사람이 생을 마감하면 사람들은 그 사람의 삶과 죽음을 평가합니다.

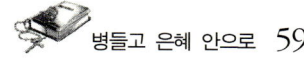

많은 사람을 감동시키는 죽음이 있는 반면 조용히 사라지는 죽음도 있습니다.

사람들은 잘 죽기를 바랍니다. 멋지게 죽기를 바랍니다.

드라마처럼 많은 사람들에게 감동을 주는 죽음을 맞이하고 싶어 합니다.

그러나 잘 죽기 위해서 치러야 할 대가의 목록을 발견하는 즉시 잘 죽을 기회 앞에서 뒷걸음치기 시작합니다.

그래서 잘 죽는 것보다 악착같이 살아남는 일에 몰두합니다.

결국 잘 죽을 기회를 잃어버립니다.

죽음의 평가는 사람들의 몫이 아니라 하나님의 몫입니다.

사람들이 보기에 "well-dying" 같을지라도 아닌 경우가 있을 수 있고, 사람들이 보기에 "bad-dying" 같을지라도 아닌 경우가 있습니다.

사람들이 볼 때 스데반은 "bad-dying"처럼 보이지만 하나님은 그의 죽음을 이렇게 평가합니다.

"well-dying" 아무도 건너뛸 수 없는 최대의 화두, 죽음

죽을 위기 앞에서 즉시 잘 죽을 수는 없습니다.

"well-dying"은 "well-being"이라는 계단 끝에 도착하는 골인점이기 때문입니다.

스데반의 "well-dying"을 꿈꾸며 오늘을 마지막처럼 살고 싶습니다.

【기도】 오늘도 "well-dying"에 이르는 계단에 오르게 하소서!
【적용】 오늘이 마지막인 것처럼 후회 없이 살기!

 2009년 6월 21일

뭉치면 죽는다!
사도행전 8:1-13

사울이 그의 죽임 당함을 마땅히 여기도다 그 날에 예루살렘에 있는 교회에 큰 핍박이 나서 사도 외에는 다 유대와 사마리아 모든 땅으로 흩어지니라 [행 8:1]

한곳에 정착하기 바라는 심정을 고려하면 은혜의 장소를 떠나는 것이 얼마나 힘든 일인지 짐작이 갑니다.
피난가듯 떠나야 할 때 많은 것을 포기해야 하기에 더더욱 힘들어 보입니다.
안정된 곳에서 함께 뭉쳐 살면 얼마나 든든한지 모릅니다.
거기에서 안전이 보장되고, 거기에서 권력이 생겨나고, 거기에서 이익이 생겨납니다.
그래서 힘들수록 뭉치고자 하는 것이 인지상정입니다.
그러나 하나님은 성도들을 흩으셨습니다.
원래 하나님의 은혜가 있는 곳에는 늘 위험도 함께 있습니다.
생명을 지켜주는 물웅덩이에 야수가 숨어 있듯이 하나님의 은혜 있는 곳에는 그 은혜를 없이 하고자 하는 세력이 있습니다.
하나님은 한창 부흥하는 교회를 흩으셨습니다.
조직화와 제도화 그리고 권력화되어 가는 중요한 시기에 하나님은 흩으셨습니다.
복음이 물웅덩이처럼 고여 있으면 부패할 것을 아신 하나님은 흩으셨습니다.
물론 더 중요한 이유는 복음의 확산 때문입니다.
사람들은 둘 셋만 모이면 정치구조를 만듭니다.

권력을 만들고 그 권력을 더 갖기 위해 싸웁니다.

그러다 보면 그 조직의 본래 기능보다는 조직이 갖고 있는 권력에 눈이 멉니다.

개신교는 단합이 잘 안 된다고 하는 이야기를 들었습니다.

불교도 천주교도 단합이 잘되니까 나라에서도 그 힘을 무시하지 못한다고 합니다.

과연 하나님도 교회가 그런 권력집단으로 이 세상에서 권력을 행사하기를 바라실까 생각해 봅니다.

정말 아닌 것 같습니다.

교회의 힘은 중앙 집권적으로 제도화된 조직에서 나오는 권력이 아니라 인간의 어떤 조직에도 얽매이지 않고 역사하시는 성령님의 힘이십니다.

교회가 제도화된 권력을 의지하는 순간부터 성령님의 능력은 사라집니다.

모이는 성도 수가 곧 성공의 잣대가 되어 버린 현대 교회에 하나님은 중앙 집권적으로 모인 재원들이 서서히 낭비되어져 가는 것을 안타깝게 여기시지나 않을까 생각합니다.

"많이 모이는 교회"는 곧 "성공하는 교회"라는 패러다임이 "흩어지는 교회"가 "성공하는 교회"라는 하나님 중심의 패러다임으로 바뀌기를 소원해 봅니다.

【기도】 은혜의 복음을 가두지 않게 하소서!
【적용】 하나님의 은혜를 필요로 하는 이들을 찾아가기!

 2009년 6월 29일

위험한 등식
사도행전 10:17-33

베드로가 본바 환상이 무슨 뜻인지 속으로 의심하더니 마침 고넬료의 보낸 사람들이 시몬의 집을 찾아 문 밖에 서서 불러 묻되 베드로라 하는 시몬이 여기 우거하느냐 하거늘 베드로가 그 환상에 대하여 생각할 때에 성령께서 저더러 말씀하시되 두 사람이 너를 찾으니 일어나 내려가 의심치 말고 함께 가라 내가 저희를 보내었느니라 하시니
[행 10:17-20]

베드로는 하나님이 주신 환상을 받아들이는 데 어려움을 겪습니다.
그도 그럴 것이 환상이 베드로의 상식의 범위를 훨씬 벗어났기 때문입니다.
성령께서 직접 말씀하실 정도로 베드로는 환상을 이해하는 데 어려움을 겪습니다.
오늘 본문을 뒤집어 묵상해 보고 싶습니다.
환상을 받아들이기 어려워하는 베드로의 불순종의 관점이 아니라 환상을 받아들이는 일이 결코 쉬운 일은 아니라는 관점입니다.
베드로가 죽은 자를 살리기까지 성령이 충만한 사도였다는 점에서 더욱 그렇습니다.
환상 체험이 이미 교회와 신앙생활에 깊숙히 들어와 있습니다.
특히나 천국 환상 체험 간증집회가 그렇습니다.
교회들마다 경쟁적으로 집회를 열 정도입니다.
모든 것이 다 그렇듯이 과열적 반응은 정도를 벗어나는 일탈을 불러옵니다.
과열적 반응은 꼼꼼히 짚어보는 성경적 접근을 생략하게 만듭니다.

그 결과 무분별한 현상이 나타나 교회와 신앙의 질서를 혼탁하게 만듭니다.

수천 년 동안 교회사에 나타난 현상입니다.

그럼에도 또 다른 환상체험이 등장하면 그 과열현상은 여전합니다.

신중할 필요가 있습니다.

성령님께서 분명히 말씀하실 때까지 의구심을 갖고 성경으로 확인해야 합니다.

그렇지 않다면 무분별한 신비현상이 건강한 신앙을 해치기 때문입니다.

환상에 몰두하다가 환상에 환장하기 쉽습니다.

그러면 성경말씀의 권위보다 앞설 위험이 큽니다.

하나님은 이 시대에도 특별한 환상을 통해 일하십니다.

그러나 보편적인 방법은 아닙니다.

하나님이 인도하시는 가장 보편적인 방법은 성경말씀입니다.

환상체험을 지나치게 과열적으로 퍼트리는 것도 문제이지만 무분별하게 받아들이는 과열적 수용 태도에도 문제가 있습니다.

"환상 체험=성령 충만"

이 등식은 오용될 가능성이 농후한 등식입니다.

자칫 사탄에게 속기 쉽습니다. 그 결과는 "영적 혼탁"입니다.

【기도】 혼탁한 영계에서 중심을 잃지 않게 하소서!
【적용】 분별의 은사 사용하기!

2009년 6월 30일

무너진 성형
사도행전 10:34-48

베드로가 입을 열어 가로되 내가 참으로 하나님은 사람의 외모를 취하지 아니하시고 각 나라 중 하나님을 경외하며 의를 행하는 사람은 하나님이 받으시는 줄 깨달았도다
[행 10:34, 35]

베드로를 포함한 유대인들은 이방인에게 성령님이 임하시는 것에 놀랍니다.
그런 일이 일어나리라고는 전혀 예상치 못했습니다.
할례받은 유대인에게만 하나님의 은혜가 임하는 줄로 알았는데 그게 아니었습니다.
하나님은 차별이 없으십니다. 유대인, 헬라인, 또 다른 많은 이방인들. 그러나 이런 인위적인 구별은 하나님에게 의미가 없습니다.
왜냐하면 하나님은 외모로 취하시지 않기 때문입니다.
하나님은 외모 때문에 차별하시지 않습니다.
인간의 노력으로 어떻게 할 수 없는 태생적 조건이나 환경은 하나님의 고려사항이 아닙니다.
하나님이 은혜 주시고자 고려하시는 대상은 하나님을 경외하는 사람입니다.
그렇다고 전혀 차별하시지 않는 하나님은 아닙니다.
하나님은 차별하십니다.
하나님을 경외하는 사람과 그렇지 않은 사람 사이는 분명히 구분하시며, 또 확연하게 차별하십니다.
하나님은 누구나 다 취하시는 인심 좋은 할아버지 같은 분이 아니심니다.

"왜 하나님은 나에게 그런 특별한 은혜를 주시지 않는가?"라고 반문하기보다는 "나는 얼마나 하나님을 경외하는가?"라고 물어봐야 합니다.

미국의 유명가수가 타계했습니다.

그는 흑인도 아니고 그렇다고 완전히 백인의 얼굴도 아니게 되어 버렸습니다.

성형 부작용으로 얼굴이 영 아닙니다.

나에게 필요한 성형은 얼굴 성형이 아니라 영혼의 성형입니다.

하나님을 경외하는 영혼으로의 성형.

【기도】 외모 지상주의 허구에서 벗어나게 하소서!
【적용】 내면 가꾸기에 투자하기!

 2009년 7월 2일

당신은 인생 금메달리스트
사도행전 11:19-30

예루살렘 교회가 이 사람들의 소문을 듣고 바나바를 안디옥까지 보내니
[행 11:22]

몇몇 제자들이 안디옥에서 큰 부흥을 일으켰습니다. 주님의 은혜가 그들과 함께했기 때문입니다. 부흥은 나의 공로가 아닙니다. 물론 그 수고는 인정해 주어야 마땅합니다.

그러나 부흥은 전적인 주님의 은혜입니다.
부흥이 성공한 그 다음에 문제가 생겼습니다.
몇몇 제자들이 감당할 수 없는 큰 부흥이 일어났기 때문입니다.
자신들이 감당할 분량을 초월한 부흥이 일어났습니다.
이때 몇몇 제자들은 예루살렘에 도움의 손길을 요청합니다.
그리고 예루살렘 교회는 큰 부흥의 성공 이후를 관리할 바나바를 파송합니다.
이 부분에서 몇몇 제자들의 모습을 통해 은혜를 받습니다.
그들이 더 이상 감당할 수 없음을 알고 겸손하게 도움을 요청했다는 것입니다.
인간적으로 생각해 보면 욕심이 날 만합니다.
자신들이 부흥의 열매를 다른 사람에게 맡긴다는 것은 쉬운 일은 아닙니다.
어떻게 되든지 자신들이 꿰차고 있을 수 있습니다.
그러나 그들은 부흥을 독차지하려는 탐욕을 물리쳤습니다.
그리고 겸손하게 예루살렘에 도움을 요청하고 기꺼이 바나바에게 부흥의 결과를 넘깁니다.
마치 잘 짜여진 탁월한 릴레이 팀을 보는 것 같습니다.
어느 거리까지는 최선을 다해 달리다가 다른 주자에게 미련없이 바통을 넘겨주는 탁월한 릴레이 팀 말입니다.
당연히 금메달감입니다. 안디옥 교회는 몇몇 제자들은 할 수 없는 바나바 같은 탁월한 조건을 구비한 일꾼이 필요했던 것입니다. 각자의 역할을 잘 알고 자기 분량 안에서 협력할 때 놀라운 부흥의 시너지 효과를 만들어 낼 수 있습니다. 교회 침체기에 살아남는 것도 쉬운 일이 아닙니다. 그러나 더 어려운 것은 부흥의 성공 그 이후입니다.
이것이 관리가 안 되면 부흥의 불길은 사그라집니다.

교회 부흥뿐만 아니라 모든 일의 공로를 독차지하고 싶은 것이 인간입니다.

그러나 이런 욕심이 결국 좋은 결과를 더 이상 꽃 피우지 못하게 합니다.

믿음은 자기 능력의 한계를 인정하는 것이고, 그리고 겸손히 다른 사람에게 도움을 구하는 것입니다.

자신이 감당할 수 없는 분수 넘치는 자리를 독차지하고 있는 것은 모두를 힘들게 합니다. 물론 자신도 큰 스트레스에 시달립니다.

자기의 분수를 알고 조용히 물러날 줄 아는 사람은 항상 다른 사람들로부터 환영을 받고 사람들은 그 사람을 계속 가까이 두려고 합니다.

자신을 인정해 주지 않고 기피한다고만 불평하기 전에 분수를 넘어 욕심을 내고 있지는 않은지 돌아보는 것이 지혜입니다.

【기도】 주님 섬기다가 비난 받는 일에 담대하게 하소서!
【적용】 비난의 재갈 물리기!

 2009년 7월 3일

신비의 자동문
사도행전 12:1-12

이에 베드로는 옥에 갇혔고 교회는 그를 위하여 간절히 하나님께 빌더라

[행 12:5]

베드로 사도가 잡혔을 때 교회는 간절히 기도합니다.

그리고 베드로는 죽기 하루 전날 밤에 극적으로 살아나옵니다.

요한이 처형당하는 끔찍한 사건을 경험한 이후에도 성도들이 기도하는 장면이 마음에 다가옵니다.

성도들은 베드로 사건 전에 요한이 죽임을 당하는 끔찍한 일을 경험합니다.

그렇다면 이런 의문점이 생깁니다. 성도들은 요한이 잡혔을 때는 기도하지 않고 있다가 베드로가 잡혔을 때만 기도했는가 하는 것입니다.

그래서 베드로는 살아나고 요한은 살아나지 못한 것인가 하는 것입니다.

내가 기도하면 반드시 내 소원대로 응답됩니다. 이것은 믿는 자들에게 주신 축복입니다.

그러나 주님은 내 소원대로 응답하지 않으실 때도 있습니다.

그 이유는 모릅니다. 하나님의 크신 뜻과 계획이 다 드러나지는 않기 때문입니다.

당연히 성도들은 요한이 체포되어 갔을 때에도 간절히 기도했습니다.

그러나 그들의 기도가 응답되지 않고 요한이 처형을 당하는 일을 경험합니다.

그런데 놀라운 것은 성도들이 또 기도한다는 것입니다.

그것도 간절히. 간절히 드리는 기도는 믿음의 기도입니다.

성도들은 요한의 일을 경험한 이후에도 기도를 포기하지 않았습니다.

요한의 일을 경험한 성도들은 기도가 소용없다는 것을 경험했습니다.

그렇다면 감옥을 급습하여 베드로 사도를 구할 계획을 세워야 마땅합니다.

그러나 성도들은 또 하나님을 신뢰하며 간절히 베드로를 위해 기도합니다.

한 번 기도가 응답되지 않은 좌절을 경험하면 낙심이 마음을 지배합니다.

그리고 다시는 기도하려고 하지 않습니다.

기도는 좌절된 경험 이후에도 또 하나님을 신뢰하며 구하는 것입니다.

기도의 가장 큰 적은 낙심입니다. 믿음의 기도는 이 낙심을 이깁니다. 이것이 어제까지 좌절된 기도제목이라 할지라도 오늘 다시 기도해야 하는 이유입니다.

그렇게 할 때 나를 옥죄고 있던 단단한 옥문은 스르르 자동으로 열립니다.

【기도】주님, 주님을 향한 신뢰의 마음을 포기하려는 유혹에서 건져 주소서!
【적용】닫힌 문제 놓고 계속 기도하기!

2009년 7월 4일

고장난 자동문

사도행전 12:13-25

베드로가 대문을 두드린대 로데라 하는 계집아이가 영접하러 나왔다가 베드로의 음성인 줄 알고 기뻐하여 문을 미처 열지 못하고 달려 들어가 말하되 베드로가 대문밖에 섰더라 하니 저희가 말하되 네가 미쳤다 하나 계집아이는 힘써 말하되 참말이라 하니 저희가 말하되 그러면 그의 천사라 하더라 [행 12:13-15]

베드로 사도가 갇힌 감옥 문은 쉽게 열 수 없는 문입니다.

감옥의 상태를 묘사하는 것을 보면 도저히 열 수 없는 견고한 문입니다.

그러나 놀랍게도 그 문이 자동으로 열렸고 베드로 사도는 살아나왔습니다.

그러나 베드로 사도가 다가가기만 해도 자동으로 열려야 마땅한 마리아 집의 대문은 도무지 열리지 않습니다.

인간의 힘으로 열 수 없는 불가능한 문은 자동으로 열리고, 베드로가 평상시 쉽게 열고 다니던 문은 굳게 잠긴 채 열리지 않습니다.

세상에서 가장 열기 힘든 문은 "불신"이라는 문입니다.

세상 어느 도적도 열 수 없는 문이 바로 "불신"이라는 문입니다.

마리아 집에 머물고 있던 성도들에게 베드로가 감옥에서 살아 나오는 일은 있을 수 없는 일입니다. 요한이 죽었기 때문입니다.

워낙 문제가 크면 하나님의 능력을 생각할 겨를이 없습니다.

문제가 믿음을 삼켜 버리기 때문입니다.

하나님이 이루시는 엄청난 일들이 지금 문 밖에서 벌어지고 있습니다.

하나님이 행하시는 기이한 일들이 나의 견고한 불신의 문을 계속 두드립니다.

열리지 않는 문은 곧 폐문으로 전락합니다.

【기도】 나의 인식의 세계 밖에서 역사하시는 하나님의 기이한 일들을 보게 하소서!

【적용】 하나님의 역사하심에 대한 믿음 점검하기!

 2009년 7월 7일

고무신을 거꾸로

사도행전 13:32-41

우리도 조상들에게 주신 약속을 너희에게 전파하노니   [행 13:32]

하나님은 약속을 이루시는 분이십니다.
예수님은 하나님 약속의 성취입니다.
약속은 혼자 할 수 없습니다. 반드시 당사자가 있습니다.
하나님은 이스라엘의 조상들을 약속의 파트너로 삼으셨습니다.
그런데 그 약속이 전승되지 않았습니다.
그뿐만 아니라 폐기된 약속으로 취급받았습니다.
약속증서가 찢겨 쓰레기통에 버려진 것입니다.
이유는 있습니다.
그 약속의 성취가 너무 더디 이루어지기 때문입니다.
다윗 당시 조상들에게 하신 그 약속이 이제야 이루어집니다.
그러니 약속의 성취를 바라던 조상들은 지치고 말았습니다.
실망한 조상들은 약속과 함께 약속하신 하나님을 멸시하며 비방했습니다.
약속의 생명은 신뢰입니다.
"당신을 신뢰합니다"라는 말 속에는 "끝까지"라는 말이 생략되어 있습니다.
신뢰는 시간과의 싸움입니다.
조급하면 결코 신뢰할 수 없습니다.
신뢰는 시간에 구속받지 않습니다.

신뢰는 약속의 유효기간을 무한정으로 설정하는 것입니다.

하나님을 향한 믿음도 사람에게 향한 신뢰도 시간과의 싸움을 요구합니다.

"끝까지 견디는 자는 구원을 받으리라!" 예수님 말씀입니다.

며칠 전 여자친구가 고무신 거꾸로 신었다고 휴가 나온 자신의 방에서 자살한 군인 이야기를 들었습니다.

그들에게는 23개월이 너무 길었나 봅니다.

【기도】 더디 이루어진다 해도 하나님의 약속을 멸시하지 않게 하소서!
【적용】 약속 지키기!

2009년 7월 9일

피 묻은 샌드위치… 피 묻은 복음

사도행전 14:1-18

이에 이고니온에서 두 사도가 함께 유대인의 회당에 들어가 말하니 유대와 헬라의 허다한 무리가 믿더라 그러나 순종치 아니하는 유대인들이 이방인들의 마음을 선동하여 형제들에게 악감을 품게 하거늘 두 사도가 오래 있어 주를 힘입어 담대히 말하나 주께서 저희 손으로 표적과 기사를 행하게 하여 주사 자기 은혜의 말씀을 증거 하시니   [행 14:1-3]

새벽기도를 다녀와 묵상을 하기 전에 칼로 손가락을 베었습니다. 엄지손톱이 약간 잘리면서 살까지 깊게 베었습니다.

칼이 지나간 자리가 아리면서 아파옵니다.
피가 몇 방울 흐르는 것을 보니 그 일을 한 것이 후회가 됩니다.
식구들이 먹을 샌드위치를 만들다 그랬습니다.
사람은 고통에 약합니다. 가급적 고통을 피하고 싶어 합니다.
바울과 바나바는 이고니온에서 큰 어려움을 당합니다.
칼로 손가락을 살짝 베인 정도가 아닙니다.
적대감을 가진 자들이 목숨을 노립니다.
그러나 그들은 그곳을 피하지 않습니다.
오히려 오래 머물렀다고 말씀합니다.
"considerable time"
상당히 오랜 시간을 머물면서 복음을 전합니다.
그들이 당한 고통을 묵상합니다.
그들은 왜 이런 위험한 곳에서 오랜 시간을 머물렀을까?
그곳에 하나님의 마음이 머물러 있기 때문입니다.
바울을 움직이는 구름과 불기둥은 환경이 아니라 하나님의 마음입니다.
예수님도 그러셨지만 누군가에게 전해지는 복음에는 피가 묻어 있습니다.
피 묻지 않은 복음은 능력이 없습니다.
고통을 감내하지 않는 복음은 더 이상 복음이 아닙니다.
신앙의 무기력증은 희생을 무서워할 때 독버섯처럼 돋아납니다.
희생이 두려울 때마다 주님의 십자가를 묵상합니다.
주님의 피는 나를 일으켜 세웁니다.
주님의 피는 나를 희생의 현장으로 달려가게 하는 능력입니다.
오늘 식구들은 피가 묻은 샌드위치를 먹습니다.
그러나 식구들은 그 피를 케첩으로 압니다.
오늘도 예수님이 주시는 은혜로 삽니다.

그 은혜 안에 예수님의 피가 흥건히 묻어 있습니다.
그 피를 케첩으로 알지 않기를 기도합니다.

【기도】 섬김을 위한 희생을 두려워하지 않게 하소서
【적용】 위축되지 않고 희생 감당하기!

 2009년 7월 10일

그래도 계속 가라 Keep going!
사도행전 14:19-28

유대인들이 안디옥과 이고니온에서 와서 무리를 초인하여 돌로 바울을 쳐서 죽은 줄로 알고 성밖에 끌어 내치니라 [행 14:19]

사람들은 바울의 초인적인 모습에 경악을 금치 못했을 것입니다.
남들이 볼 때 죽었다고 할 정도로 돌에 맞았습니다.
그러나 바울은 거기에 굴복하지 않습니다.
아무 일도 없었던 것처럼 그는 계속 그의 길을 갑니다.
환난은 믿음의 순도를 가려내는 시금석입니다.
환난을 통해 믿음의 근력은 만들어집니다.
환난을 피하면 믿음의 약체에서 벗어나지 못합니다.
바울은 생사를 넘나드는 환난과 짝하며 살았습니다.
하나님은 그런 바울을 특별하게 지켜주십니다.
무리들이 미쳐서 바울을 돌로 치며 죽이려고 했지만 주님은 그를 살려 내십니다.

내 앞에 어려움이 있는 것은 하나님의 은혜입니다.

그 어려움과 싸우다 강한 믿음의 용사가 됩니다.

환난은 믿음의 사람을 분발하게 만듭니다.

그러나 안락한 환경은 믿음을 시들게 만듭니다.

풍랑은 누군가에게는 공포의 대상이지만 누군가에게는 단조롭게 항해하는 배를 역동적으로 전진시키는 동력이 됩니다.

바울의 역동적인 선교는 환난이라는 풍랑을 이용한 결과입니다.

믿음은 환난을 전진의 동력으로 바꾸는 능력입니다.

믿음이 없으면 환난은 고통일 뿐입니다.

오늘도 거치는 장애물이 앞을 가로막을 것입니다.

그래도 계속 가야 합니다.

그때 환난은 삶의 동력으로 바뀝니다.

【기도】 주님, 믿음이 약해질 때마다 환난을 두려워합니다.
　　　　환난과 맞설 용기를 주소서!

【적용】 어려움 피하지 않기!

2009년 7월 12일

다른 것이 죄인가?

사도행전 15:12-29

그러므로 내 의견에는 이방인 중에서 하나님께로 돌아오는 자들을 괴롭게 말고

다만 우상의 더러운 것과 음행과 목매어 죽인 것과 피를 멀리 하라고 편지하는 것이 가하니
[행 15:19, 20]

초대교회는 이방인들을 받아들이는 데 어려움을 겪습니다.
다른 문화와 전통을 가진 사람들과 하나 되어 생활하는 것이 쉽지 않습니다.
피부색 하나만 달라도 이질감을 느낍니다.
그래서 사람들은 껍질을 벗겨서라도 같은 피부색이기를 바랍니다.
유대인들이 준수하는 율법은 이방인들에게는 낯설고 힘든 전통입니다.
그런 문화 속에서 살아오지 않은 이방인들이 지키기에는 너무 벅찬 법입니다.
물론 엄격하게 지키기를 요구한다면 할 수는 있겠지만 그 과정에서 이방인 성도들은 껍질이 벗겨지는 엄청난 고통을 감내해야 합니다.
물론 껍질을 벗긴다고 같아지는 것은 절대 아닙니다.
무늬만 같은 것처럼 보일 뿐입니다.
이런 문제를 놓고 예루살렘 교회는 혁신적인 결론을 도출합니다.
이방인들에게는 무거운 짐을 지우지 말자라는 결론입니다.
촘촘히 얽어메는 율법에서 그들을 자유롭게 해 주기로 결정했습니다.
단, 최소한의 몇 가지 피할 것을 권면합니다.
우상의 제물과 피 그리고 목 졸라 죽인 짐승의 고기와 불륜입니다.
사도들과 장로들은 이런 결정을 내리기가 힘들었습니다.
그래서 많은 변론과 토론이 필요했습니다.
이 위대한 결론을 내리게 된 근본적인 배경은 이방인들에게 대한 배려입니다.
이방인들에 대한 사랑이 조상 대대로 지켜 오던 전통까지 양보하는 혁신적인 결론을 내리게 했습니다.

인간 안에는 나와 같지 않으면 견디지 못하는 폐쇄된 의식이 있습니다.
다른 것은 틀린 것이 아닙니다. 다른 것은 죄가 아닙니다.
다른 것은 다양성을 추구하시는 하나님의 창조방식입니다.
사랑은 나와 다른 것을 품는 것입니다. 나와 같도록 교화시키는 것은 폭력입니다.
같아질 수도 없습니다. 같은 척할 뿐입니다.
사랑이 있으면 나와 다른 것이 멋진 개성으로 보입니다.
그러나 사랑이 없으면 나와 다른 것은 틀린 것으로 보입니다.
존재 그대로 다양한 구성원들이 모여 이상적인 공동체를 만드는 것.
그것이 하나님이 기뻐하시는 공동체입니다.

【기도】 자기중심적인 옹졸함에서 벗어나 열 마음을 갖게 하소서!
【적용】 포옹하기!

 2009년 7월 14일

인생 톱니바퀴
사도행전 15:1-15

바울이 더베와 루스드라에도 이르매 거기 디모데라 하는 제자가 있으니 그 모친은 믿는 유대 여자요 부친은 헬라인이라 디모데는 루스드라와 이고니온에 있는 형제들에게 칭찬 받는 자니 바울이 그를 데리고 떠나고자 할째 그 지경에 있는 유대인을 인하여 그를 데려다가 할례를 행하니 이는 그 사람들이 그의 부친은 헬라인인 줄 다 앎이러라   [행 16:1-3]

바울은 디모데라는 좋은 사람을 만납니다.
그러나 바울은 디모데에게 부족한 것이 있음을 놓치지 않습니다.
디모데의 출생 배경입니다.
유대인 어머니와 그리스인 아버지입니다.
혼혈아입니다. 인간됨에 좋은 평판을 받고 있기에 별 문제가 되지 않을 수도 있습니다.
그러나 바울은 노련한 전문가입니다. 바울은 디모데가 유대인들을 상대로 사역할 때 이 문제가 큰 시빗거리가 될 것을 감지합니다. 그리고는 디모데에게 지금까지 하지 않은 할례를 하게 합니다. 할례가 얼마나 큰 고통인지 모릅니다.

전문가는 사소한 것을 그냥 지나치지 않습니다.
아마추어는 좋으면 다 좋은 것으로 여깁니다.
그러나 수영 전문가는 수영복까지도 기록에 영향을 미친다는 사실을 그냥 지나치지 않습니다.
세밀한 눈이 없는 것이 곧 아마추어와 전문가의 차이입니다.
중요한 경기에서 사소한 것을 묵과함으로 경기를 망치는 일들이 비일비재합니다.
인생도 예외가 아닙니다. 그냥 경솔하게 지나친 일들이 큰 화를 부릅니다.
어제 검찰총장 청문회를 보니까 후보자가 쩔쩔맵니다.
사소하게 지나친 일들 때문에 중요한 출세의 길목에서 발목이 잡힌 것입니다.
반대로 매일 반복되는 일상에 최선을 다하므로 큰 복이 임합니다.
하나님은 작은 일을 가볍게 여기지 않는 사람에게 큰 복을 주십니다.
오늘 내가 하고 있는 작은 일들이 얼마나 중요한지 모릅니다.

그것은 마치 톱니바퀴와 같습니다.

작은 톱니바퀴가 망가지면 곧 공장 전체가 "올-스톱" 됩니다.

내 앞에 있는 작은 일은 누군가와 연결된 톱니바퀴입니다.

남편과 자식들의 인생, 이웃들의 삶, 나아가 세계 만민들과 연결된 톱니바퀴입니다.

사랑은 작은 것으로부터 시작됩니다. 사랑이 없으면 늘 큰 것에만 욕심을 냅니다.

참사랑은 작고 큰 것과는 상관이 없습니다. 인생은 큰 인생, 작은 인생이 없습니다.

인생은 다 같은 인생입니다. 내가 하는 일들이 소중한 것을 깨닫는 사람은 복이 있습니다.

【기도】 주님, 허황된 것에 비교당하지 않게 하소서!
【적용】 일상에 최선을 다하기!

 2009년 7월 15일

동물원 사자, 야생 사자

사도행전 16:16-26

바울과 우리를 쫓아와서 소리 질러 가로되 이 사람들은 지극히 높은 하나님의 종으로 구원의 길을 너희에게 전하는 자라 하며 이같이 여러 날을 하는지라 바울이 심히 괴로워하여 돌이켜 그 귀신에게 이르되 예수 그리스도의 이름으로 내가 네게 명하노니 그에게서 나오라 하니 귀신이 즉시 나오니라 [행 16:17, 18]

바울 사도는 귀신 들린 신통한 여자를 만납니다.

바울은 그 여자를 잘못 건드리면 큰 화를 당할 것임을 알고 있습니다.

정말 피하고 싶은 여자입니다.

그러나 이 여자는 집요하게 바울과 일행을 따라다니며 괴롭힙니다.

하나님은 귀신 들린 여자와의 한판 싸움을 하게 하십니다.

살다 보면 정말 원치 않는 다툼을 할 때가 있습니다.

물론 불필요한 다툼은 피해야 합니다.

그래야 자신의 역량을 중요한 곳에 쏟아 부을 수 있기 때문입니다.

사소한 것에 목숨 걸 필요가 없습니다.

그러나 마냥 피해서는 안 되는 다툼도 있습니다.

하나님은 때로 피할 수 없는 문제를 만나게 하심으로 영적 호전성을 키우십니다.

너무 무기력합니다.

불의와 저항하는 데 너무 무기력합니다.

때로는 싸워야 합니다. 영적 전쟁에 양보는 없습니다.

예수님은 불필요한 싸움은 피하셨지만 영적 싸움은 물러서지 않으셨습니다.

평화는 무조건 싸움을 피한다고 담보되는 것이 아닙니다.

평화는 약자의 전리품이 아닙니다.

평화는 싸움을 두려워하지 않는 사람이 얻는 전리품입니다.

동물원에서 길들여진 사자는 더 이상 사자가 아닙니다.

세상에 길들여진 성도는 사자의 후손이 아닙니다.

예수님은 유다지파이며, 유다지파의 상징 동물은 사자입니다.

화목을 핑계로 싸워야 할 싸움을 피한다면 결국 이빨 빠진 사자가 됩니다.

불의에게는 양보할 수 없습니다. 타협할 수 없습니다.

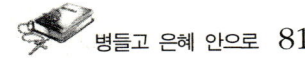

핍박이 무섭더라도 불의와 맞설 때 하나님의 능력이 나타납니다.

양처럼 온순하게 살다가도 불의 앞에 서면 무서운 사자로 돌변해야 합니다.

성령은 온유하신 분이신 동시에 검투사의 영이시기도 합니다.

싸울 때 싸우는 것이 믿음입니다.

믿음이 없으면 영적 호전성을 잃어버립니다.

【기도】주님, 불의와 타협하지 않을 때 발생하는 핍박을 두려워하지 않게 하소서!
【적용】싸움하기!

 2009년 7월 16일

열린 옥문, 숨어있는 함정
사도행전 16:1-15

이는 사람으로 하나님을 혹 더듬어 찾아 발견케 하려 하심이로되 그는 우리 각 사람에게서 멀리 떠나 계시지 아니하도다 우리가 그를 힘입어 살며 기동하며 있느니라 너희 시인 중에도 어떤 사람들의 말과 같이 우리가 그의 소생이라 하니
[행 16:27, 28]

큰 지진으로 옥문이 열렸습니다. 사슬이 다 풀어졌습니다.

그러나 바울과 실라는 옥문 밖으로 한 발자국도 나가지 않습니다.

뿐만 아니라 다른 죄수들도 그대로 있습니다.

이 말은 바울이 죄수들의 탈옥을 막았다는 의미입니다.
간수가 자살할 정도라면 그 감옥 안에 갇혀 있는 죄수들이 얼마나 중요한 죄수들인지 알 수 있습니다.
어쩌면 영원히 감옥에서 나가지 못하는 무기 장기수들도 있었을 것입니다.
바울은 탈옥이 근본적인 해결이 아님을 알았습니다.
일시적인 탈옥으로 잠시 해방될 수 있지만 그들은 더 큰 죄목으로 도망자가 될 것이기 때문입니다.
옥문이 열리는 것은 그들의 소원입니다.
그 일이 눈앞에서 펼쳐진 것입니다. 드디어 해방입니다.
그러나 바울은 자신뿐만 아니라 다른 죄수 중에 한 사람도 나가지 않습니다.
바울이 감옥을 장악하고 있는 것입니다.
바울은 세상 감옥의 탈옥범이 아닙니다.
바울은 죄악과 사망의 감옥에 갇힌 자들을 탈옥시키는 복음의 해방자입니다.
일이 잘 풀린다고 다 그대로만 좋아할 일이 아닙니다.
그 일을 통해 이루시기를 원하시는 하나님의 특별한 목적이 있습니다.
그토록 고민하던 문제가 해결될 때 하나님의 또 다른 목적을 살피는 것은 아주 중요합니다.
문이 열린다고 뛰쳐나가다 보면 진짜 더 큰 어려움에 처하게 됩니다.
한 번의 형통으로 만족하기보다는 그 한 번의 형통을 또 다른 형통으로 이어가는 것이 믿음입니다.
종종 마귀도 나의 닫힌 문을 열어주기도 합니다.
덜렁 그 문을 통해 뛰쳐나가면 더 큰 문제를 만나게 됩니다.
나를 가두던 옥문이 열린다고 다 해결되는 것은 아닙니다.

열렸을 때 그때부터 진짜 시작입니다.
그것을 분별하는 것이 믿음입니다.

【기도】 주님, 나의 소원에만 눈멀지 않게 하소서!
【적용】 돌다리도 두들겨 건너는 심정으로!

 2009년 08월 19일

갇힌 자유자!

사도행전 28:23-31

그들이 날짜를 정하고 그가 유숙하는 집에 많이 오니 바울이 아침부터 저녁까지 강론하여 하나님의 나라를 증언하고 모세의 율법과 선지자의 말을 가지고 예수에 대하여 권하더라 [행 28:23]

바울은 가택연금과 비슷한 부자유한 상태에서 2년간 온 힘을 다해 복음을 전합니다.
집에 갇힌다는 것이 얼마나 힘든지 모릅니다.
감옥은 아니지만 개처럼 집밖을 못 나가는 것입니다.
자유인이 갇혀 사는 것은 지옥이나 마찬가지입니다.
그런데 바울은 이 지옥 같은 연금 상태에서 천국잔치를 베풉니다.
오히려 가택연금 상태였기에 집중적으로 복음을 전할 수 있었습니다.
사적인 것에 얽매이지 않고 복음전파에 집중할 수 있었습니다.
하나님은 때로 사랑하는 이들을 가두십니다.

담장은 자신을 가두는 것이 아니라 외부의 침입자로부터 지켜 주는 기능을 합니다.

어떤 마음을 가지느냐에 따라 담장은 감옥이 되기도 하고 보호막이 되기도 합니다. 바울은 이런 상황에서 담장을 보호막으로 사용합니다.

복음을 전하는 데 방해하는 외부 장애물들로부터 자신을 보호하는 보호막입니다.

갇히는 것은 하나님의 은총입니다.

때로 환경 때문에 행동반경이 제약을 받는 경우가 있습니다.

경제적인 환난, 질병 등등 여러 가지가 있습니다.

그것이 누구에게는 지옥이 되지만 누구에게는 은총이 됩니다.

하나님의 은혜는 종종 나를 가둡니다. 옴짝달싹할 수 없도록.

미칠 것 같지만 사실은 보다 새로운 것을 향한 주님의 기회입니다.

번잡한 것들로부터 벗어나 어떤 일에 집중하다 보면

자기 안에 있는 달란트가 폭발적으로 나타납니다.

그래서 믿음의 사람들은 자유로울 때 스스로 자신을 가둡니다.

곧 엄청난 에너지가 충전되어 나타납니다.

갇히는 것이 자유를 증폭시킵니다.

방종하는 자유야말로 진짜 철옹성 같은 감옥입니다.

【기도】주님, 환경이라는 은총을 보며 그 환경을 활용하게 하소서!
【적용】번잡한 일상을 정리하여 필요한 일에 집중하기!

 2009년 08월 26일

작은 거인!
미가 5:1-9

베들레헴 에브라다야 너는 유다족속 중에 작을지라도 이스라엘을 다스릴 자가 네게서 내게로 나올 것이라 그의 근본은 상고에, 영원에 있느니라 　[미 5:2]

많을수록 강합니다. 다다익선입니다. 많아야 좋습니다. 선택의 폭이 그만큼 넓습니다.
그러나 하나님은 수의 많고 적음에 상관없이 역사하십니다.
하나님에게 크기와 규모는 그렇게 중요하지 않습니다.
사람에게는 크기와 규모가 절대적입니다.
사울왕은 전쟁을 아는 똑똑한 왕입니다.
골리앗의 크기와 규모를 아는 치밀한 왕입니다.
그러나 하나님은 규모가 작은 다윗을 통해 역사하십니다.
하나님은 작은 것 안에서 역사하시기를 기뻐하십니다.
인간은 규모와 크기에 목을 매지만 하나님은 작은 자들을 통해 역사하십니다.
지극히 작은 것은 하나님의 도구가 될 필수조건입니다.
다들 크기를 재는 동안 하나님은 가장 작은 자를 찾으십니다.
작은 자는 자기의 약함을 알기에 하나님을 절대적으로 의지합니다.
규모가 커져도 늘 작은 자처럼 낮아지는 것이 평생 쓰임받는 비결입니다.
오늘 삶의 현장에서 남들과 비교해서 형편없는 자기를 발견할지 모릅니다.
스스로 그렇게 보든지 남들이 그렇게 평가하든지 자신의 초라함을 직면하게 될 것입니다.

그러나 중요한 것은 자기나 남이 평가해준 가치가 나의 가치가 아닙니다.

나를 보시는 주님의 평가가 중요합니다.

주님은 지금 나의 모습 그대로 사랑하십니다. 그리고 기뻐하십니다.

"만일 하나님이 나를 위하시면 누가 나를 대적하리요."

나는 작지만 하나님은 위대하십니다. 나는 무능하지만 하나님은 능력이 무한하십니다.

나는 약하지만 하나님은 강하십니다.

믿음은 메뚜기 콤플렉스를 벗는 것입니다. 믿음은 거인 마인드로 무장하는 것입니다.

이것이 오늘 내가 문을 박차고 정글 같은 세상으로 나가는 동력입니다.

【기도】 주님, 초라하게 자신을 보는 불신의 시각과 남들의 평가를 초월하게 하소서!
【적용】 큰 자로 생각하고 말하고 행동하기!

2009년 09월 15일

탈선, 그 유혹의 능선에 서서!
역대상 16:37-43

다윗이 아삽과 그의 형제를 여호와의 언약궤 앞에 있게 하며 항상 그 궤 앞에서 섬기게 하되 날마다 그 일대로 하게 하였고   [대상 16:37]

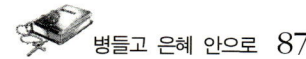

다윗은 아삽에게 하나님의 법궤를 섬길 것을 명령합니다.
그 일은 아삽의 창의성을 요구하지 않습니다.
날마다 하는 일이 정해져 있기 때문입니다.
창의성을 발휘한다고 해도 그 정해진 범위 안에서만 가능합니다.
참 답답하리라 생각됩니다. 제한된 활동공간과 일의 단순성 때문입니다.
규칙성을 갖고 정기적으로 움직이는 것이 얼마나 피곤한지 모릅니다.
그래서 사람들은 일상에서 벗어나고 싶은 충동을 느낍니다.
그리고 일상에서 벗어난 일탈을 시도합니다.
사람마다 정해진 라이프 사이클이 있습니다.
그리고 이 라이프 사이클을 잘 지키는 사람이 결국 성공합니다.
규칙적으로 움직이는 힘은 한곳을 파는 집중력을 만듭니다.
산에서 길을 잃으면 한쪽으로만 계속 가라고 전문가는 충고합니다.
그런데 산에서 길을 잃고 죽은 사람들의 발자취를 추적해 보면 사고 지점에서 사방팔방으로 길을 찾아 헤매다가 결국은 그 근처에서 죽는다고 합니다.
인생이 다채롭지 못해서 성공하지 못하는 것이 아니라 집중하지 못하기 때문에 실패합니다. 무엇이든 지속적으로 하는 사람을 이길 수 없습니다.
어제 박지성 선수의 연봉을 하루로 환산했더니 하루 2천만 원씩을 벌었는데 그 액수를 다른 젊은이들의 작은 연봉과 비교하면서 자본주의의 폐단을 지적하는 뉴스를 들었습니다.
그들은 박지성 선수의 치열한 삶을 전혀 고려하지 않습니다.
축구선수는 결국 화려한 직업이 아닙니다.
스타가 되어 광고에 나오고 방송을 타니까 화려하게 보일 뿐입니다.
박지성 선수는 재능 때문에 성공한 것이 아닙니다.

재능 면에서 다소 부족함이 있어도 규칙성을 통해 집중력을 발휘하는 사람이 스타가 됩니다.

타고난 재능 때문에 반짝 스타가 되는 사람도 있지만 그들은 결국 빛을 잃어버리는 별똥으로 전락합니다.

오늘도 단순한 라이프 사이클을 따라 산다고 답답함을 느낄지 모릅니다.

가정-직장-그리고 가정이니까요.

사람에 따라 교회는 "옵션"일 수도 있고 "레귤러"일 수도 있습니다.

자기 전공분야에서 혁혁한 업적을 남기는 위대한 사람들은 연구실과 집 사이가 그들이 움직이는 동선의 전부입니다.

연구 열매는 천재성에서 나오는 것이 아니라 답답함을 이기는 규칙성에서 나옵니다.

행복은 넓이가 아니라 깊이에 달려 있습니다.

다양성의 함정은 경박함이지만 단순성의 축복은 전문성입니다.

사실 지금도 움직이는 동선이 너무 복잡합니다.

더 줄여야 합니다.

마치 다람쥐 쳇바퀴 도는 수준까지 줄여야 합니다.

매일 반복하는 것이 결국 그 사람을 만듭니다.

조그만 운동장이 선수에게는 전부입니다.

규칙적이지 않으면 결코 선수생활을 할 수 없습니다.

누구처럼 때때로 일탈된 삶을 살아서는 절대로 스타가 될 수 없습니다.

운동선수가 한 번 일탈된 생활을 하면 그것으로 끝입니다.

마르다처럼 많은 것을 하려고 하면 제한된 인생을 성공적으로 살 수 없습니다.

마리아처럼 한 가지만 잘 붙잡으면 성공합니다.

늘 탈선의 유혹 앞에서 살아갑니다.

탈선은 멀리 있는 이야기가 아닙니다.
특별히 잘못된 사람들의 전유물이 아닙니다.
그 능선은 한 발 차이입니다.
우리는 늘 그 유혹의 능선에서 살아갑니다.
위태롭기 그지없습니다.
탈선의 유혹 앞에서 삶의 단순함을 견뎌야 하는 진통이 있어야 하지만 그것에 대한 보상은 엄청납니다.
삶의 단순함은 하나님의 은총입니다.

【기도】 주님, 넓은 인생이 아니라 깊이 있는 인생의 맛을 누리게 하소서!
【적용】 일상의 규칙성 지키기 - 돌변하게 만드는 상황 제압하기

2009년 09월 30일

복불복福不福인가, 복중복福中福인가!
역대상 26:1-32

여섯째 암미엘과 일곱째 잇사갈과 여덟째 브울래대이니 이는 하나님이 오벧에돔에게 복을 주셨음이라　　　　　　　　　　　　　　　　[대상 26:5]

오벧에돔은 하나님께 복을 받은 사람입니다.
후손들이 다 유능해서 사회에 많은 공헌을 합니다. 62명 모두.
자식이 많은 집안에서 모든 자식이 다 잘되는 것을 보는 것은 흔한 일이 아닙니다.

그런데 그 흔치 않는 일이 오벧에돔에게서 나타납니다.

옛날에도 "세상에 이런 일이"라는 프로가 있었다면 당연히 특종감입니다.

자기 자식이 잘되는 것을 보는 것은 복 중에서 최고의 복입니다.

반대로 자기 자식이 안 되는 것을 보는 것만큼 끔찍한 고통도 없습니다.

어느 부모는 명절마다 음식을 준비해서 교도소로 자식 면회를 갑니다.

그 오고 가는 길이 가시밭길입니다.

자식들이 잘되는 것은 운수 때문이 아닙니다.

자식이 잘되고 안되는 것은 복불복이 아닙니다.

그것은 하나님이 내려주시는 복 중에 복입니다. "복중복"

하나님은 사랑하는 자녀들이 유능한 사람으로 쓰임 받기를 원하십니다.

그리고 하나님은 사랑하는 자녀들에게 그 능력을 주십니다.

성전 문지기는 단순히 문만 지키는 단순 노동자가 아닙니다.

아파트 경비원과는 차원이 다릅니다.

하나님의 성전은 백성들에게는 복의 진원지입니다.

성전 문지기는 복의 진원지를 지키는 복돌이입니다.

그들이 막으면 복의 진원지에 들어갈 수 없습니다.

그들이 허락하면 바로 복의 진원지로 들어갑니다.

성전 문지기는 막강 권력이 부여된 사람들입니다.

그리 멀지 않은 과거시절에 검문소를 지키는 보안대장은 엄청난 부를 취할 수 있었다고 합니다.

이렇듯 성전 문지기는 큰 권력을 행사하는 요직입니다.

무능한 사람에게 맡겼다가는 성전 운영 전반에 심각한 타격을 입게 됩니다.

직업에 귀천이 없다고 하지만 자기 자식이 허드렛일을 하면서 평생

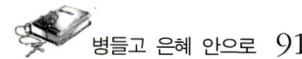

보내는 것을 기뻐할 부모는 없습니다.

　반대로 내 자식이 유능한 사람으로 인정받아 사회에서 비중이 있는 일을 하는 것을 보는 것이 모든 부모의 소원입니다.

　주님은 무능한 나를 유능한 자로 만드시기 위해 나를 새롭게 하셨습니다.

　누구든지 그리스도 안에 있으면 새로운 피조물입니다.

　새롭게 하시는 성령님이 나를 다스립니다.

　성령님은 무능을 싫어하십니다.

　성령님이 내재하는 사람들은 어느 분야에 종사하든 유능한 사람으로 바뀝니다.

　성령님은 능력의 영입니다. 무능을 몰아내십니다.

　성령님으로 충만하지 않을 때 무기력과 무능은 서서히 고개를 듭니다.

　그러나 성령으로 충만하면 나의 재능에 불이 붙습니다.

　나도 몰랐던 놀라운 능력이 나타나기 시작합니다.

　믿음은 유능한 자로 사는 것입니다.

　내 안에 능력이 넘치고 있음을 확신할 때 능력있는 삶을 살 수 있습니다.

　자신감이 중요합니다.

　성령님으로 충만할 때 자신감이 넘쳐납니다. 못할 일이 없다고 느낍니다.

　도전과 성취는 성령의 열매입니다.

　하나님은 나에게 유능함의 능력을 주셨습니다.

　잘 못한다거나 못하겠다는 말은 내가 할 말이 아닙니다.

　"내게 능력 주시는 자 안에서 모든 일을 할 수 있느니라!"

　"할 수 있거든이 무슨 말이냐 믿는 자들에게는 능치 못할 일이 없느니라!"

주님은 나에게 능력을 물 붓듯 부어 주시는 전능하신 분입니다.

【기도】 주님, 주님의 능력이 내 능력임을 알게 하소서!
【적용】 좌절하지 않기, 힘든 일에 도전하기!

 2009년 10월 31일

우리를 넘어!

역대하 6:32-42

주는 계신 곳 하늘에서 들으시고 모든 이방인이 주께 부르짖는 대로 이루사 땅의 만민이 주의 이름을 알고 주의 백성 이스라엘처럼 경외하게 하시오며 또 내가 건축한 이 성전을 주의 이름으로 일컫는 줄을 알게 하옵소서 [대하 6:33]

우리 나라, 우리 동네, 우리 가족, 우리 교회. 결국 그 종착은 나. 종종 주님은 더블 묵상의 은혜를 주십니다. 전편을 하나님이 하늘로 가져가셨습니다.

블록화된 사회에서 소외된 사람들을 헤아리는 것은 미친 짓으로 여겨집니다.

처음부터 한정된 떡을 공평하게 나눠 줄 것을 기대하지도 않습니다. 다만 기회만큼이라도 달라는 것입니다.

먹다가 남은 빵, 그것도 유효기간이 임박한 빵을 나눠주는 것을 사랑이라고 부를 수 있을까?

버리기 아까워 나눠 주는 것이 진정 상대방을 존대하는 것일까?

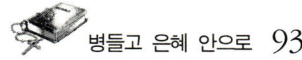

소외된 사람들의 탄식이 하늘을 찌르는 세상에서 솔로몬의 기도는 영감을 제공합니다.

그는 이방인을 위한 기도를 합니다. 이스라엘 사람들이 듣고 분노할 만한 기도입니다.

아마 속으로는 왕이 미쳤다고 말하는 사람들도 있었을 것입니다.

"무릇 이방인이 주께 부르짖는 대로 이루사"

그들에게 있어서 이방인이 잘 된다는 것은 참을 수 없는 분노입니다.

솔로몬 기도 속에서 예수님 사랑을 봅니다.

이방인을 포함한 그 당시 소외 계층은 예수님 사랑의 수혜자들이었습니다.

소외된 약자에 대한 배려.

약자를 사회적 열등 계층으로 대하는 것이 아니라 공동체의 동등한 구성원으로 대하는 것이 복지의 시작이 아닐까 생각합니다.

가진 자의 악어 눈물은 소외된 사람들의 아픔을 위로하지 못합니다.

벌써 겨울 기운이 감돕니다.

거처 없이 싸늘한 행로에서 떨어야 하는 이들의 아픔이 주님께 들려집니다.

하늘에서 주님의 음성이 들리는 것 같습니다.

"그들이 바로 나니라!"

【기도】 주님, 이방인이었던 시절을 잊지 않게 하소서!
【적용】 방문하기!

 2009년 11월 08일

흔들리는 침대!
역대하 10:12-19

삼 일 만에 여로보암과 모든 백성이 르호보암에게 나왔으니 이는 왕이 명령하여 이르기를 삼 일 만에 내게로 다시 오라 하였음이라 [대하 10:12]

큰 틀에서 보면 하나님으로부터 말미암지 않은 일이 없습니다.
세상만사 다 주님의 섭리 가운데서 일어납니다.
그러므로 이해할 수 없고,
거역할 수도 없는 운명 같은 일이 닥치곤 합니다.
르호보암이 그런 사람입니다.
그러나 자꾸 머뭇거리는 것을 보면 르호보암은 자기가 가려고 하는 방향이 뭔가 잘못된 것 같은 분위기를 감지합니다. 또 삼 일을 미루니 말입니다.
시간이 흐른다고 자동으로 해결되는 일은 없습니다.
시간이 약이라는 말이 있습니다.
그러나 세상 말입니다.
하나님이 하시면 시간도 별 수 없습니다.
뭔가 잘못된 것 같은 느낌이 오면 또 미룰 것이 아니라 반대방향으로 가야 합니다.
저절로 되돌려지지 않기에 운명의 수레바퀴를 스스로 되돌려야 합니다.
잘못된 방향으로 갈 때 몇 번은 "아무래도 잘못 가는 것 같은데" 하는 느낌이 옵니다.
비극이 갑자기 발생하지 않습니다.
재앙은 몇 번의 작은 사고들의 전조가 일어난 후 발생합니다.

느낌, 아주 중요합니다.
직관, 하나님이 주시는 느낌입니다.
새벽 2시, 우레와 번개 그리고 소나기에 잠을 깼습니다.
천둥이 얼마나 큰지 잠결에 침대가 흔들리는 것 같았습니다.
교회에 가고 싶은 강한 느낌을 받았습니다. 정확했습니다.
오늘 있을 "118 전도행사" 선물을 보관한 교역자실 창문을 누군가가 활짝 열어 두었습니다.
창문으로 소낙비가 튀어 들어와 쌓아둔 선물박스 바닥을 적시고 있었습니다. 다행입니다. 박스 바닥만 살짝 젖었습니다.
하나님은 뭔가 분명하지는 않지만 잘못되어 가는 느낌을 주십니다.
그것은 이성으로 해석되지 않습니다.
그러기에 하나님이 주시는 직관을 받아들이는 데도 믿음이 필요합니다.

【기도】 주님, 오늘 전도행사에 기름 부어 주소서!
【적용】 내적 느낌에 예민하기!

 2009년 11월 18일

마음속 어둠을 비추는 금빛!

역대하 16:1-14

여호와의 눈은 온 땅을 두루 감찰하사 전심으로 자기에게 향하는 자들을 위하여 능력을 베푸시나니 이 일은 왕이 망령되이 행하였은즉 이 후부터는 왕에게 전쟁이 있으리이다 하매   [대하 16:9]

말씀이 부릅니다.

순종하는 마음으로 스케줄을 뒤로하고 또 말씀 앞에 앉습니다.

하나님이 하실 말씀이 따로 있었나 봅니다. 소유에 관한 문제입니다.

너는 돈에서 정말로 깨끗하냐고 묻습니다.

나름대로 깨끗하게 처신했지만 과연 마음속 탐심의 잔불까지 다 껐냐고 물으십니다.

얼른 대답할 수가 없습니다.

하나님께 드려진 것을 내 마음대로 할 수 있다는 숨은 마음이 발각되었습니다.

아, 하나님은 참 은밀한 마음까지 들춰내십니다.

목회자로서 교회 헌금에 대해 깨끗한 마음을 가지기가 쉽지 않습니다.

물론 대놓고 횡령하는 것은 재론의 가치도 없습니다.

공적인 명분을 내세우지만 결국은 사적인 명분을 위해 사용하는 경우가 있습니다.

공적인 것과 사적인 것의 경계가 겹칠 때입니다.

이런 일들이 나타나는 근본 배경에는 교회의 헌금은 목회자의 능력이라는 위험한 발상 때문입니다.

목회자가 은혜를 끼쳐 성도들이 헌금을 한다고 생각하기 때문에 결국 헌금은 자신의 능력에 기인한다고 은근히 생각하게 됩니다.

목회자의 노력 때문에 교회가 부흥하고 그로 인해 헌금이 들어온다고 생각하는 한 물질을 마음대로 해도 된다는 사특한 미혹에서 벗어날 길이 없습니다.

역대하 15:18절에 아사 왕은 하나님께 물질을 바칩니다.

참 순수한 신앙을 간직했던 때입니다.

그런데 아람 왕에게 바칠 돈을 마련하다가 여호와의 곳간에서 은금을 꺼내옵니다.

왕궁에 있는 은금이야 왕의 재량에 속한 문제입니다.
그러나 여호와의 곳간에서 꺼내오는 것은 왕의 재량이 아닙니다.
그런데 서슴지 않고 하나님의 곳간에서 꺼내어 사용합니다.
하나님의 곳간에 있는 물질도 자기 재량에 속한 것으로 여기고 있습니다.
하나님께 바쳐진 은금을 꺼내어 아람 왕에게 바치니
결국 아사 왕에게 있어 하나님은 "여호와"가 아니라
"아람 왕"이 된 셈입니다. 아사 왕의 이런 호령이 있지 않았나 싶습니다.
"이런 위기의 순간에 여호와의 곳간에서 은금을 꺼내 쓴다고 누가 떠들어!"
"여호와의 곳간에 은금이 넘치는 것이 누구 때문인지 알기나 하고 떠드는 거야!"
"담임목사가 어려울 때 교회 돈 좀 쓴다고 누가 떠들어!"
"교회가 이렇게 큰 것이 누구 때문인지 알고나 하는 소리야!"
아무도 모르게 마음 저 구석에 꽁꽁 숨어 있던 이 마음을 하나님께 들켰습니다.
하나님이 확성기로 말씀하십니다.
"성도들이 너를 보고 헌금한 것이 아니라 나를 보고 바친 거야!"
"내 주머니가 니 주머니는 아니잖아!"
물질은 교만을 실험하는 리트머스 시험지입니다.
이보다 더 정확할 수는 없습니다.

【기도】 주님, 주님 뵐 날이 다가옴을 한시도 망각하지 않게 하시고 깨끗하게 자신을 준비하게 하소서!
【적용】 투명한 재정관리!

묵상의 향기 2

(2009년 12월부터 2010년 3월까지)

역대하/요한복음/예레미야 말씀 중에서

병·들·고·은·혜·안·으·로

 2009년 12월 03일

happy ending!
역대하 24:15-27

여호야다가 나이가 많고 늙어서 죽으니 죽을 때에 백삼십 세라 무리가 다윗 성 여러 왕의 묘실 중에 장사하였으니 이는 그가 이스라엘과 하나님과 그의 성전에 대하여 선을 행하였음이더라   [대하 24:15, 16]

대제사장 여호야다와 왕 요아스의 끝이 대조적입니다.
여호야다는 나이 많아 늙어서 죽습니다. 천수天壽를 누렸습니다.
그러나 요아스는 비참하게 죽임을 당합니다. 천수를 강탈당했습니다.
여호야다는 왕이 아님에도 열왕의 묘실에 장사됩니다.
그러나 요아스는 왕임에도 열왕의 묘실에 묻히지 못합니다.
인간사 세 가지 불행이 있다고 합니다.
일찍 부모를 여윈 것, 일찍 배우자를 잃는 것, 일찍 출세하는 것.
그래서 그런지 일곱 살에 왕이 된 요아스는 끝이 불행합니다.
은혜 받는 것보다 받은 은혜를 지키는 것이 더 어렵습니다.
은혜에는 책임이 따르기 때문입니다.
하나님은 인생이 갈수록 좋아지는 은혜를 주십니다.
그 끝에는 빛나는 왕의 묘실을 준비해 두셨습니다.
비참하게 버둥거리는 것이 아니라 기쁨으로 그 영광의 문으로 들어가게 하십니다.
그 문은 인생의 출구인 동시에 영광으로 들어가는 입구입니다.
지금 당하는 아픔이 너무 힘들면 끝없는 것처럼 느껴집니다.
그러나 그리 오래가지 않습니다.
십자가 좌표를 따라갈 때 겪는 고통은 반드시 끝이 있습니다.

십자가 좌표에서 탈선한 안락한 삶은 영원할 것 같지만 순간입니다.
어제보다 오늘 더 주님을 기쁘시게 하는 것이 "happy ending"으로 가는 비결입니다.
나에게 주어진 하루하루는 "happy ending"으로 가는 종종걸음입니다.
주어진 하루하루를 놓치면 나중에 한꺼번에 따라잡기 어렵습니다.
애꿎은 가랑이만 찢어집니다.
주님을 기쁘시게 하기 위해 오늘도 종종걸음으로 달려갈 때
여유있게 영원한 그 문으로 들어갑니다.
날이 갈수록 좋아지는 인생은 오늘을 어떻게 사느냐에 달려 있습니다.
오늘 어깨가 무겁습니다.
그러나 주님과 함께라면 가볍습니다.
주님이 같이 져 주시기 때문입니다.

【기도】 주님, 갈수록 빛나는 인생 되게 하소서!
【적용】 어제보다 더 진보하기!

PS : 힘든 일 때문에 절망에 빠질 때 갈수록 인생을 좋아지게 하시는 주님을 기억하시기 바랍니다. 당신은 하나님의 위대한 영광입니다!

 2009년 12월 11일

익숙한 것들로부터의 탈출!
역대하 29:1-11

히스기야가 그 조상 다윗의 모든 행위와 같이 여호와 보시기에 정직히 행하여 원년 정월에 여호와의 전 문들을 열고 수리하고 [대하 29:2, 3]

히스기야는 왕이 되자마자 닫혔던 성전 문을 열며 신앙개혁을 단행합니다.
여론을 살피거나 어떻게 할지 몰라 머뭇거리지 않습니다.
어떤 정책이든지 그것을 지탱시켜 주는 기득권층이 있습니다.
아버지 아하스 왕이 성전 문을 닫았을 때 그것을 지지하는 백성들이 있었습니다.
백성들은 제사의 율법에서 벗어나 자유를 누렸습니다.
해마다 제사 드릴 필요가 없었습니다.
이것저것 눈치 보면서 성전을 찾을 필요도 없었습니다.
율법으로부터의 자유를 동경하는 그들에게 성전은 큰 굴레였습니다.
이런 백성들의 마음이 투영되어 성전 문을 폐쇄하는 정책으로 나타났습니다.
모든 백성들의 지지를 받는 것은 아니지만 왕의 정책은 일정한 백성들의 지지를 기반으로 합니다. 그것도 힘 있는 백성들의 지지가 큰 기반이 됩니다.
히스기야가 신앙개혁을 일으킬 때는 상당한 저항세력이 있었습니다.
그러나 히스기야는 머뭇거리지 않습니다.
왕이 된 첫째 해, 첫째 달에 신앙개혁을 단행합니다.
그가 얼마나 신앙개혁을 준비했는지를 말해 줍니다.

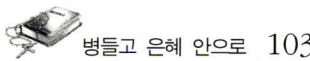 병들고 은혜 안으로 103

그는 자기 때가 오기만을 기다리지 않았습니다.
기다림의 시간을 준비하는 시간으로 활용했습니다.
개혁은 사전에 얼마나 준비했느냐에 성패가 달려 있습니다.
저항하는 세력도 그의 철저한 준비 앞에 무력할 수밖에 없었습니다.
하나님은 히스기야를 악한 아버지의 영향을 받지 않도록 감싸주셨습니다.
하나님의 영으로 그의 마음을 무장시켜 주셨습니다.
하나님의 은혜로 히스기야는 아버지의 영향으로부터 자신을 지킬 수 있었습니다.
하나님은 선대의 악으로부터 나를 보호해 주시는 전능한 분이십니다.
아하스에게 흐르는 악의 피가 히스기야에게 흐르지 않도록 막아 주셨습니다.
환경으로부터 완전히 자유로울 수는 없지만 그것이 무기력한 자기를 합리화하는 절대적인 이유는 될 수 없습니다.
주님은 악한 환경으로부터 지켜주십니다.
히스기야는 하나님의 은혜로 왕이 되기 전에 신앙개혁을 준비합니다.
그리고 하나님은 이런 개혁이 방해받지 않도록 돌보셨습니다.
사전에 이런 준비를 누군가 알았다면 그의 개혁은 실패합니다.
개혁을 준비하는 하루하루는 아슬아슬한 시간의 연속입니다.
누구나 개혁을 말하기는 쉽습니다.
그러나 누구나 개혁을 단행하는 것은 아닙니다.
위험을 무릅쓰는 사람만이 개혁을 단행할 수 있습니다.
누구나 개혁을 시도하려고 합니다.
그러나 누구나 개혁에 성공하는 것은 아닙니다.
준비하는 사람만이 개혁에 성공합니다.
첫째 해, 첫째 달에 단행한 개혁.

머뭇거리지도 않고, 여론을 살피지도 않았다는 것은 그만큼 철저히 준비한 것이고 그래서 그만큼 성공에 자신이 있었음을 반증합니다.

2009년의 끝자락에서 2010년에 해야 할 개혁이 무엇인지 생각합니다.

하나님이 원치 않는 것들, 그러나 나에게 익숙한 것들이 무엇인지 돌아봅니다.

셀 수 없이 많은 개혁의 대상들이 떠오릅니다.

단단히 마음을 먹습니다. 2010년을 변화의 축복을 주실 주님을 기대하면서….

【기도】 주님, 생각 속 개혁에 머무르지 않게 하소서!
【적용】 구체적인 개혁의 대상 정하기!

PS : 연로해서 개혁을 못하는 것이 아니라 변화를 멈추는 순간 늙습니다.
당신은 하나님의 위대한 젊은이입니다!

2009년 12월 15일

반납된 축제!

역대하 30:13-27

히스기야는 여호와를 섬기는 일에 능숙한 모든 레위 사람들을 위로하였더라 이와 같이 절기 칠 일 동안에 무리가 먹으며 화목제를 드리고 그의 조상들의 하나님 여호와께 감사하였더라 온 회중이 다시 칠 일을 지키기로 결의하고 이에 또 칠 일을 즐겁게 지켰더라
[대하 30:22, 23]

온 회중은 유월절 절기를 지키기 위해 예루살렘에 모입니다.

겨우 자리를 채우는 정도가 아니라 인산인해를 이룹니다.

절기의 특성상 상당한 시간과 물질이 소요됩니다.

그런데도 온 회중은 즐거이 절기를 지킵니다.

더 놀라운 사실은 이것을 일주일 더 연장한다는 것입니다.

더 많은 물질이 투입되고 제사장을 비롯한 레위인들은 손에 물집이 잡힐 정도로 봉사해야 합니다.

옛날에 가장 천하고 힘든 일은 도살장 일이었습니다.

그 만큼 힘든 중노동인데 지금 그 일을 제사장과 레위인들이 감당합니다.

그들의 온몸은 피로로 쩌들어 있습니다.

얼마나 힘들었으면 왕이 직접 레위인들을 위로할 정도입니다.

이런 연장된 칠일간의 절기를 왕의 일방적인 지시가 아니라 온 회중이 자원합니다.

연장된 절기에는 기존의 즐거움보다 더 증폭된 즐거움으로 충만합니다.

이방인들도 공유할 정도로 넘치는 즐거움입니다.

어느 순간부터 예배가 부담스러워지기 시작합니다.

서둘러 교회에 가서 예배를 기다리던 모습은 온 데 간 데 없어집니다.

예배시간이 꽉 차서야 교회 주차장에 도착합니다.

그러다가 예배에 늦어지는 날들이 늘어나기 시작하더니 급기야는 주일 오후 예배에 빠지기 시작합니다.

그 이후로 예배에 갈 때는 자기가 어린 양도 아니면서 도살장에 끌려가는 어린 양처럼 질질 끌려갑니다.

예배의 즐거움은 마파람에 게 눈 감추듯 사라졌습니다.

주님 은혜로 거듭난 이후 그리스도 안에서 누리던 신선한 생명력은 사라지고 인생이 권태스러워지기 시작합니다.

그리고 옛날에 다니던 네온사인 번쩍이는 저잣거리가 그리워지기 시작합니다.

한국교회에서 주일 오후예배가 사라지기 시작한 지 오래되었습니다.

지혜로운 생각일지 모릅니다.

나오지도 않는 성도들 억지로 데려다가 예배드리기보다는 예배의 족쇄에서 풀어주는 것이 현명하고 성도들을 사랑하는 마음인지 모릅니다.

성도들이 그렇게 좋아하자 교회들마다 경쟁하듯 예배 없애기 운동을 펼쳤습니다.

나도 예외는 아닙니다.

지금 되돌아보면 참 허망한 짓이었습니다.

주님이 피값으로 만들어 주신 축제를 스스로 반납한 꼴이 되었으니 말입니다.

그래서 지금은 회개하는 마음으로 예배 두 배 더 드리기 운동을 준비 중입니다.

성도들이 다른 교회로 옮겨 갈 각오로 말입니다.

예배의 즐거움은 건강한 신앙과 비례합니다.

예배의 즐거움은 예배당에 머무는 촛불이 아니라 삶 전체로 번져 가는 횃불입니다.

예배의 즐거움을 잃어버리면 삶의 즐거움도 동시에 불타버리고 맙니다.

주님은 가짜 즐거움이 난무하는 세상에서 쇠하지 않는 참기쁨을 주십니다.

네온사인은 언젠가 꺼지지만 주님의 은혜의 횃불은 영원합니다.

네온사인의 동력은 전기이지만 은혜의 횃불은 주님이 자신을 태워 만드는 하늘의 불이기 때문입니다.

예배를 위한 희생의 양은 은혜의 양과 비례합니다.

정비례가 아니라 기하급수적으로 증폭됩니다.

예배 때 소요되는 물질과 시간을 아까워하는 그 마음이 주님이 부어 주시는 즐거움의 문을 걸어 잠그는 빗장입니다.
자기 교회가 좀 멀다고 가까운 교회에 가서 예배드린다고 합니다.
지혜로운 생각 같지만 하나님은 지혜와 인색한 마음을 걸러 내십니다.
고달픈 인생 중에 기쁨의 근원은 주님이십니다.
내 안에서 꿈틀거리는 인색한 마음을 십자가에 높이 답니다.
까마귀가 다 쪼아 먹기를 바라면서.

【기도】 주님, 예배 두 배 드리기로 백 배의 즐거움을 얻게 하소서!
【적용】 예배 준비에 두 배의 정성 쏟기!

 2009년 12월 18일

깡통 통장, 꽉 찬 통장!
역대하 32:1-19

너희는 마음을 강하게 하며 담대히 하고 앗수르 왕과 그 쫓는 온 무리로 인하여 두려워 말며 놀라지 말라 우리와 함께하는 자가 저와 함께하는 자보다 크니 저와 함께하는 자는 육신의 팔이요 우리와 함께하는 자는 우리의 하나님 여호와시라 반드시 우리를 도우시고 우리를 대신하여 싸우시리라 하매 백성이 유다 왕 히스기야의 말로 인하여 안심하니라 [대하 32:7, 8]

히스기야는 앗수르의 침공을 받습니다.
앗수르는 당시 그 일대의 패권을 쥐고 있던 강대국입니다.
특히나 이스라엘은 정비되지 않았고, 무기도 형편없었습니다.

그런 상태에서 앗수르의 공격을 받습니다. 나라는 일대 위기를 맞았습니다.

절기를 잘 지키고 은혜를 받은 후에 커다란 위기가 나타났습니다.

은혜 받으면 위기가 오지 않을 줄 알았는데 오히려 불가항력적인 위기가 닥칩니다.

이것을 뒤집어서 생각해 볼 필요가 있습니다.

하나님은 내가 당할 커다란 위기를 잘 극복하도록 미리 은혜를 주십니다.

히스기야와 이스라엘 백성이 앗수르에 항복하지 않고 맞서 싸울 결심을 하게 된 것은 주님이 주신 은혜 때문입니다. 당시에 앗수르와 겨루어 싸우는 나라가 없었습니다.

그것은 계란으로 바위를 치는 것만큼 어리석은 일입니다.

그러나 이런 위기 앞에서 당당히 맞설 수 있었던 것은 주님이 주신 은혜 때문입니다.

주님이 이스라엘게 큰 은혜를 주시는 것은 바로 이때를 위함입니다.

모르드게가 에스더에게 한 말이 생각납니다.

"왕비가 된 은혜를 주신 것은 바로 이때를 위함이 아니냐."

평소에 은혜를 주시는 것은 삶에서 나타나는 불가항력적인 위기 대처용입니다.

묵상을 통해 은혜를 받으면 삶에서 나타나는 앗수르 같은 시련과 맞설 수 있습니다.

주님이 묵상으로 부르시는 이유는 위기에 맞설 강한 내공을 키워주시기 위함입니다.

주님의 은혜는 보이지 않습니다.

받은 자나 받지 않은 자나 별로 차이가 나는 것 같아 보이지도 않습니다.

그러나 위기를 만나면 알 수 있습니다.

은혜를 받은 자와 은혜를 받지 못한 자가 또렷하게 구분됩니다.

이것으로 내가 누리는 은혜를 점검할 수 있습니다.

삶의 위기를 만날 때 반응하는 태도로 평소 받은 은혜의 진위를 가릴 수 있습니다.

마귀는 나로 하여금 거짓 은혜에 만족하도록 유혹합니다.

삶에서 능력으로 나타나지 않는 은혜는 장식용입니다.

예배 때 은혜를 받고 감격해 하지만 시련이 닥치면 은혜의 내공은 온데간데없이 사라지고 두려워 떤다면 그 은혜는 은혜가 아닙니다.

주님이 주시는 은혜와 감정적인 자기도취는 근원이 다릅니다.

은혜는 실전에서 힘으로 나타납니다.

백만 대군이 포위해도 두려워하지 않고 싸울 용기와 믿음으로 나타납니다.

주님이 주시는 은혜는 사라지지 않고 저축됩니다.

위기의 때를 대비하여 돈을 저축하듯이 주님은 미래에 닥칠 위기용으로 나에게 은혜를 주십니다.

오늘 내 은혜의 통장에 얼마가 남아 있는지 점검합니다.

그동안 받은 은혜 덕분에 깡통 통장이 아니라 꽉 찬 통장입니다.

든든하니 이렇게 다짐합니다.

"어떤 시련에도 물러서지 않으리!"

【기도】 주님, 주신 은혜를 적극 활용하게 하소서!
【적용】 도전하기!

PS : 오늘 두려운 일이 있습니다. 그것과 맞설 때 은혜는 가장 강력한 당신의 무기입니다. 당신은 하나님의 위대한 용사입니다!

 2009년 12월 18일

들리지 않는 보청기!
역대하 32:1-19

너희는 마음을 강하게 하며 담대히 하고 앗수르 왕과 그 좇는 온 무리로 인하여 두려워 말며 놀라지 말라 우리와 함께하는 자가 저와 함께하는 자보다 크니 저와 함께하는 자는 육신의 팔이요 우리와 함께하는 자는 우리의 하나님 여호와시라 반드시 우리를 도우시고 우리를 대신하여 싸우시리라 하매 백성이 유다 왕 히스기야의 말로 인하여 안심하니라 [대하 32:7, 8]

히스기야와 이스라엘 백성은 두 개의 소리를 듣습니다.
하나는 주님의 음성이고, 또 하나는 앗수르 왕의 소리입니다.
하나님은 히스기야에게 안심하라고 말씀하십니다.
내가 너의 오른팔이 되어 싸우리라는 세미한 평안의 말씀입니다.
또 하나는 무시무시한 앗수르 왕의 경고입니다.
산헤립의 무시무시한 경고는 사자의 포효처럼 들립니다.
히스기야와 이스라엘 백성의 간담을 서늘하게 만듭니다.
그러나 히스기야는 먼저 하나님의 세미한 음성을 듣습니다.
그리고 산헤립의 포효에는 귀를 막습니다.
마치 미친 개가 짓는 것처럼 무시해 버립니다.
믿음의 사람들은 사자의 포효같이 으르렁대는 공갈에 두려워하지 않습니다.
오히려 세미한 하나님의 음성을 더 크게 듣습니다.
항상 두 개의 소리가 들립니다.
나를 두렵게 하는 소리와 안심하라는 평안의 소리.
어떤 소리를 먼저 듣느냐가 중요합니다.

병들고 은혜 안으로 111

두렵게 하는 소리를 먼저 들으면 마음은 두려움에 빠집니다.
그 다음부터는 주님의 세미한 평안의 소리는 들리지 않습니다.
그러나 주님의 평안의 소리를 먼저 들으면 아무리 사자의 으르렁대는 소리에도 같아도 마음을 빼앗기지 않습니다.
평안은 선택입니다.
으르렁대는 이 소리도 아닙니다.
너는 이제 죽었다는 저 소리도 아닙니다.
주님의 평안은 소리가 나지 않습니다.
작지만 그래서 세미하게 들리는 주님의 평안의 소리는
믿음으로 듣지 않으면 들리지 않습니다.
믿음은 주님의 평안의 소리를 듣는 보청기입니다.
영적 보청기는 나이를 따지지 않습니다.
주님이 들려주시는 평안의 음성이 들리지 않으면 보청기를 꽂고 출근해야 합니다.
오늘 아침 안심하라는 주님이 들려주시는 평안의 소리로 내 영혼을 가득 채웁니다.

【기도】 주님, 어떤 두려움에도 굴하지 않도록 주님의 음성을 듣게 하소서!
【적용】 부정적이고 두려움을 주는 소리에 귀 막기!

PS : 부정적인 소리가 더 크게 들리는 법입니다. 마음이 약하기 때문입니다.
주님은 평안의 음성을 들려주십니다. 당신은 하나님의 위대한 청자입니다!

 2009년 12월 25일

불확실한 네비게이션!
마태복음 2:1-12

박사들이 왕의 말을 듣고 갈새 동방에서 보던 그 별이 문득 앞서 인도하여 가다가 아기 있는 곳 위에 머물러 섰는지라 저희가 별을 보고 가장 크게 기뻐하고 기뻐하더라 [마 2:9, 10]

동방박사들이 예수님을 경배하러 예루살렘을 찾아옵니다.

저 먼 페르시아에서 별만을 의지한 채 말입니다.

당시 아무리 별이 위대한 인물에 대한 표징이라고 해도 별만을 의지한 채 그 먼 거리를 여행한다는 것은 어리석은 짓입니다.

낮에는 해의 위험과 밤에는 달의 위험이 도사리는 것이 그 당시 광야입니다.

"너는 밤에 찾아오는 공포와 낮에 날아드는 화살과 어두울 때 퍼지는 전염병과 밝을 때 닥쳐오는 재앙을 두려워하지 아니하리로다" [시 91:5]

그러나 그들은 별을 의지한 채 예수님을 찾아옵니다. 목적은 경배입니다.

상 받으러 오는 것도 아닙니다.

단지 경배하기 위해 그 온갖 위험과 불확실함의 광야에 자신들을 던집니다.

별이 무슨 네비게이션인가요? 그럼 낮에는 어떻게 하나요?

낮에는 태양에 가려 별빛이 안 보일 텐데 말입니다.

큰 별이라 빛이 보인다 해도 아주 희미한 별빛만 보입니다.

불확실함에 자신들을 던지지 않는 한 불가능한 여행입니다.

그래서 별빛을 잃고 엉뚱한 곳에 도달하기도 합니다.
또 종종 먹구름이 앞을 가립니다.
경배가 무엇인지 묵상케 합니다.
이 시대에 그 흔하고 너무 쉬운 단어, "경배!"
하나님이 기뻐하는 경배는 자신을 불확실한 위험에 던지는 것입니다.
상상이 아닌 직접 발걸음을 옮겨 찾아가는 것이 경배입니다.
그 발걸음에는 온갖 위험한 덫들이 깔려 있습니다.
마치 지뢰밭을 헤치며 전진하는 군인들처럼 말입니다.
경배는 위험의 지뢰밭을 넘어가는 것입니다.
사탄은 주님께 대한 경배를 가장 싫어합니다.
자신이 그 경배의 대상이 되도록 온갖 궤계를 부립니다.
사탄은 하나님을 향한 아담의 경배를 가로챘습니다.
그러나 주님은 동방박사들의 여정을 인도하신 것처럼 경배자들을 각종 위험으로부터 지켜주십니다.
주님은 경배하고자 하는 자들에게 마음에 커다란 별빛을 하나씩 보내주십니다.
그 별빛은 밤에도 낮에도 작동합니다.
주님은 경배하는 자들에게 인생의 네비게이션이 되어 주십니다.
주님을 경배하는 자들에게는 난마(亂麻)처럼 뒤엉킨 인생길 가운데서도 반드시 축복의 길로 인도하십니다. 동방박사들에게 그리하셨던 것처럼.
인생길은 뒤엉킨 난마와 같습니다. 이 길인지 저 길인지, 도무지 헷갈립니다.
경험자들의 말을 들어도 그렇고,
이 시대의 박사들에게 물어도 도무지 길이 보이지 않습니다.
난마처럼 뒤엉킨 인생길을 헤쳐 나가는 비결은 주님을 경배하는 것입니다.

주님을 경배할 때 인생의 길이 보입니다.

주님은 인생의 먹구름을 멀리 멀리 날려 버리십니다.

제 경험입니다.

인생길에서 방향을 잃고 가장 많이 헤맬 때가 주님을 경배하지 않던 때였습니다.

할렐루야!

오늘 온 맘 다해 목청 높여 주님을 찬양하며 경배하고 싶습니다.
아참, 흥분하다가 주님께 드릴 예물 챙기는 것 잊을 뻔했습니다.
오늘은 최고의 예물을 드리고 싶습니다.
주님은 내 인생을 최고로 만들어 주시니까요.

【기도】 주님, 사랑합니다. 나의 전부를 드리게 하소서!
【적용】 1년 중 최고로 바치기!

PS : 아까운 마음이 생길 수 있습니다. 인색함은 마귀가 주는 마음입니다. 당신은 하나님의 위대한 황금입니다!

 2009년 12월 28일

오늘도 희생양을 찾아!
역대하 35:1-9

요시야는 유월절을 지내기 위해 많은 양과 염소 그리고 수소를 잡습니다.

　살벌한 풍경입니다. 동물들의 피비린내가 코끝에서 진동합니다.

　동물들의 울부짖음에 고막이 터질 지경입니다.

　도살장이나 다름없습니다. 굳이 이름을 붙인다면, "거룩한 도살장" 참 잔인한 풍경입니다.

　사람들은 동물들의 세계를 보면서 잔인하다고 하지만 진짜 잔인한 것은 사람입니다.

　동물들이야 먹고 살기 위한 방편으로 죽고 죽이지만 사람은 죽음을 유희의 대상으로 삼는 유일한 존재입니다.

　성전에서 제사를 드리면서 동물들을 죽이는 일을 즐거이 행합니다.

　그들이 누리는 즐거움의 바탕은 누군가의 죽음입니다.

　사람이 가진 잔인함을 여과없이 투사하는 곳이 성전입니다.

　특히 어린 양을 잡는 모습에서 그 잔인함이 극에 달합니다.

　어린 양의 영롱한 눈망울, 뒤뚱뒤뚱 아직 제대로 뛰지도 못하는 그 가냘픈 다리,

　그냥 두고 보기에도 안쓰러운 그 어린 양의 목을 자르고 피를 쏟으며 불에 태웁니다.

　물론 하나님이 주신 제사 방법입니다.

　왜 이런 잔인한 방법으로 주셨는지를 묵상합니다.

　하나님은 당시 문화적 배경을 고려하여 제사 방법을 주셨습니다.

　21세기에는 절대로 어울리지 않는 방식입니다.

　당시 제물을 자기들의 신에게 바치는 것은 이교도들의 전통입니다.

　그들은 인신제물도 바쳤을 정도입니다.

　그 당시 사람들은 자기들을 대신하여 다른 생명을 희생시키면 자기들이 대속을 받는다고 믿었습니다.

　제사제도를 통해 모든 인류가 지닌 공통점을 발견합니다.

잔인함과 함께 사람들의 야비함까지 그대로 스며들어 있는 당시 제사관입니다.
　그러나 이것은 영원히 변하지 않고 꼭꼭 숨겨진 인간의 속살입니다.
　자기들의 잘못을 다른 사람들에게 전가시킵니다.
　자기가 저지른 과오를 다른 사람에 뒤집어씌운다면 그 사람은 파렴치한입니다. 그런데 그 파렴치함이 고상한 내가 지닌 본성입니다.
　누군가를 희생양을 삼아야만 내 삶이 가능할 정도로 잔인함과 야비함이 내 품성 안에 스며들어 있음을 발견합니다.
　알고 보면 내 삶은 하나님을 밟고 서 있는 삶입니다.
　어린 양 예수님이 내 대신 희생되셨으니 말입니다.
　오늘 발밑을 살피며 흰 눈이 쌓인 새벽길을 걷습니다.
　흰 눈이 붉은 선혈鮮血로 서서히 물들어 갑니다.
　짓밟히신 주님!
　오늘도 여전히 나의 잔인함과 야비함을 몸소 다 받으시는 주님.
　더 이상 누군가를 희생양으로 삼지 말라는 나를 향하신 주님의 목적을 발견합니다.
　오늘 누군가의 즐거움이 되라시는 주님의 음성을 듣습니다.

　【기도】 주님, 희생해야 할 때 즐거이 순종하게 하소서!
　【적용】 행복을 전달하기!

　PS : 남을 기쁘게 하는 것은 나의 기쁨을 두 배로 증가시키는 지혜입니다. 어리석음은 그 반대입니다. 당신은 하나님의 위대한 기쁨입니다! GJ

2009년 12월 29일

하나님의 타겟(표적)!
역대하 35:10-27

요시야가 몸을 돌이켜 떠나기를 싫어하고 변장하고 싸우고자 하여 하나님의 입에서 나온 느고의 말을 듣지 아니하고 므깃도 골짜기에 이르러 싸울 때에 활 쏘는 자가 요시야 왕을 쏜지라 왕이 그 신복에게 이르되 내가 중상하였으니 나를 도와 나가게 하라 [대하 35:22-24]

요시야가 왕이 되었을 때에 나라는 말 그대로 엉망진창이었습니다.
할아버지 므낫세가 55년 동안 나라를 개판으로 만들었습니다.
그리고 아버지 아몬이 왕이 되어 2년간 나라를 구제불능 상태로 만들어 버렸습니다.
사람으로 비유하면 나라가 식물인간이 된 상태입니다.
그런 나라에서 8세 때 왕이 되었습니다.
그러나 요시야는 조상들과 달라도 너무나 달랐습니다.
어릴 때부터(16세) 하나님을 찾아 하나님이 기뻐하시는 다윗의 길을 걸었습니다.
어릴 때부터 하나님을 가까이한 영성을 토대로 하여 20세 때에 대대적인 우상들을 불살아 버리는 영적 정화작업을 시작합니다.
마치 채찍을 들고 성전을 정화하신 예수님처럼 말입니다.
그리고 26세 때에 성전 보수공사를 단행합니다.
그때 조상들이 잃어버린 보물, 즉 율법책을 찾아온 백성들에게 돌려줍니다.
잃어버린 하나님을 찾아 백성들에게 돌려줍니다.
그리고 그는 최고의 유월절을 지키며 하나님의 기쁨이 됩니다.

그 유월절이 얼마나 대단했으면 어느 누구도 따라할 수 없을 정도입니다.

세상 그 누구보다 하나님을 최고로 기쁘시게 한 것입니다.

본문에 보면 최고의 유월절을 지내고 바로 죽은 것처럼 나옵니다. 그러나 요시야의 통치기간은 31년입니다. 39세에 죽은 것입니다.

성경에 요시야 왕의 27세부터 39세까지는 공백으로 되어 있습니다.

본문을 묵상 중에 얼마 전 천국에 간 신앙의 선배님이 자꾸 생각이 납니다.

젊은 나이에 장로님이 되어 많은 일을 하셨습니다.

은행 차장이라는 중직을 맡았으면서도 그 누구보다도 헌신하셨습니다.

20년 직장생활로 구입한 아파트를 교회 건축헌금으로 봉헌하고 자기는 셋방으로 이사를 갔습니다.

내가 직간접적으로 경험한 장로님 중에 가장 성경적이고 가장 본받고 싶은 신앙의 선배이셨습니다.

그러시다가 45세쯤에 암으로 세상을 떠나셨습니다. 너무 혼란스러운 상황이었습니다.

그토록 많은 성도들이 간절히 기도했건만 그 흔한 치유의 은혜를 주시지 않으셨습니다.

그때 하나님은 혼란스러워하는 나에게 깨달음 하나를 주셨습니다. "내가 그를 너무 사랑하노라!"였습니다.

암으로 죽은 것이 아니라 주님이 친히 데려가신 것입니다.

악인은(므낫세) 55년 동안 악의 씨를 뿌립니다.

그의 55년간은 심판의 목록을 만드는 대재앙 맞이 기간이었습니다.

그러나 요시야 왕은 어릴 때 왕이 되어 그 누구도 따라하기 힘든 업적을 남겼습니다.

그는 인생 최고의 날을 맞이했습니다.

하나님이 최고로 기뻐할 업적을 남겼습니다.

그 당시 추한 세상에서 요시야 왕이 더 사는 것은 누추할 뿐이었습니다. (주님은 므낫세의 죄로 인하여 이스라엘에 대재앙을 예고하셨는데 요시야 때문에 참고 계셨습니다. 왕하 23:26)

주님은 그런 세상에서 요시야를 하루라도 빨리 데리고 나가시고 싶으셨습니다.

겨울만 되면 생각나는 은인이 있습니다.

군대 입대하여 훈련을 마치고 자대에 배치 받을 때는 한겨울이었습니다.

그때 같은 고향에서 온 병장이 내무반의 최고참이었습니다.

점호가 끝나면 자주 내무반에서 고참들에게 줄빠따를 맞습니다.(옛날엔 그랬습니다)

그때만 되면 고향의 선배는 나를 호명해서 외각근무를 나가라고 했습니다.

내 보초 근무시간도 아닌데 나를 거기서 빼내준 것입니다.

그분이 말년병장으로 있던 3개월 동안 나는 최고의 혜택을 누렸습니다.

물론 그분이 제대한 후에 그 값을 톡톡히 치러야 했습니다.

그러나 지금 생각해도 너무 고마운 분입니다.

하나님은 제대가 없으시니 얼마나 감사한지 모릅니다.

추한 세상에서 요시야를 불러내시는 하나님의 방법은 화살이었습니다.

그 화살은 주님이 쏜 화살입니다. 주님이 쏘시는 사랑의 화살은 백발백중입니다.

주님은 요시야 왕으로 하여금 듣지 않도록 이방 왕으로 하여금 말하게 했습니다.

당연히 되돌아가야 할 요시야의 마음에 그 무시무시한 애굽과 싸우도록 용기를 불어넣으셨습니다.

왕복을 벗고 왕의 특별경호도 거부하고 싸울 정도로 용기를 주셨습니다.

하나님이 쏘시는 화살이 왕의 친위부대의 특별경호에 막히지 않도록 말입니다.

행여나 요시야도 인간이기에 그런 세상에 미련을 둘까봐 하나님은 그를 세상에서 빼낼 전략을 촘촘하게 준비하셨습니다.

요시야가 맞은 화살은 하나님이 쏜 사랑의 화살입니다.

장로님에게 암으로, 요시야 왕에게는 쇠붙이로 만든 사랑의 화살을 쏘셨습니다.

하나님은 최고의 기쁨이 되는 사람들을 가까이할 수 있는 그날이 오기만을 오래 기다릴 수 없었습니다.

주님은 너무나 보고 싶어 하십니다. 사랑하는 이의 얼굴과 얼굴을 대면하기를.

그때 희미한 모든 것이 분명해질 것입니다. 천국이, 하나님이, 그리고 내가 받을 복.

주님은 사랑하는 이들을 위해 준비한 최고의 선물을 빨리 보여주고 싶어 하십니다.

이 세상에서 사명을 다하고, 빨리 천국 가서 최고의 선물을 누리는 것만큼 내가 누릴 최고의 복이 또 있을까 묵상합니다.

하나님이 사랑의 화살을 겨냥할 정도로 사랑스러운 종이 되어야 할 텐데….

아직 갈 길이 멀어 보입니다. 사는 게 누추하고 많이 부끄러운 연말입니다.

행복은 누군가의 사랑의 타겟(표적)이 되는 것입니다.

최고의 행복은 주님이 쏘시는 사랑의 화살을 맞을 표적이 되는 것입니다.

【기도】 주님, 가장 아름다울 때 주님의 표적 되게 하소서!
【적용】 최고의 삶을 꿈꾸기!

PS : 사랑의 화살이 당신을 겨냥하고 있습니다.
　　　당신은 하나님의 위대한 표적입니다!

 2009년 12월 31일

끌려가시는 하나님 그리고 실크로드!

역대하 36:10-23

그 해에 느부갓네살 왕이 사람을 보내어 여호야긴을 바벨론으로 잡아가고 여호와의 전의 귀한 그릇들도 함께 가져가고 그의 숙부 시드기야를 세워 유다와 예루살렘 왕으로 삼았더라 　　　　　　　　　　　　　　　　　　　　[대하 36:10]

하나님의 성전에 있던 소중한 기구들을 바벨론에 빼앗깁니다.
이보다 더 심한 굴욕은 없을 것입니다.
이스라엘의 입장에서 보면 하나님이 능욕당하는 비극입니다.
이런 비극의 한가운데서도 역사하시는 하나님의 섭리를 발견합니다.
장차 세계선교가 어떻게 전개될 것인가를 미리 보여주십니다.
당시 성전(이방에서는 신전)에서 사용되던 기구들은 특별한 의미와 가치가 있습니다.
단지 보물이기에 귀한 것뿐만 아니라 신의 기운이 감도는 신성한 물건들이기도 합니다.
성전의 기구들은 하나님의 신에 감동된 사람들이(브살렐과 오홀리압) 만든 물건들, 즉 하나님의 영이 깃든 하나님의 부분들입니다.

(아끼는 보물이 있는 곳에 마음이 있기 마련)

선교는 하나님의 소중함을 아는 곳으로 하나님이 움직이시는 것입니다.

비록 침략당하여 참담한 상태에서 성전 기구들이 옮겨지지만 그것은 장차 하나님이 가실 길을 미리 닦는 것입니다.

소중함을 알지 못하는 곳에 머물기를 거부하시고 하나님의 소중함을 아는 곳이면 그곳이 아무리 멀어도 그곳으로 옮겨 가시는 하나님!

비록 탈취당하는 모습처럼 보이지만 사실은 하나님이 주도하여 그들의 손을 빌려 이동하는 것입니다.

솔로몬의 이방 후궁들이 가져온 우상의 조각들이 훗날 이스라엘에 이방종교의 실크로드를 만들었다면, 하나님의 기운이 배어 있는 성전 기구들이 바벨론으로 옮겨 가서 어떤 영향을 미쳤을지 짐작이 갑니다.

바벨론의 눈에는 성전기구들이 단지 보물적 가치로밖에 보이지 않지만 사실은 그 기구들에 묻어 있는 하나님의 기운(마음, 혼, 성령)이 바벨론으로 수출되는 것입니다.

하나님의 혼이 담긴 기구들이 끌려가는 길이 사실은 하나님의 열방을 향한 선교의 실크로드인 셈입니다.

마치 요셉이 애굽으로 끌려갈 때, 하나님이 요셉과 함께 결박당하신 것처럼, 바울이 결박당하여 로마로 끌려갈 때 주님이 함께 결박당하신 것처럼 말입니다.

성전이 훼파되고 불살라지는 모습 속에서 단지 작은 이스라엘의 우상으로서의 하나님이 아니라 세계를 성전 삼아 선교하시는 세계적인 하나님을 발견합니다.

한 나라 안에 갇힌 신이라면 그것은 하나님이 아니라 우상에 불과합니다.

하나님은 세계적이며 우주적인 하나님이십니다.

작은 예루살렘에 갇혀 계시던 하나님이 마치 알라딘의 마법 램프를 깨고 뛰쳐나와 모두에게 도움을 주는 거인처럼 실질적이고 글로벌한 하나님으로 바뀝니다.

하나님은 제한된 공간인 성전 안에 갇혀 있는 우상이 아닙니다.

2009년 마지막 날, 모든 영역으로 번져 가시는 하나님의 역동성을 묵상합니다.

내 삶에 모든 영역을 통치하시고 모든 영역에 은혜를 주실 하나님을 기대합니다.

주님에 대한 내 좁은 지식과 믿음의 항아리를 깨뜨리시고 더 크게 역사하실 하나님을 기대하면서 마지막 날을 보냅니다.

내 삶 전부가 하나님이 친히 걸어가신 "실크로드"이기를 간절히 소망합니다.

아픔이 있는 곳에 주님의 은혜가 넘치는 법입니다.

주님은 이스라엘의 비극에 이스라엘을 치유하시는 은혜를 넘치게 하십니다.

마치 산모가 산통 중에 가장 강력한 엔돌핀이 뿜어져 나오는 것처럼 말입니다.

엔돌핀은 체내 마약이라고 부를 정도로 놀라운 진통효과를 일으킵니다.

엔돌핀이 아니면 여자들은 출산의 고통으로 다 혼절합니다.

2009년 한 해 동안 뿜어주신 하나님의 무한하시고 깊으신 은혜에 감사드립니다!

2010년에 "생명의 삶" 독자 모두에게 주님의 은총이 넘치기를 기도합니다.

【기도】 주님, 나의 보배이시며 보물이신 하나님의 소중함을 잃지 않게 하소서!

【적용】 하나님 높이는 송구영신예배 준비하기!

PS : 후회와 연민에 빠지기 쉬운 시기입니다. 하나님 안에서는 버릴 것이 아무것도 없습니다. 나의 실패, 상처, 수치까지도 '최고의 인생 디자이너'이신 하나님이 만드시는 재료들입니다. 모든 것이 협력하여 선을 이루실 것을 기대합니다. 당신은 하나님의 위대한 걸작입니다.

 2010년 01월 01일

나의 해돋이 명소에서!

이사야 60:1-61:3

일어나라 빛을 발하라 이는 네 빛이 이르렀고 여호와의 영광이 네 위에 임하였음이니라 보라 어두움이 땅을 덮을 것이며 캄캄함이 만민을 가리우려니와 오직 여호와께서 네 위에 임하실 것이며 그 영광이 네 위에 나타나리니 [사 60:1, 2]

해돋이 명소로 사람들이 몰려갑니다.
발 디딜 틈도 없을 정도로 인산인해를 이룹니다.
찬연하게 떠오르는 태양을 향해 한결같은 바람을 보냅니다.
만수무강, 만사형통.
2010 새해 아침에 태양이 아닌 태양을 지으신 분을 바라본다는 것은 감격을 넘어 충격이며 흥분입니다.
2010년을 기대합니다.
영광으로 옷 입혀 주실 하나님을 기대합니다.
영광의 빛은 낮에는 잘 보이지 않습니다.

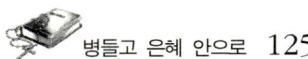

영광의 빛은 밤에 선명하게 그 빛을 발합니다.
태양만 있으면 사막입니다.
세상적인 기준으로 좋은 일만 있다면 인생은 사막입니다.
주님의 은혜는 어두울 때 그 빛을 발합니다.
내게 주신 은혜를 드러내기 위해 주님은 내 인생에 어둠을 예비하셨습니다.
하나님은 나를 세상에 드러내시기 위해 나를 어둠으로 이끄십니다.
주님은 사랑하는 이들을 해처럼 빛나게 하시기 위해 잠시 어둠으로 인도하십니다.
때로는 자발적으로 들어가기도 하지만 대부분은 반강제로 주님 손에 이끌려 갑니다.
태생적으로 어둠에 대해 알레르기가 있어 자꾸 뒷걸음질치기 때문입니다.
마치 요셉을 노예의 사슬로 결박하시어 어둠으로 이끄신 것처럼.
새해를 기대합니다.
세상이 주목하도록 나를 빛내시지 않으시면 잠 못 이루시는 하나님을.
음침한 사망의 어둠, 그 골짝 한가운데서 영원히 꺼지지 않는 부활의 빛을 만드신 하나님.
이미 충분히 은혜의 빛이 나에게 부어졌습니다.
어둠으로 들어갈 용기만 있다면 2010년은 나의 무대입니다.
스타들은 무대에서 자신의 빛을 드러냅니다.
그때 주변을 어둡도록 조명을 조절합니다.
공연장이 다 밝으면 관중들이 스타에게 잘 주목하지 않기 때문입니다.
하나님의 스타들은 하나님이 펼쳐 놓으신 어둠 한가운데서
세상을 깜짝 놀라게 할 무대를 펼칩니다.
전쟁 중 평화가 참평화이듯,

어둠 중에 피어나는 빛이 참빛입니다.
새해를 시작하면서 기대를 넘어 흥분이 밀려옵니다.
나를 빛내시고야 마실 하나님 때문입니다.
어둠아 속히 와라!
인생이 건건하지 않도록 어둠을 허락하신 하나님을 찬양합니다.
나의 해돋이 명소는 주님이 은밀하게 만나주시는 큐티 방입니다.
여기서 나는 만사형통이 아니라 요셉처럼 "옥중형통"을 빕니다.
여기서 나는 만수무강이 아니라 히스기야처럼 "병중형통"을 빕니다.

【기도】 주님, 어둠 속에서 역사하시는 하나님의 손길을 의지하게 하소서!
【적용】 안 좋은 일에 감사하기!

PS : 어둠을 걷어내는 것은 복을 걷어차는 무지입니다. 당신은 영원히 빛날 하나님의 위대한 빛입니다!

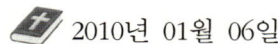 2010년 01월 06일

유혹, 그 자유로운 삶!
요한복음 1:19-28

또 말하되 누구냐 우리를 보낸 이들에게 대답하게 하라 너는 네게 대하여 무엇이라 하느냐 이르되 나는 선지자 이사야의 말과 같이 주의 길을 곧게 하라고 광야에서 외치는 자의 소리로라 하니라   [요 1:22, 23]

세례 요한이 요단강에서 세례를 베푸는 것이 바리새인들의 눈을 거스리게 했나 봅니다.

단순한 세례가 문제가 아니라 많은 사람들이 회개하는 영적대각성운동이 일어났기 때문입니다.

세리에서부터 군인에 이르기까지 당시 부정과 부패로 상징되던 이들이 회개할 정도로 요한의 사역은 사람들의 주요 관심이었습니다.

마치 요한이 그리스도와 엘리야로 보여질 만큼 그에게서 나타나는 현상은 사람들을 놀라게 했습니다.

당시 백성들은 그리스도를 몹시 기다리고 있었던 때였기에 요한의 사역은 더욱 백성들의 관심거리였습니다.

졸지에 스타가 된 것입니다.

지금 요한의 말 한마디는 엄청난 파장을 일으킬 수 있는 순간입니다.

모두들 요한의 입만 주목하고 있습니다.

그러나 요한의 입에서는 그들의 기대를 실망시키는 엉뚱한 대답이 나오고 말았습니다.

그토록 기다리는 그리스도도 아니고 엘리야도 아니고 하물며 그 선지자도 아니라고 대답합니다.

분명히 요한의 사역에서 나타나는 현상은 하나님이 보내신 그리스도와 엘리야 그리고 그 선지자에게서 나타나는 현상과 비슷한데 말입니다.

어디를 가나 늘 자기를 소개하는 절차가 있습니다.

그럴듯한 직함이나 영향력을 가졌다면 문제가 아니지만 딱히 내세울 것이 없으니 늘 대략난감입니다.

남들처럼 길게 소개하면 좋을 텐데 내용이 길어야 3분 거리도 안 되기 때문입니다.

길게 그리고 특별한 내용으로 뭔가 주목받을 만한 사람이라는 인상을 주고 싶은데 그럴 만한 것이 없으니 말입니다.

참 힘든 것 중에 하나가 이미지 관리입니다.

여러분들이 제 글을 읽고 교회를 찾아오겠다고 합니다. 참 반가운 반응입니다.

그러나 마음 한구석은 불편합니다.

교회를 방문하면 실망할 것이라는 생각 때문입니다.

글을 보면 굉장히 부흥하는 교회 목회자로 느껴지나 봅니다.

(부흥하는 교회의 특징이기는 합니다만)

신경을 써서 직접 주보를 만들고 그 주보 안에는 "김 목사의 행복한 생각"이라는 직접 쓴 수필까지 있습니다.

성도들이 전도할 때 주보를 사용합니다.

그래서 종종 모르는 분들로부터 전화를 받습니다.

주보를 보고 전화를 드렸는데 하면서 주보가 참 특이하다고 합니다.

그러면서 교회에 대해 묻습니다.

교회 위치, 성도 숫자, 몇 년 되었는지 등등.

아주 곤란한 질문들입니다.

왜냐하면 주보에 비친 교회 상과 실제 교회 실정이 다르기 때문입니다.

변두리요, 개척 교회요, 지하요, 성도 숫자는 두 자리 숫자를 넘지 못하니 말입니다.

그래서 최고의 이미지 관리기법은 자신의 모습을 드러내지 않고 베일에 가려두는 것입니다.

세례 요한은 영성이 참 깊으신 분입니다.

명함에 단지 이렇게만 인쇄되어 있으니 말입니다.

"광야의 외치는 소리"

아니 이것도 자기소개라고 하시는지.

"소리라니, 그럼 사람도 아니라는 말인가?"

명함에 박사증 두 개 정도, 국가조찬기도회 멤버, 총회장과 부흥회

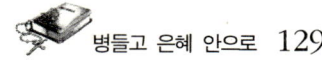

회장 역임, 40일 금식기도 3번 수행 등등의 화려한 내용으로 채울 수도 있었는데 말입니다.

그러나 요한은 "confessed freely" 합니다.

타인들의 기대로부터 자유롭고, 자기 모습에 대해 자유로운 사람.

그럼 이미지 관리의 유혹 앞에서 늘 주춤거리는 나는 누구인가?

나는 언제 남들이 바라는 이미지에 나를 덮어 두지 않고 실제 내 모습을 숨김없이 드러낼 수 있는 자유로운 사람이 될지.

또 갈 길이 멀어 보입니다.

세례 요한님이 발이 불어 터져라 걸어다니신 광야만큼이나 멀어 보입니다.

광야에는 그 자유로운 삶이 숨어 있습니다!

주님이 요한을 세상의 이미지로부터 해방시켜 주신 것처럼 주님이 나도 자유롭게 해 주시기를 소망합니다.

【기도】 주님, 자신에 대해 자유롭게 되기를 소망합니다!
【적용】 꾸미지 않기!

PS : 누군가가 주눅 들게 합니다. 그렇다고 불끈하여 반응하면 나도 그 아류에 속하게 됩니다. 당신은 하나님의 위대한 지존입니다!

 2010년 01월 17일

초라한 제자, 신바람 난 여자!
요한복음 4:19-30

나의 행한 모든 일을 내게 말한 사람을 와 보라 이는 그리스도가 아니냐 하니
[요 4:29]

정작 사마리아에 그리스도를 전파할 사람들은 제자들입니다.

그런데 그들은 주님이 그토록 사랑하는 사마리아 동네에 들어갔다 왔음에도 그들의 손에는 덩그러니 빵 봉지 몇 개만 들려 있습니다.

제자들에게 사마리아는 먹을 것을 얻는 장소에 불과했습니다.

그러나 마시지 못하면 생명이 위협받는 물을 길러 온 여인은 물동이를 팽개치고 동네로 뛰어 들어가 예수님을 전파합니다.

죽음을 불사하고 예수님을 전파할 사명자들과 겨우겨우 부끄럽게 살아가는 여인의 역할이 뒤바뀌고 말았습니다.

손은 그 사람의 삶을 말해 줍니다. 손에 들려 있는 그것이 곧 그 사람입니다.

육체의 손, 그리고 마음의 손이 그 사람의 "인증서=아이덴티티"입니다.

제자들의 손에는 빵 봉지 몇 개가 전부입니다.

그러나 여자는 십자가를 들고 숨어 다녀야 할 동네를 헤집고 다닙니다.

신바람 났습니다. 하여튼 이 여인은 바람 일으키는 분야에서는 기네스북에 오르기에 충분합니다.

주님의 외침이 우물가를 진동합니다.

"무엇을 먹을까 무엇을 마실까 염려하지 마라 너희는 먼저 그의 나라와 그의 의를 구하라!"

예수님과 친숙하다고 하나님 나라가 확장되는 것은 아닙니다.

예수님 가까이 있다고 전도를 잘 하는 것도 아닙니다.

오히려 예수님 가까이 있는 사람들이 하나님의 나라를 헐어 버리는 1등 공신들입니다.

예수님을 잘 알고 친숙해지는 것에는 보이지 않는 위험이 숨어 있습니다.

예수님을 단지 먹고 살아가는 방편으로 이용하는 위험입니다.

이것은 상당 기간 제자들의 마음 저 구석에 은밀히 숨어 있습니다.

"주님의 나라가 임하거든 하나는 좌편에 하나는 우편에"

이것이 제자들이 주님을 따르는 숨겨진 의도였습니다. 겉으로는 절대 아닙니다.

겉으로는 완벽한 제자의 모습입니다.

그러나 사마리아에서 우연히 제자들의 속내가 자기들도 알지 못하는 사이 드러나고 말았습니다.

제자의 옷을 입고 제자의 일을 하지만 관심은 다른 곳에 있을 수 있습니다.

그것은 지금 손에 들려 있는 것으로 드러납니다.

현재 손에 쥐고 있거나 손에 쥐고 싶어 하는 그것이 바로 제자의 진짜 모습입니다.

목회가 먹고 살아가는 수단으로 전락하고 있지 않은지 돌아봅니다.

덩그러니 빵 봉지 몇 개 들고 천국에 가기에는 내 모습이 너무 초라합니다.

주님이 나를 불러 제자 삼으신 것은 신바람 인생을 살게 하기 위해서입니다.

십자가가 내 손에 들려 있는 동안 내 인생은 신바람 인생입니다.

십자가 외에 다른 것이 손에 들려지는 순간 인생은 빵 봉지 인생입니다.

바람이 불면 어디로 날아가는지 알 수조차 없는 빵 봉지 인생이 내 인생은 아닙니다.

나는 토네이도가 불어도 날아가지 않을 뿌리 깊은 십자가 인생입니다.

【기도】 주님, 주일이 빵 봉지 몇 개 얻는 날이 아니라 주님을 전파하는 생생한 날이 되게 하소서!

【적용】 살아있는 영으로 주일 사역하기!

PS : 주일이 생애 최고의 날이 되기를 바랍니다.
당신은 하나님의 위대한 인생입니다!

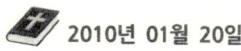 2010년 01월 20일

인생의 봄이 오는 소리!

요한복음 5:1-9

예수께서 그 누운 것을 보시고 병이 벌써 오랜 줄 아시고 이르시되 네가 낫고자 하느냐 병자가 대답하되 주여 물이 동할 때에 나를 못에 넣어 줄 사람이 없어 내가 가는 동안에 다른 사람이 먼저 내려가나이다 [요 5:6, 7]

38년 된 병입니다.
주변에서 그런 말을 합니다.
"아이구 저렇게 사느니 차라리 죽는 게 낫겠다!"
종종 이런 말을 듣습니다.

"그 친구 잘 죽었어. 그렇게 살아봐야 자기도 힘들고 가족들에게도 못할 짓만 시키는 거지!"

38년 된 병이면 이미 그의 가족들도 포기한 환자입니다.

주변에 아무도 없는 것을 보면 알 수 있습니다. 더군다나 자기도 포기한 지 오래되었습니다.

주님의 질문이 그의 내적 상태를 잘 드러내 줍니다.

"네가 낫기를 원하느냐?"

38년이면 이미 그 병에 적응하고도 남는 세월입니다.

들것이 낯설지 않습니다. 아니 오히려 편합니다.

휠체어가 처음에는 몸에 안 맞아 불편하지만 1년, 2년 사용하다 보면 적응합니다.

나중에는 휠체어를 떠나는 것이 불안할 정도로 익숙하고 편해집니다. 마치 엄마의 품 같습니다.

정말 고통스러운 것은 "나도 고침 받을 수 있다!"는 생각에 빠지는 것입니다.

처음에는 그런 소망으로 하루하루 견뎌냈습니다.

그러나 1년, 2년 지나면서 그런 소망이 얼마나 부질없는 생각인지 뼈저리게 경험합니다.

육체의 고통보다 그런 소망이 거절당할 때마다 느끼는 상심이 더 참기 힘들어졌습니다.

차라리 병을 운명으로 받아들이고 병과 함께 살아가는 타협이 더 편합니다.

결국 중병에 걸린 사람들이 그 병을 수용하므로 내적 평안을 찾습니다.

그런 면에서 자기가 나을 수 있다는 소망은 일종의 고통스러운 저항입니다.

이것이 오랜 시련을 겪는 사람들에게 나타나는 일반적인 현상입니다.

소망하므로 또 고통스런 절망에 빠지기보다는 차라리 현실을 수용하는 것이 더 편하기 때문입니다.

이런 사람들이 가장 싫어하는 사람들은 자기를 찾아와 이런 말을 해 주는 사람들입니다.

"이봐, 김씨, 힘내게나. 자네도 일어날 수 있어. 포기하지 말게나!"

차라리 자기처럼 중병에 걸린 환자들 틈에 끼어 그들의 신음소리와 죽음의 냄새를 맡는 것이 더 위로가 됩니다.

그는 숱한 소망이 거절당하는 38년 세월을 살았습니다.

그 소망이 거절당할 때마다 그 안에는 분노만 차곡차곡 쌓일 뿐입니다.

소망은 인간 심성에 반하는 일종의 저항입니다. 저항은 고통이 따르기 마련입니다.

소망을 품는 것은 고통을 품는 것입니다.

이것이 주님이 38년 된 병자에게 소망의 질문을 던진 이유입니다.

주님은 38년 된 병자 마음의 심연에 깊이 잠들어 있는 소망을 흔들어 깨우십니다.

"네가 정말 낫고자 하느냐?"

그 고통스런 질문 앞에서 병자는 엉뚱한 대답으로 얼른 도망갑니다.

"나를 못에 넣어 줄 사람이 없습니다!"

문제는 소망을 잃어버린 자기에게 있는데 이 병자는 얼른 주변 환경 탓을 합니다.

그럼 왜 베데스다 연못에 나와 있을까?

마지못해 나와 있는 것입니다. 딱히 갈 데도 없습니다.

그래도 자기와 비슷하거나 심한 환자들이 모인 곳에 가면 위로 아닌 위로는 받을 수 있으니까요.

기도가 응답되지 않는 일을 여러 번 겪으면 기도 자리에 있어도 기도하지 않습니다.

마지못해 앉아 있기 쉽습니다.

물론 기도를 합니다. 그러나 자기도 그 기도가 응답되리라 믿지 않습니다.

기도하는 자리에 나오면 자기보다 더 큰 문제를 가진 사람들을 만나니 그 자체만으로도 큰 위로가 됩니다.

그것이 기도 자리에 와서 얻는 수확 아닌 수확입니다.

예배의 자리에 앉아 있지만 마지못해 앉아 있는 경우가 있습니다.

주님의 은혜를 얻고자 하는 소망을 품고 예배를 드리지만 어떤 은혜도 얻지 못하는 경험을 합니다.

그러기를 1년, 2년 지나면 마지못해 예배의 자리에 앉아 있습니다.

또 소망을 품었다가 거절당하는 아픔을 당하느니 차라리 현실을 수용하는 것이 편합니다.

절망은 인간의 죄된 본성에 숨하는 일종의 타협입니다.

소망은 인간이 지닌 본성에 反하는 특별한 저항입니다.

상처를 각오한 자만이 소망을 품을 수 있습니다.

마냥 어둠만 계속되는 날이 없듯이,

마냥 겨울만 이어지는 계절이 없듯이,

그치지 않는 비가 없듯이,

주님은 인생의 겨울을 통과하는 나를 위해 인생의 봄날을 준비해 주십니다.

나는 절망적이지만 주님에게는 절망이란 단어가 없습니다.

주님만이 내 소망입니다.

저 멀리서 내 인생의 봄날이 성큼성큼 다가오는 발자국 소리가 들립니다.

주님이 묻기 전에 스스로 묻고 또 물어봅니다.

"네가 낫고자 하느냐?"

"네가 정말 부흥하고자 하느냐?"
전율이 느껴지는 은혜의 비가 내리는 아침입니다.

【기도】 주님, 절망 바로 뒤에 숨은 소망을 보게 하소서!
【적용】 절망 내쫓고, 소망 끌어안기!

PS : 절망할 일이 생깁니다. 절망은 마귀의 안방입니다.
　　 당신은 하나님의 위대한 소망입니다!

 2010년 01월 26일

마귀가 무서워하는 큐티! 도망자, 추격자 그리고 뻔뻔한 나!

요한복음 6:16-21

저물매 제자들이 바다에 내려가서 배를 타고 바다를 건너 가버나움으로 가는데 이미 어두웠고 예수는 아직 저희에게 오시지 아니하셨더니　　　　[요 6:16, 17]

예수님과 제자들은 운명을 함께하는 공동체입니다.
운명을 같이하는 사람들이 유대관계를 표현할 때 자주 사용하는 말입니다.
"이제 우리는 한 배를 탔습니다!"
이 말은 운명을 같이한다는 말입니다.
그런데 이상합니다. 예수님과 제자들이 한 배를 타지 않았습니다.

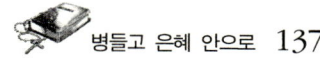

제자들은 다 있는데 예수님만 없습니다.

사전에 약속이 되어 있는 일이 아니라면 누군가 의도적으로 한 배를 타지 않은 것입니다.

주님이 바다를 걸어오신 것을 보면 따로 가기로 약속이 되어 있는 것은 아닌 것 같습니다.

그리고 시간상 어디를 여행할 시간이 아닙니다. 보통 육로 여행도 어둠이 내리면 중단합니다.

더군다나 바다를 여행하는데 어둠은 더욱 피해야 할 시간입니다.

그런데 제자들은 무엇에 쫓기듯 밤에 서둘러 가버나움에 가려고 항해합니다.

마치 도망자들처럼 말입니다.

당시 갈릴리 주변 사람들은 갈릴리 바다(호수)의 밤을 지배하는 신이 있음을 믿었습니다.

그래서 평온한 바다를 기원하며 제사를 지냈다고 합니다.

(몇 년 전 갈릴리 바다를 여행할 때 그곳 전문 가이드에게 들은 이야기입니다.)

그래서 함부로 밤에 갈릴리 바다를 항해하는 것을 금했다고 합니다.

이런 구차한 설명이 아니더라도 옛날이나 지금이나 밤에 항해하는 것은 금기시되어 있습니다.

바다는 살아있기에 아주 위험합니다. 언제 큰 바람이 불지 모르는 일입니다.

그런데 제자들은 예수님이 함께하지도 않았는데 무리하게 항해합니다.

그리고 그들은 풍랑을 만납니다.

이 사건이 나와 그리고 제자들의 숨겨진 일면을 드러내는 상징적 사건으로 보입니다.

기회만 되면 주님 없이 살고자 하는 것이 나의 숨겨진 일면입니다.

주님과 함께 거칠고 결핍된 들판에 머물기보다는 모든 것이 완비된

도시, 가버나움으로 가고 싶어 하는 숨겨진 욕망이 나에게 있습니다.

제자가 되고자 주님과 함께 한 배를 탔지만 마음 한켠에는 틈만 나면 주님으로부터 벗어나려고 하는 제자답지 못한 부끄러운 동기가 숨어 있습니다.

안락함과 쾌락, 세상적 즐거움이 나의 가버나움입니다.

그런 나를 아시는 주님은 나를 그냥 내버려 두지 않으십니다.

반드시 뒤쫓아 오십니다. 마치 추격자처럼 말입니다.

주님은 나를 잡아 죽이는 추격자가 아니라 사지로 가는 나를 구하시기 위한 사랑의 추격자입니다.

내가 도망가다가 내가 빠진 수렁에서 허우적거릴 때 다가와 손을 내미시는 주님, 나는 그 주님이 너무 기뻐 얼른 손을 내밀어 주님의 손을 잡습니다.

언제 도망쳤느냐 하는 뻔뻔한 얼굴로 말입니다.

주님의 포기하지 않는 추격하는 사랑에 나는 이렇게 뻔뻔합니다.

어둠이 참 감사합니다. 나의 뻔뻔한 얼굴을 가려주니 말입니다.

주님은 내가 뻔뻔함에 부끄러워할까 봐 눈을 감아주십니다.

참 나의 뻔뻔함도 만만치 않지만, 주님의 사랑도 어지간하십니다.

그 주님의 사랑에서 도망할 사람은 아무도 없습니다.

주님은 추격자입니다. 한 번 찍으면 절대 놓치지 않는 완벽한 추격자입니다.

손을 뿌리치고 마냥 뛰어놀고 싶어 하는 아이를 향한 엄마의 사랑이 포기 없고, 변함없는 것처럼 말입니다.

그 사랑에 기댄 아이는 불안해하지 않습니다.

아니 아이는 자기가 없어지면 자기보다 엄마가 더 불안해한다는 것을 압니다.

행여 길을 잃어도 엄마가 찾아올 줄 알기에 행복합니다.

그런 주님의 추격하시는 사랑을 받으면서 점점 주님의 동선 가까이 머물게 됩니다.

전에는 주님이 보이지 않는 멀리까지 도망가곤 했는데 이제는 주님이 부르시면 그 음성을 들을 수 있는 근거리에 머물고 있습니다.

술에 장사 없다는 말처럼, 주님의 사랑에 뻔뻔한 장사 없습니다. 내가 아무리 뻔뻔해도 주님의 사랑 앞에는 결국 지게 되어 있습니다.

【기도】 주님, 복음이 가려지지 않게 하소서!
【적용】 복음 지키기!

PS : 마귀는 복음이 들려지는 것을 발작적으로 싫어합니다.
　　　마귀가 훔쳐간 큐티를 다시 옮겨 놓습니다!

2010년 02월 03일

죽음도 손대지 못하는 생명 싸개!
요한복음 7:25-36

저희가 예수를 잡고자 하나 손을 대는 자가 없으니 이는 그의 때가 아직 이르지 아니하였음이러라　　　　　　　　　　　　　　　　　　　[요 7:30]

당국자들은 예수님을 속히 제거해야 할 지명 수배자 명단에 올렸습니다.

예수님도 그것을 압니다.

그런데 주님은 성전에서 자신을 숨기지 않고 사람들을 가르치십니다.
그리고 당국자들은 예수님을 건드리지 못합니다.
희한한 일입니다.
예루살렘을 통치하는 사람들이 왜 주님을 제거하지 못할까?
힘이 없어서도 아니고, 찾지 못해서도 아닌데 왜 주님을 건드리지도 못할까?
성전은 당국자들의 아지트인데 왜 그렇게 죽이고 싶어 하는 주님을 두고만 볼까?
주님이 하나님의 품에 있기 때문입니다.
성전은 그들의 아지트가 아닙니다.
성전은 하나님의 집입니다.
그러므로 하나님의 아들이신 예수님에게 성전만큼 안전한 곳은 없습니다.
하나님 아버지께서 허락하지 않으시면 공중에 나는 새 하나도 땅에 떨어지지 않습니다.
결국 주님이 사명을 다 이룰 때까지 하나님이 지켜주십니다.
아무도 아버지에게서 빼앗지 못합니다.
하나님은 만유보다 크시기 때문입니다.
"하나님이 나를 보호하시는데 누가 우리를 대적하리요"
하나님이 지키시면 털 끝 하나도 다치지 않습니다.
주님의 돌보심은 완벽합니다.
살고 죽는 것은 다 주님의 주권에 달려 있습니다.
그래서 죽을 것 같은 사람이 살아납니다.
그래서 영원히 살 것 같은 사람이 죽습니다.
예수님은 사명을 마칠 때까지 안전합니다.
사명이 예수님의 튼튼한 "생명 싸개"입니다.

사명을 가진 자가 가장 안전합니다.
사명이 있으면 사자 굴에서도, 풀무 불에서도 살아납니다.
사명을 가진 자에게 사자 굴은 애완동물 놀이터요,
풀무불은 따듯한 사랑방입니다.
아무도 하나님의 사명자를 건드리지 못합니다.
손을 대면 고압선에 손을 대는 것입니다. 즉사합니다.
은혜를 바라며 주님에게 손을 대는 사람은 죽을병에서도 즉시 살아납니다.
그러나 주님을 해하려고 주님께 손을 대는 자는 즉시 감전되어 불타 버립니다.
주님에게는 3만 볼트 전류가 흐릅니다.
누구에게는 즉생의 전류이지만 누구에게는 즉사의 전류입니다.
살고 죽는 문제 때문에 사명을 버리면 인생도 사명도 아무것도 아닙니다.
사명으로 살면 살고 죽는 문제가 나를 넘어뜨리지 못합니다.
사명은 "생명 싸개"입니다.

【기도】 주님, 인생 안전에 전전긍긍하지 않게 하시고, 주님이 정하신 때까지 사명 위해 살게 하소서!
【적용】 흔들리지 않기!

PS : 누가, 때로는, 무엇이 위협합니다. 그러나 외부의 적이 아니라 내 안에 두려움이 가장 큰 적입니다. 당신은 하나님의 위대한 사명자입니다! GM

 2010년 02월 12일

얼굴 붉힌 선생들!
요한복음 9:30-41

그 사람이 대답하여 가로되 이상하다 이 사람이 내 눈을 뜨게 하였으되 당신들이 그가 어디서 왔는지 알지 못하는도다 하나님이 죄인을 듣지 아니하시고 경건하여 그의 뜻대로 행하는 자는 들으시는 줄을 우리가 아나이다 창세 이후로 소경으로 난 자의 눈을 뜨게 하였다 함을 듣지 못하였으니 이 사람이 하나님께로부터 오지 아니 하였으면 아무 일도 할 수 없으리이다   [요 9:30-33]

눈을 뜬 소경은 눈앞에 나타난 열매를 보고도 믿지 못하는 바리새인을 가르칩니다.

바리새인들의 자존심이 완전히 구겨지는 순간입니다.

날 때부터 앞을 못 볼 뿐만 아니라 평생을 거리의 걸인으로 살아온 사람에게 가르침을 받으니 바리새인들의 마음이 오죽할까 측은한 마음까지 듭니다.

나무는 열매로 아는데 사과열매를 보면서도 사과나무가 아니라고 우기는 바리새인들을 보고 있자니 가르치는 자의 어리석음이 얼마나 위험한지를 깨닫습니다.

누가 진정한 스승일까 묵상합니다. 은혜 받은 자가 진정한 스승입니다.

은혜 받지 못한 사람은 스승인 척은 할 수 있을지 모르지만 진정한 스승은 못 됩니다.

엘리트 코스를 나온 사람이 진정한 스승이 아닙니다. 은혜를 받은 사람이 진정한 스승입니다.

엘리트 코스를 폄하하는 것이 아닙니다.

겉만 꾸미면 다 된 것처럼 생각하는 그 희떠운 자세를 경계하는 것입니다.

오늘 말씀을 통해 지식으로만 들씌워진 영성의 헛헛함을 봅니다.

지식이 중요하지만 지식이 곧 영성은 아닙니다.

예수님 당시 바리새인만큼 율법과 지식에 능한 자가 어디 있습니까?

그러나 그들은 은혜 받은 한 사람, 그것도 날 때부터 소경이요 걸인이던 사람에게 하늘의 도에 대해 가르침을 받습니다.

누가 은혜를 받으면 지식적 잣대로 이러쿵저러쿵 난도질하는 사람들이 있습니다.

물론 은혜로 가장한 사탄의 역사는 뱀 같은 냉철한 지혜로 경계해야 합니다.

그러나 지식으로만 은혜를 제단하려는 자세는 손바닥으로 하늘을 가리는 꼴입니다.

그러면 바리새인처럼 자신들이 인간 취급도 안 하던 사람에게 가르침을 받아야 하는 험한 꼴을 당합니다.

은혜 앞에 고개 숙일 줄 알고, 자신도 그 은혜를 사모하는 것이 GP입니다.

주님은 엘리트코스를 나왔든, 거리 출신이든 가리지 않고 은혜를 주십니다.

겸손히 사모하기만 하면 말입니다.

넙데데한 얼굴로 은혜 받은 소경에게 한 수 배우는 바리새인들의 얼굴 위에 나의 얼굴이 겹쳐지는 것은 왜일까요?

목사입네 하면서 특별한 은혜를 독점하고 있다는 희떠운 생각이 내 의식 속에 숨어 있음이 드러나기 때문일까요?

목사보다 더 많은 은혜를 받은 성도를 존중하기보다는 무시하려는 직업적 교만함까지 발각되었기 때문일까요?

바리새인들이 주님의 은혜의 수혜자에서 제외된 것을 보면서 직업적으로 그렇게 되기 쉬운 내가 가장 위험한 자리에 있음을 발견합니다. 계급장 떼고 은혜 받는 자리로 내려가 난딱 무릎부터 꿇어야 할 아침입니다.

【기도】 주님, 한계 없는 주님의 은혜 안으로 들어가게 하소서!
【적용】 은혜 사모하기~ 겸손하게 행동하기!

PS : 오늘은 은혜 받는 날입니다. 365일이 그날입니다.
　　　당신은 하나님의 위대한 축복입니다!

2010년 02월 17일

두 개의 진단서!

요한복음 11:1-16

예수께서 들으시고 가라사대 이 병은 죽을병이 아니라 하나님의 영광을 위함이요 하나님의 아들로 이를 인하여 영광을 얻게 하려 함이라 하시더라 [요 11:4]

나사로 가정은 예수님과 특별한 관계입니다.
그래서 나사로가 죽을병에 걸리면 예수님이 한걸음에 달려오실 줄 알았습니다.
그런데 예수님은 그들의 기대대로 반응하지 않으십니다.
오히려 이틀이나 더 지체하십니다. 완전 배신입니다.
그 이틀은 나사로가 죽어가는 시간입니다.

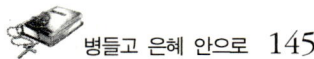

사랑하는 오라비가 죽어가는 것을 지켜보고 있어야만 하는 마리아와 마르다의 속은 시꺼멓게 타들어 갑니다.

죽어가는 오빠 때문이 아니라 무정하게 반응하시는 예수님 때문입니다.

간절하고 시급한 문제로 주님께 도움을 구하다가 내 기대대로 되지 않아서 시험에 들곤 합니다.

사는 동안 끊임없이 다급하고 심각한 문제에 직면하게 될 것입니다.

그것이 살아있는 삶에 대한 세금인 셈입니다.

산 자에게만 문제가 있습니다. 죽은 자에게는 문제가 없습니다.

나는 항상 두 개의 진단서를 받아 봅니다. 절망적인 진단서와 희망적인 진단서입니다.

마치 나사로에 대한 서로 다른 진단서처럼 말입니다.

하나는 죽을병이라는 진단서, 또 하나는 죽을병이 아니라는 진단서입니다.

사람의 육체가 죽기 전에 마음이 먼저 죽습니다.

절망은 마음의 사망신고서입니다. 절망은 마음의 죽음입니다.

마음이 죽으면 육체도 서서히 그 뒤를 따라갑니다.

나는 두 개의 진단서 앞에서 항상 희망의 진단서를 붙잡습니다.

그 이유는 주님이 나의 끝점에서 시작하시기 때문입니다.

나의 끝점은 주님의 시작점입니다.

마리아의 가족은 예수님과 특별한 관계이지만 예수님을 부분적으로만 압니다.

친하다고 다 아는 것은 아닙니다.

그들은 죽음을 잠자는 것쯤으로 여기시는 능력의 주님을 알지 못했습니다.

주님을 알지 못하면 하지 않아도 될 생고생을 하게 됩니다.

사실은 나사로만 죽어가는 것이 아닙니다.

마리아와 마르다도 주님이 오실 때까지 나사로같이 죽어가고 있었던 것입니다.

주님을 알지 못하면 마음의 죽음인 절망이 친구처럼 늘 따라다닙니다.
주님을 믿지 못하면 하루에도 수십 번 죽음을 경험합니다.
그러나 능력의 주님을 알면 소망과 믿음이 친구처럼 늘 함께 다닙니다.
그리고 그 믿음대로 이루어지는 것을 경험합니다.
현상은 하나입니다. 그러나 현상에 대한 진단서는 항상 두 개입니다.
나는 주님을 바라봄으로 희망의 진단서를 선택합니다.
상황은 그렇게 안 보이지만 상황보다 주님을 더 신뢰하기에 소망을 친구로 받아들입니다.
매일 절망으로 살기에는 내 인생이 너무 아깝습니다.
그래서 나는 매일 매일 희망을 선택하기로 했습니다.
밤새 안 좋은 일이 일어났어도 아침이면 희망을 선택합니다.
나는 매일 매일 살아있는 삶을 살고 싶습니다.
절망으로 내 삶과 행복을 마귀에게 자진 반납하지 않습니다.
절망은 내 행복을 빼앗기 위해 마귀가 보낸 아주 지독한 강도입니다.
희망은 내 행복을 누구에게도 빼앗기지 않도록 하나님이 보낸 천사입니다.
오늘도 이 희망과 함께 힘차게 출발합니다.

【기도】 주님, 현상에 가려 주님을 보지 못하는 일이 없게 하소서!
【적용】 희망 선포하기!

PS : 마음을 짓누르는 문제가 있습니다. 그러나 문제가 아니라 문제에 대한 나의 생각이 나를 짓누릅니다. 삶은 문제에 대한 나의 반응으로 만들어지는 정원입니다. 엉겅퀴와 가시밭으로 죽은 정원을 만들 것인지 아름다운 꽃들로 가득한 살아있는 전원을 만들 것인지는 내 마음에 달려 있습니다.

행복은 환경이 아니라 환경에 대한 나의 선택입니다.
당신은 하나님의 위대한 꽃입니다!

 2010년 02월 19일

아침 고요를 깨우는 함성!

요한복음 11:28-44

항상 내 말을 들으시는 줄 내가 알았나이다 그러나 이 말씀을 하옵는 것은 둘러선 무리를 위함이니 곧 아버지께서 나를 보내신 것을 저희로 믿게 하려 함이니이다 이 말씀을 하시고 큰소리로 나사로야 나오라 부르시니 [요 11:22-23]

죽음이라는 갑작스런 비극이 한 가정을 덮쳤습니다.
천수를 누리다가 죽은 것(호상)이 아니라 아직도 살날이 창창한 젊은 나사로가 죽었습니다.
사흘이 지났지만 슬픔은 가시지 않습니다.
울어도, 울어도 슬픔을 다 비워낼 수가 없었습니다.
그때 예수님이 찾으신다는 말을 들은 마리아는 예수님께 달려가 통곡을 합니다.
그 울음이 얼마나 처절했으면 동네 사람들까지 다 울게 만들었습니다.
마리아의 울음은 결국 예수님까지 울게 만들었습니다.
진실한 관계는 아픔을 함께 느낍니다. 같이 눈물을 흘립니다.
상주들은 흐느껴 우는데 한켠에서는 술잔을 기울이며 떠들고 화투를 칩니다.

그것도 킬킬대면서 말입니다.

슬픔을 나누기 위해 조문 온 것이 아니라 여러 가지 이유로 마지못해 왔기 때문입니다.

주님은 슬픔을 같이 느낍니다. 마음이 연결된 결과입니다.

그러나 주님은 슬픔을 공유하는 것에 머물지 않습니다.

슬픔을 넘어 사랑하는 이들을 비극으로 몰고 간 사망에 대해 분노하십니다.

마치 매를 맞고 들어온 자식을 보면서 느끼는 부모의 분노처럼 말입니다.

이때 대부분의 부모님들은 헐크로 변합니다.

어떤 놈이든 가만 두지 않을 요량으로 밖으로 뛰쳐나갑니다.

주님이 그렇습니다. 사랑하는 이들을 비극으로 몰고 간 사망이라는 놈을 작살낼 요량으로 주님은 나사로가 묻힌 무덤가로 달려가십니다.

주님은 나를 힘들게 하는 것에 대해 통분히 여기시는 사랑의 하나님입니다.

내가 괴롭힘을 당하는데도 나 몰라라 한다면 진짜 부모가 아닙니다. 진짜 부모는 그럴 수 없습니다.

자식의 아픔이 내 아픔으로, 자식의 슬픔이 내 슬픔으로, 자식의 비극이 내 비극으로 느껴지는 것이 진짜 부모입니다.

주님은 나사로의 무덤을 향하여 나사로 이름을 부르십니다.

"나사로야!"

그러나 그 소리는 나사로를 향한 부르심이 아닙니다. 나사로를 부르셨다면 부드럽고 사랑스럽게 불렀을 것입니다. 그리고 죽은 사람이 들을 리도 없습니다.

귀만 살아 있을 수는 없을 테니까요.

그러나 주님은 크게 소리치셨습니다. 이 큰소리는 나사로를 향한 소리가 아니라 사망을 향한 호통입니다. 마치 이렇게 호통을 치는 것입니다.
"사망아, 나사로를 그만 괴롭히고 놔 주거라!"
지금 주님의 속은 사망을 향하여 분노의 불이 활활 타오르고 있습니다.
내가 힘든 일을 당할 때 주님은 가만히 계시지 않습니다. 주님은 나보다 더 분노하십니다.
주님은 내가 어떤 처지에 있더라도 건져내시는 사랑의 하나님이십니다.
사망에서도 건져내시니 주님이 못 건져낼 위기는 없습니다.
얼마 전 부당하게 나를 괴롭히는 사람이 있었습니다.
마음이 얼마나 상한지 목사 계급장 떼고 한판 붙고 싶었습니다.
그러나 참고 또 참았습니다. 악을 악으로 갚지 말라는 주님의 말씀을 붙들고 견뎠습니다.
그러자 두 달도 지나지 않아 주님이 그 집안을 손보셨습니다.
그 이후로 나를 대하는 태도가 달라졌습니다.
결국에는 눈에 보이지 않게 멀리 이사 가도록 하셨습니다.
그 사람에게 좀 미안한 마음이 들 정도로 주님은 크게 역사하셨습니다.
내가 불의한 자들에게 당할 때 주님은 용처럼 불같은 콧김을 뿜어내십니다.
물이 이스라엘을 삼키려고 할 때 주님은 대단히 화가 나셨습니다.
"여호와의 콧김으로 말미암아 물 밑이 드러나고 세상의 터가 나타났도다." [시 18:15]
주님이 나사로를 크게 부를 때 사망은 기겁을 하고 도망쳤습니다.
주님이 내 이름을 부를 때 나를 괴롭히는 문제들은 일곱 길로 도망가게 되어 있습니다.
이제 나를 괴롭히는 문제를 향하여 직접 큰소리로 꾸짖습니다.
매일 매일 나를 괴롭히는 질병을 꾸짖습니다.
부흥을 막는 침체를 향하여 큰소리로 꾸짖습니다.

성도들의 기업이 번창하지 못하게 하는 적자를 향하여,
성도들의 가정을 파괴하는 음란한 원수를 향하여,
자녀들을 미혹하는 못된 영들을 향하여 큰소리로 꾸짖습니다.
주님은 나에게 큰소리치는 권세를 주셨습니다.
"믿는 자들에게는 하나님의 자녀가 되는 권세를 주셨나니"
사용해 봐야 하나님 자녀의 권세에 얼마나 큰 파괴력이 있는지 알 수 있습니다.
오늘도 생생하게 살아가기 위해 큰소리로 아침을 깨웁니다!

【기도】 주님, 자녀 됨의 권세를 적극 활용케 하소서!
【적용】 기죽지 않기!

PS : 입을 봉하는 일이 있습니다. 문제 앞에서 큰소리쳐야 합니다.
당신은 하나님의 위대한 보이스입니다!

2010년 03월 04일

차가운 수술대!

요한복음 15:1-17

과실을 맺지 못하는 가지는 제하여 버리고 과실을 맺는 가지는 더 맺도록 깨끗하게 하십니다.
과실을 맺는 가지도 깨끗하지 않습니다.
흠이 없는 가지는 없습니다.

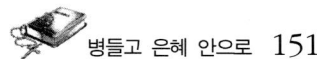

흠이 작을 뿐이지 완벽한 가지는 없습니다.

열매를 맺지 못할 정도는 아니지만 열매를 더 맺을 수 없게 하는 흠은 있습니다.

주인은 그것을 깨끗하게 합니다.

주님이 그렇습니다.

주님은 나에게서 최고를 바라십니다.

풍성하기를 바라십니다.

그래서 작은 흠도 가만 보고 계시지 않습니다.

그런데 깨끗하게 하는 과정이 쉬운 것은 아닙니다.

칼로 흠을 도려내기도 하고, 지독한 약으로 처리하기도 합니다.

수술대에 누워 본 분들은 압니다.

그 깨끗하게 하는 과정이 얼마나 고통스러운지를.

깨끗한 과정은 고통이 따릅니다.

사람은 고통이 따르지 않으면 스스로 돌이키지 않습니다.

죄가 그만큼 끈질깁니다.

애굽의 바로왕은 열 번째 고통까지 가서도 돌이키지 않습니다.

그것이 죄악의 집요함입니다.

고통이 사무쳐야 회개할 마음을 먹기 시작합니다.

그러므로 고통과 고난은 나를 깨끗케 하는 정화제입니다.

놀라운 주님의 은혜는 그런 고통을 견딜 소망과 은혜를 주십니다.

그것이 비전이며 약속입니다.

깨끗케 된 이후에 열매 맺는 비전과 약속을 주십니다.

깨끗하게 만드는 과정을 견디는 것이 만만치 않습니다.

그 긴 고통의 과정을 견딜 수 있는 힘은 열매 맺는 비전을 품는 믿음입니다.

【기도】 주님, 십자가 고통을 나누는 사순절이 되게 하소서! 정금같이 나가기 위한 연단을 잘 견디게 하소서!
【적용】 풍성한 열매 맺는 비전 품기

PS : 거부하고 싶은 고통이 찾아옵니다. 불청객이 아니라 하나님의 천사입니다! GP

 2010년 03월 08일

사랑의 팡파르!

요한복음 16:25-33

보라 너희가 다 각각 제 곳으로 흩어지고 나를 혼자 둘 때가 오나니 벌써 왔도다 그러나 내가 혼자 있는 것이 아니라 아버지께서 나와 함께 계시느니라

[요 16:32]

주님은 홀로 될 것을 말씀하십니다.
제자들은 부정하고 싶겠지만 그리고 다짐하지만 위기가 닥치면 도망칠 것입니다.
위기를 만나면 자신의 의지대로 사는 것이 아니라 본능대로 사는 게 사람입니다.
주님은 도망치는 것을 책망하지 않으십니다.
책망한다고 제자들의 유약함이 강해지는 것이 아님을 아십니다.
나의 강함은 의지에서 나오는 것이 아니라 성령님에게서 나옵니다.
그러나 주님은 혼자가 아닙니다. 주님은 아버지와 함께하십니다.

물론 주님도 인간이시기에 제자들이 함께 있어 주면 큰 위로가 될 것입니다.

그러나 그럴 수도 없습니다. 제자들의 유약함 때문입니다.

힘들 때 사람들과 함께하는 것이 위로가 되지만 위기에서 이길 힘은 하나님과 함께할 때 나옵니다.

하나님은 종종 홀로 있게 하십니다. 아무도 의지할 수 없게 하십니다. 그 이유는 위기를 이길 하나님의 힘을 주시기 위해서입니다.

하나님이 주시는 힘만이 지금의 위기를 이길 수 있기 때문입니다.

홀로 되는 것은 청승을 떠는 전주곡이 아닙니다.

홀로 됨은 하나님을 만나는 팡파르fanfare입니다.

오늘 그 장소로 갑니다. 멀리 멀리 아주 멀리.

아무 방해도 받지 않고 하나님과만 만날 수 있는 그곳으로.

유독 요즘은 하나님이 독대를 원하십니다.

주님의 은혜가 나에게 절실하다는 사실을 나보다 주님이 더 잘 아시기 때문입니다.

오늘 주님의 따듯한 콜링을 받습니다.

【기도】 주님, 잡다한 것에 매이지 않게 하소서!
【적용】 하나님의 시내산 오르기!

PS : 혼자 되는 것은 참 견디기 힘든 아픔입니다. 그러나 위기를 극복할 근원적인 힘을 얻기 위한 진통입니다. 당신은 하나님의 위대한 연인입니다!

2010년 03월 10일

주님처럼 나도 갑니다!

요한복음 17:9-19

지금 내가 아버지께로 가오니 내가 세상에서 이 말을 하옵는 것은 저희로 내 기쁨을 저희 안에 충만히 가지게 하려 함이니이다   [요 17:13]

　주님은 하나님 아버지께로 가실 때까지 온통 제자들에 대한 생각뿐입니다.
　함께 계실 때뿐 아니라 가실 때도 제자들만 생각하십니다.
　주님처럼 세상에서 제자들이 미움을 받을 것이라 생각하니 아버지께로 가는 주님의 발걸음이 천근만근입니다.
　그래서 자기 사람들을 아버지께 당부하고 또 위탁하는 기도를 드립니다.
　주님은 아버지께로 가는 그 순간까지 제자들에게 기쁨을 충만하게 부어 주고 싶어 하십니다.
　주님은 그 끔찍한 십자가 고통을 눈앞에 두고 계시면서도 제자들에게 기쁨을 채워 주시는 일에 온 마음을 쏟으십니다.
　주님이 아버지께로 가셨듯이 나도 갑니다.
　이 사실을 좀 더 일찍 알았다면 좋았을 걸 하는 쓸데없는 생각을 합니다.
　누구나 가는 것을 알지만 누구나 그것을 인식하며 그날을 대비하면서 살지는 않습니다.
　그래서 아버지께로 가는 날이 오면 사람들은 너무 빨리 왔다고 난리를 칩니다.
　가장 적당할 때에 아버지가 부르셔서 가는 것인데 항상 빨리 왔다고

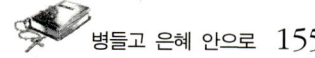

생각합니다.

그 이유는 부르실 때를 대비하면서 살지 않았기 때문입니다.

시간이 많은 줄 알고 이 땅에서 사는 일에만 골몰한 결과입니다.

주님은 아버지께 가시기 전까지 제자들을 사랑하셨습니다.

온 마음과 온몸으로 제자들을 지켜주셨습니다.

그리고 마지막 가시는 순간까지도 제자들을 생각하십니다.

사랑은 어느 날 갑자기 몰아서 할 수가 없습니다.

마지막 날 사랑할 수 있는 것은 마지막이 이르기 전에 사랑했기 때문입니다.

사랑은 개학을 앞둔 학생이 날밤 새며 몰아서 숙제를 하는 것처럼 할 수가 없습니다.

한꺼번에 하는 방학숙제는 천박할 수밖에 없습니다.

그런 숙제는 미리미리 한 품격 있는 숙제를 따라갈 수가 없습니다.

마지막 날에 한꺼번에 나누어 주는 사랑은 결코 고품격의 사랑일 수 없습니다.

사랑은 매 순간 순간 나누는 호흡입니다.

호흡을 한꺼번에 몰아서 할 수 없듯이 사랑도 한꺼번에 몰아서 할 수 없습니다.

주님이 마지막 순간에도 제자들을 사랑하실 수 있는 것은 매 순간 온 마음으로 제자들을 사랑하셨기 때문입니다.

"내일 나도 간다" 그래서 "오늘은 나에게 마지막 날이다"라는 종말론적 인식이 오늘을 후회 없이 사랑하도록 만들어 줍니다.

오늘 사랑을 하지 않으면 내일도 모레도 결국 마지막도 밀린 사랑의 숙제 때문에 아버지께 가는 발걸음은 천근만근입니다.

오늘을 후회 없이 사랑하고 미련 없이 살아야 마지막 발걸음도 가볍습니다.

오늘을 마지막 날인 것처럼 생각하면서 주어진 기회와 과제 그리고 사랑을 미루지 않으려고 합니다.

밖에는 온통 눈으로 덮였습니다.

그렇다고 눈을 핑계 삼아 눌러앉아 있기에는 내게 시간이 너무 없습니다.

저는 내일 아버지께로 갑니다. 아니면 오늘 갈 수도 있습니다.

그래서 머뭇거릴 수 없고, 내일로 미룰 수가 없습니다.

【기도】 주님, 사랑의 숙제 미루지 않게 하소서!
【적용】 환경을 극복하면서 계획대로 진행하기!

PS : 아버지께 가는 날이 있기에 오늘이 최고의 날입니다.
　　　당신은 하나님의 위대한 인생입니다.

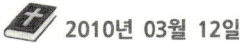 2010년 03월 12일

나는 주님의 어릿광대!

요한복음 18:1-14

사랑을 설파하시는 주님을 따르는 제자가 무장을 하고 있다는 사실이 새삼스럽습니다.

그 칼이 과도 같은 생활용품은 아닐 것입니다.

오랜 여행을 하려면 칼과 같은 호신용 무기가 필요할지 모릅니다.

야수가 출몰할 수도 있고, 포악한 강도를 만날 수도 있으니까요.

하여튼 주님도 베드로의 무장을 묵과하신 것을 보면 칼의 선한 용도가 있었을 것입니다.

칼집까지 있는 칼을 예수님 몰래 가지고 다니기는 힘들었을 테니까요.

인간적으로 보면 베드로는 가장 적절한 때에 칼을 휘둘렀습니다.

자기가 따르던 주님이 위험에 처했는데 무기를 가진 자가 아무 일도 안 한다는 것은 비겁한 일입니다.

주님을 구하는 일이라면 칼이 아니라 돌이라도 던지면서 저항을 해야 마땅합니다.

주님이 체포당하시는데도 겁에 질려 물끄러미 바라만 보는 제자들은 비난받아 마땅합니다.

교회가 어려움에 처해 있는데 남의 일처럼 나 몰라라 한다면 비난받아 마땅하죠.

베드로의 용기는 이 시대에 필요한 용기입니다.

주님을 지키기 위해서라면 무모하더라도 칼을 휘두르는 용맹한 영성이 필요합니다.

교회 어려움 앞에서 내 몸을 사려 왔던 나는 베드로의 투사정신을 본받고 싶습니다.

주님이 베드로의 행동을 책망하셨다고 해서 겁에 질려 아무것도 안 하고 있는 제자들이 미화될 수는 없습니다.

그들이 주님의 깊은 뜻을 헤아려 그렇게 아무것도 안 한 것이 아니기 때문입니다.

나는 그럴듯한 명분 아래 나의 비겁함을 숨긴 채 살아가는 비겁자가 아닌지 돌아봅니다.

주님의 지적처럼 분명 베드로는 칼을 적절하게 사용하지는 않았습니다.

혼자서 그 많은 군사들과 싸우려 했다면 그것은 분명 만용입니다.

주님의 뜻을 헤아리지 못하고 칼을 휘둘렀다면 베드로는 분명 어릿광대입니다.

그러나 베드로의 중심에서 불타고 있는 그 투사정신만큼은 천만금을 주고라도 사고 싶습니다.

이 핑계 저 핑계 대 가며 몸을 사리는 나와 교회의 모습이 오버랩 됩니다.

그럴듯한 구실 뒤에 숨어서 앞장서기를 꺼리는 나의 모습입니다.

앞장서는 자리는 남들보다 더 많은 희생을 감당해야 하기에 약삭빠르게 뒤로 물러나는 나의 모습입니다.

죽을 때 죽더라도 단 하루만이라도 이 한 몸 던지는 투자정신으로 살고 싶습니다.

비겁한 자로 살면서 매일 매일 죽는 것보다 용감한 자로 한 번 죽는 삶을 동경합니다.

비굴하게 연명하기보다는 당당하게 살다 가고 싶습니다.

여러 가지 위협 앞에 겁을 먹고 있는 나에게 큰 용기가 필요함을 아신 주님께서 이 아침에 용기를 주십니다.

어릿광대는 무슨 일에 앞잡이로 나서서 그 일을 시작하기 좋게 만들어 주는 역할을 합니다.

나는 주님의 어릿광대로 살고 싶습니다.

그거 용기 없으면 못하기에 오늘도 주님이 용기를 부어 주시기를 간절히 바랍니다.

길고 오래 사느니 짧더라도 주님의 어릿광대로 살고 싶습니다.

【기도】 주님, 제가 사는 모습이 세상 사람들에게 웃음거리가 될지 모르나 저의 삶이 주님을 널리 알리는 어릿광대로 쓰임 받게 하소서!

【적용】 좁을 길 가기!

PS : 사람 눈치 볼 일 많습니다. 주님이 눈동자처럼 지키시니 주님과 눈을 마주쳐야 살길이 보입니다. 당신은 하나님의 위대한 어릿광대입니다!

 2010년 03월 26일

쓰레기 더미에 앉아서!

요나 2:1-10

요나가 물고기 뱃속에서 그 하나님 여호와께 기도하여   [욘 2:1]

요나는 물고기 뱃속에서 기도합니다.

물고기 뱃속은 기도할 수 있는 환경은 아닙니다.

큰 물고기를 잡아서 배를 갈랐더니 소화가 안 되었는지 먹은 것들이 그대로 들어 있었습니다. 어떤 것은 반쯤 소화가 된 것도 있고, 어떤 것은 그대로 보존된 상태로 있었습니다.

먹은 것들이 소화되면서 가스를 내뿜고, 그 냄새는 이루 말할 수 없을 것입니다.

마치 음식물 쓰레기통을 방불케 하는 것이 물고기 뱃속입니다.

그런데 요나는 거기서 기도합니다. 숨도 쉬지 못할 공간에서 말입니다.

하나님은 종종 삶의 여유를 빼앗아 가십니다.

왜냐하면 그 삶의 여유가 기도를 못하게 하기 때문입니다.

하나님은 견디기 힘든 환경으로 이끄셔서 죽었던 기도를 살리십니다.

환경을 탓하면서 기도가 안 된다고 합니다.

냄새나는 지하라서, 음악이 마음에 안 들어서, 시끄러워서….

다 배부른 소리입니다.

마음에 기름이 끼면 아무리 좋은 환경이라도 기도가 안 됩니다.

그러나 당장 숨이 넘어갈 정도로 절박한 상황이 되면 기도가 저절로 됩니다.

기도는 환경의 문제가 아니라 내적 상태의 문제입니다.

하나님은 사랑하는 요나를 숨이 껄떡껄떡 넘어가는 물고기 뱃속으로 인도하십니다.

요나에게 기도를 회복시키기 위해서입니다.

회개기도를 통해 주님과의 관계를 회복시키시기 위해서입니다.

숨이 넘어갈 정도로 절박한 문제는 기도의 자리로 부르시는 주님의 신호입니다.

주님은 사랑하는 자들에게 수시로 절박한 문제를 주시므로 늘 주님께 기도하게 하십니다.

좀 여유만 있으면 기도하지 않으려는 사람을 하나님은 너무 잘 아시기 때문입니다.

바울은 몸에 큰 장애가 있었지만 그곳을 통해 주님의 은혜를 공급받았습니다.

약한 그것이 곧 강함의 샘이 되었던 것입니다.

지금 나의 목을 죄는 듯한 절박한 문제가 있습니다.

이 문제 때문에 주님의 깊은 은혜 안으로 들어갈 수 있습니다.

깨닫고 보면 그 숨넘어가게 하는 절박한 문제는 하나님이 보낸 천사입니다.

늘 주님의 은혜가 없이는 살 수 없다는 가난한 심령이 기도하게 만듭니다.

나 혼자서 잘 살 수 있다는 부요한 심령은 기도를 막는 영적 쓰레기입니다.

【기도】 주님, 숨이 넘어가는 문제를 주심을 감사합니다. 더 깊은 주님의 임재 안으로 들어가게 하소서!
【적용】 산기도 계속 진행하기!

PS : 숨넘어가는 일이 나타납니다. 숨 가쁜 기도만이 살길임을 보여 주시기 위한 주님의 은총입니다. 당신은 하나님의 위대한 기도꾼입니다!

묵상의 향기 3

(2010년 4월부터 2010년 8월까지)

예레미야/히브리서 말씀 중에서

병·들·고·은·혜·안·으·로

 2010년 4월 1일

불행의 출구, 행복의 입구
이사야 53:7-12

그가 곤욕을 당하여 괴로울 때에도 그 입을 열지 아니하였음이여 마치 도수장으로 끌려가는 어린 양과 털 깎는 자 앞에 잠잠한 양같이 그 입을 열지 아니하였도다
[사 53:7]

   주님은 괴로움을 당할 때에 입을 열지 않으셨습니다.
   압력이 가해지면 물체는 팽창을 합니다.
   그 압력을 다른 곳으로 발출시키지 않으면 결국 터집니다.
   사람들은 괴로움을 당하면 입을 열어 소리를 지름으로써 압력을 분출시킵니다.
   만약 괴로움을 당하면서도 입을 다물고 있으면 결국 미칩니다.
   입을 열어 울든지 소리를 질러야 살 수 있습니다.
   통곡과 울부짖음은 인간이 가진 자기방어기제입니다. 소리를 지르므로 살게 됩니다.
   가시에만 찔려도 사람은 소리를 지릅니다.
   소리를 지르므로 고통의 압력이 몸 밖으로 빠져나가 고통의 질량이 감소합니다.
   그런데 주님은 그 모진 괴로움을 당하면서도 입을 열지 않으십니다.
   조금도 몸 밖으로 빠져나가지 않도록 입을 굳게 다무십니다.
   괴로움을 몸 안에 그대로 채우십니다.
   주님은 괴로움에 저항하지 않으십니다.
   그 괴로움이 어디서부터 왔는지를 아시기 때문입니다.
   주님이 당하시는 괴로움의 질량은 누군가가 누릴 평안의 질량입니다.

주님이 당하시는 괴로움이 크면 클수록 누군가가 누릴 기쁨은 정비례합니다.

주님이 당하시는 괴로움의 질량은 하나님 아버지의 기쁨의 크기입니다.

주님이 당하시는 괴로움의 크기는 내가 누릴 평안과 정비례합니다.

내가 누리는 평안을 빼앗기지 않는 이유는 주님이 끝까지 채우신 괴로움 때문입니다.

주님이 괴로움을 당하므로 내가 평화를 누리게 되었습니다.

주님이 완벽하게 괴로움을 당하므로 내가 완벽한 즐거움과 평안을 누리게 되었습니다.

나의 괴로움은 누군가를 위한 선물입니다.

엄마가 당하는 산고의 진통은 아이에게는 생명의 선물입니다.

소리를 질러 불평한다거나 원망하면 부서진 선물입니다.

괴로움을 당할 때 영성의 크기가 드러납니다.

괴로움을 당할 때 잠잠할 줄 아는 사람은 영성이 깊은 사람입니다.

반대로 엄살을 부리거나 호들갑을 떨면 천박한 영성입니다.

얕은 물은 소리를 담아내지 못하고 다 분출합니다. 그래서 요란합니다.

그러나 깊은 바다는 고요합니다. 온갖 소리를 다 담아냅니다.

입은 행복의 입구인 동시에 불행을 쏟아내는 출구입니다.

입을 두 가지로 표현합니다. 행복의 입구는 입이지만 불행의 출구는 주둥이입니다.

【기도】 주님, 제게 주어진 괴로움의 분량을 채우게 하소서!
【적용】 엄살 부리지 않기, 괴로움을 전가시키지 않기!

 2010년 4월 10일

불편한 대면
예레미야 3:1-10

요시아 왕 때에 여호와께서 또 내게 이르시되 너는 배역한 이스라엘의 행한 바를 보았느냐 그가 모든 높은 산에 오르며 모든 푸른 나무 아래로 가서 거기서 행음하였도다 그가 이 모든 일을 행한 후에 내가 말하기를 그가 내게로 돌아오리라 하였으나 오히려 내게로 돌아오지 아니하였고 그 패역한 자매 유다는 그것을 보았느니라

[렘 3:6, 7]

남유다는 북이스라엘의 멸망을 지켜봤습니다.
참 다행이라고 생각했을 것입니다.
자신들이 멸망당하지 않은 것에 대해서 말입니다.
북이스라엘의 멸망을 지켜본 유다는 주님께 돌아갑니다.
그러나 진심으로 돌아간 것은 아닙니다.
북이스라엘이 당한 멸망을 피해 볼 요량으로 돌아가는 시늉만 했습니다.
당장에 당할 어려움 때문에 주님께 돌아갈 마음을 먹지만 그 어려움이 진정되면 도루묵입니다.
급할 때는 회개도 하고, 서원도 합니다.
그러나 그것은 진정한 회개가 아니고 면피용에 불과합니다.
징벌을 통한 회개의 한계입니다.
자발적이고 즉각적인 회개는 사랑을 통한 회개입니다.
하나님과 자신을 대면하는 1차 피정을 통해 깨달은 것은 회개의 위선입니다.
당시에는 진정 어린 회개라고 여겼던 죄들이 거짓 회개였음을 알았

습니다.

그것을 주님은 이미 아셨습니다. 나만 늦게 안 것입니다.

그렇게 진심으로 회개하지 못하는 나를 위해 주님은 그 매로 스스로를 치십니다.

나를 쳐도 안 되는 것을 아시고 주님은 스스로에게 매를 내리치십니다.

마치 아이를 매로 타일렀지만 고쳐지지 않는 것을 안 엄마가 이제는 자신의 종아리를 치는 것과 같습니다.

아이는 엄마의 하얀 종아리에 새겨진 피멍을 보면서 드디어 자신의 죄를 통감합니다.

아이는 엄마의 피멍 자국을 부둥켜안고 다시는 그러지 않겠다며 엄마를 말립니다.

아이는 자신의 죄가 엄마를 얼마나 아프게 했는가를 알게 됩니다.

십자가는 하나님이 스스로에게 휘두른 매입니다.

하나님이 독생자를 치시는 그 잔혹한 매를 통해 나의 죄를 향한 하나님의 분노를 간접적으로 읽습니다.

하나님의 분노를 내가 직접 감당할 수 없음을 하나님은 아셨습니다.

자신을 징치하시는 주님의 분노 안에서 나를 향한 사랑을 가슴 뭉클하게 느낍니다.

거짓으로 돌아가는 나를 잘 아시는 주님이 나를 진심으로 돌이키게 만드십니다.

십자가는 진심으로 주님을 치신 사랑입니다.

십자가에서 나를 향한 주님의 사랑이 어떠함을 통감합니다.

주님의 사랑은 진심입니다.

나의 회개는 거짓이지만 주님의 사랑은 진심입니다.

주님의 진실한 사랑 앞에서 나의 거짓은 설 자리를 잃고 맙니다.

주님의 십자가는 늘 불편합니다.

십자가는 거짓된 나와 진실한 주님과의 불편한 만남입니다.

【기도】 주님, 진정한 회개는 요원하게만 보입니다. 자비로우신 주님의 십
자가에 기대고 싶습니다!
【적용】 회개와 대면하기!

 2010년 4월 18일

하나님의 잔소리 - 레토릭

예레미야 5:20-31

너는 이를 야곱 집에 선포하라며 유다에 공포하여 이르기를 우준하여 지각이 없으며 눈이 있어도 보지 못하며 귀가 있어도 듣지 못하는 백성이여 이를 들을지어다
[렘 5:20, 21]

주님은 이스라엘 백성은 눈이 있어도 보지 못하며 귀가 있어도 듣지 못한다고 말씀하십니다. 눈이 없어서 보지 못하는 것이 아니고, 귀가 없어 듣지 못하는 것이 아닙니다.
겉은 멀쩡한데 그 기능이 작동하지 못하는 것입니다.
이 말씀은 하나님이 이스라엘을 향하여 흔히 사용하시는 레토릭입니다.
특히 계시록에서 교회들에게 많이 사용하시는 레토릭입니다.
"귀 있는 자는 성령이 교회들에게 하시는 말씀을 들을지어다."
이런 레토릭을 사용하시는 이유는 말씀을 듣지 못하고 있기 때문입니다.

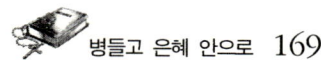

귀는 있지만 듣지 못하는 귀입니다.

사람의 소리를 잘 듣지만 하나님의 음성은 감청이 불가능한 상태입니다.

소통은 쌍방 간에 이루어지는 커뮤니케이션인데 이스라엘은 듣지 못합니다.

주님은 한순간도 쉬지 않고 말씀하시고 계신데 이스라엘은 듣지 못합니다.

하나님도 대단하십니다.

그만큼 듣지 않았으면 포기하실 만도 한데 하나님은 또 들으라고 하십니다.

하나님은 포기하지 않으십니다. 들을 때까지 말씀하시는 사랑의 하나님이십니다.

이스라엘의 귀와 눈은 정상입니다.

다른 소리로 가득 찼고, 다른 이미지들이 눈을 가리고 있을 뿐입니다.

다른 소리를 듣고 있는 동안 하나님의 소리는 들리지 않습니다.

다른 것을 보고 있는 동안은 하나님이 가리키는 방향을 볼 수 없습니다.

봐야 할 것을 보지 않고, 들어야 할 소리를 듣지 않으면 어리석음이 친구처럼 다가옵니다.

지혜는 아이큐가 아닙니다.

지혜는 봐야 할 것을 보는 것이고, 들어야 할 소리를 듣는 것입니다.

고속도로 주행시 표지판이나 네비게이션을 의지합니다.

강릉으로 가야 할 사람이 아차 하는 순간 부산으로 가는 진입로로 들어갑니다.

잠시 한눈을 팔았습니다. 그러나 그 대가는 너무 혹독합니다.

겉이 멀쩡한 것보다 영적기관의 기능이 멀쩡한지 돌아보는 주일입니다.

주님의 십자가로 막힌 귀를 "뻥" 뚫고 싶습니다. 주님도 시원하고, 나도 시원하게.

【기도】 주님, 주의 음성을 놓치지 않게 하소서!
【적용】 귀 기울여 듣기!

 2010년 4월 19일

감칠맛 나는 그러나 죽이는 드레싱

예레미야 6:1-15

여호와께서 말씀하시되 내가 그 땅 거민에게 내 손을 펼 것인즉 그들의 집과 전지와 아내가 타인의 소유로 이전되리니 이는 그들이 가장 작은 자로부터 큰 자까지 다 탐남하며 선지자로부터 제사장까지 다 거짓을 행함이라 그들이 내 백성의 상처를 심상히 고쳐주며 말하기를 평강하다 평강하다 하나 평강이 없도다
[렘 6:12-14]

선지자와 제사장들은 백성을 치료하는 직분을 맡았습니다.
그들은 심각한 상태에 있는 백성들을 대수롭지 않은 것처럼 치료합니다.
중병에 걸려 죽어 가는데도 큰 일 없을 것이니 안심하라고 합니다.
그들은 평강을 남발합니다.
참평강은 심각한 병을 치료한 후에 얻어지는 결과임에도 치료의 과정을 생략한 채 평강을 남발합니다.

그들은 백성들의 심각한 상태를 대면할 영성을 상실했습니다.

백성들의 심각한 상태를 치료할 치열한 직업정신을 팔아먹었습니다.

백성들을 고쳐주는 일에 관심을 갖지 않고 돈 버는 일에만 정신이 팔렸습니다.

치료하기 위해서는 환부를 펼쳐 대면해야 하고, 치료하는 동안 환부에서 튀기는 피도 묻혀야 합니다.

그래서 한 명을 제대로 고치고 나면 탈진상태에 빠지는 것이 정상입니다.

그런데 관심이 치료에서 돈으로 옮겨지자 그렇게 힘들게 할 이유가 없어졌습니다.

대충 치료하고 평강진단서만 남발하는 게 훨씬 편하게 사는 것임을 터득했습니다.

그것은 자신을 속이는 일이고, 결국 자신을 죽이는 일입니다.

백성들의 심각한 상태를 기피하는 이유는 자기 안에도 그것이 있기 때문입니다.

백성들에게 평강을 남발하는 동안 결국은 자신도 평강하다고 믿게 됩니다.

엄청난 착각인데도 그것을 믿어 버립니다.

썩어 가는 환부에 살짝 드레싱만 합니다.

드레싱 맛에 속으면 진짜 맛을 잃어버립니다.

맛이 없는 음식일수록 여러 가지 드레싱으로 떡칠을 합니다.

평강으로 살짝 드레싱해 주므로 감칠맛에 중독시킵니다.

조미료에 속는 것입니다. 그게 독약인지 모르고 말입니다.

목사로서 말씀으로 성도들의 치부를 드러내고 치료하는 일은 힘든 일입니다.

엄청난 에너지가 소요되는 일입니다.

그래서 충만하지 못하면 자꾸 기피하고 싶어집니다.

십자가로 수술해야 하는데 그것이 힘들고, 또 나도 그런 심각한 상태이니 피하고 싶어집니다.

결국 듣기 좋은 설교만 남발합니다. 좋은 말씀으로 살짝 드레싱만 해 줍니다.

그러면 예배 후 문을 나서는 성도들이 감사를 남발합니다.

식사대접도 하겠다고 근사한 뷔페 초청장을 받기도 합니다.

죄 짓고 사는 것을 눈감아 줄 뿐만 아니라 격려까지 해주니 감사한 것이죠.

평강을 남발하니 초청장과 감사장이 날아옵니다. 편히 목회하는 방법입니다.

그렇지 않고 당장 보이는 대로 말씀으로 수술을 하면 나는 기피의 대상이 됩니다.

그리고 은혜가 없는 목사라는 말이 돌기 시작합니다. 그러면 목회가 외롭고 힘들어집니다.

드레싱용으로 사용하는 좋은 말씀은 심각한 상태로 살아도 된다는 인증서가 됩니다.

피정 중에 절실하게 나의 목회를 되돌아보게 되었습니다.

결론은 방향 전환입니다.

살짝 겉멋만 들게 하는 드레싱 목회가 아니라 진짜 예수의 맛을 내게 하는 피 튀기는 목회로의 전환입니다.

손에 피를 묻히기로 했습니다.

피 튀기는 치열한 수술 후에 얻어지는 평강이 진짜 평강이라는 것을 알기까지 시간이 너무 오래 걸렸습니다.

갈 길은 멀고 시간은 짧으니 마음이 조급해질 뿐입니다.

조급하면 실수하기 쉬운데 말입니다.

【기도】 주님으로부터 먼저 말씀으로 수술받게 하소서!
【적용】 정확한 사실을 왜곡하지 않기!

 2010년 5월 7일

찢겨진 면사포
예레미야 13:20-27

네가 심중에 이르기를 어찌하여 이런 일이 내게 임하였는고 하겠으나 네 죄악이 크므로 네 치마가 들리고 네 발뒤꿈치가 상함이니라 [렘 13:22]

주님은 유다의 수치를 드러내십니다.
주님은 부끄러운 곳을 가리고 있는 유다의 치마를 들춰내십니다.
그래서 유다는 열방 한가운데서 부끄러움을 당합니다.
주님은 은밀한 것을 드러내십니다.
밀양密陽은 주님의 사랑입니다.
주님은 어둡고 은밀한 곳에 빛을 보내 주시는 사랑의 하나님이십니다.
음습한 그곳에서 인생을 파탄시키는 곰팡이가 자랍니다.
주님은 그곳을 들추십니다.
은밀한 그곳이 전부를 망가트리기 때문입니다.
죄의 드러냄을 받아 부끄러움을 당하는 것은 복 있는 사람입니다.
부끄러움은 고통이지만 동시에 치유입니다.
부끄러움을 당하는 고통은 치유의 은혜가 주는 선물에 비하면 세발의 피입니다.

부끄러움은 잠시이지만 치유 이후의 은혜는 영원합니다.
이 땅에 사는 동안 나의 수치가 드러나는 것은 주님의 은혜입니다.
주님은 사랑하는 사람들의 수치를 드러내십니다.
주님은 내가 부끄러움 없는 삶을 살기 바라십니다.
끝까지 죄가 가려지는 것은 다행이 아니라 재앙입니다.
기회를 잃고 심판대 앞에서 드러나면 돌이킬 수 없기 때문입니다.
가려진 그곳이 주님과의 대면을 부끄럽게 만드는 면사포입니다.
죄는 하나님과 대면하는 내 얼굴을 가리게 합니다.
하나님 은혜의 보좌 앞에 담대하게 나아가지 못하게 하는 것이 죄입니다.
주님은 그 면사포를 찢으십니다.
주님은 나의 얼룩진 면사포를 걷어내시고 얼굴과 얼굴로 대면하기 바라십니다.
이제 휘장은 찢어져 못쓰게 되었습니다.
가려졌던 휘장은 이제 걸레가 되었습니다.
부끄러움은 치유의 과정입니다. 부끄러움 없는 치유는 없습니다.
주님은 부끄러움의 고통을 잘 아십니다.
직접 체휼하셨습니다. 십자가에서.
내가 부끄러움을 견딜 수 있는 것도 십자가에서 온몸으로 부끄러움을 당하신 주님의 은혜 덕분입니다.
그렇지 않았다면 부끄러움을 견디다 못해 나도 부엉이 바위에서 뛰어내리고 말 것입니다.
이제 더 이상 누더기 같은 면사포는 필요 없습니다.
이제는 믿음으로 주님께 나아갈 담대함을 얻었습니다.
나는 지금 부끄러움의 한가운데를 지나고 있습니다.
부끄러움은 나에게 사망의 음침한 골짜기입니다.

막대기가 나를 안위하십니다.
막대기는 부끄러움의 골짜기를 지나는 나를 안위하는 십자가입니다.

【기도】 주님, 부끄러움을 통해 치유되는 은혜를 주시니 감사합니다.
【적용】 은밀한 부분을 드러내기!

2010년 5월 15일

혼과 영에서 관절과 골수까지
예레미야 17:12-18

여호와여 주는 나의 찬송이시오니 나를 고치소서 그리하시면 내가 낫겠나이다
나를 구원하소서 그리하시면 내가 구원을 얻으리이다　　　　　[렘 17:14]

예레미야는 자기를 치료해 달라고 하나님께 간구합니다.
선지자인 예레미야는 성정을 가진 사람입니다.
모든 이들처럼 병에 걸릴 수 있는 몸을 가진 연약한 질그릇입니다.
병의 본래적 끝은 사망입니다.
예레미야는 하나님을 치료자로 믿고 있습니다.
굳이 영적인 치료자로만 제한할 필요는 없습니다.
그것은 주님의 전능함에 대한 모욕입니다.
주님은 전인적으로 치료하시는 전능한 하나님이시기에 영혼도 몸도 치료하십니다.
예레미야는 남들이 알지 못하는 병을 가지고 있습니다.

심한 병이기에 그는 생명의 주께 치료해 달라고 간구합니다.

병들면 먼저 의사를 찾는 것이 상식입니다. 그것도 심각한 병일수록 더 그렇습니다.

대수롭지 않은 병은 가볍게 주님께 기도하지만 심각한 병이면 의사에게 먼저 달려갑니다.

의사는 병을 고치는 데 전문가이기 때문입니다. 누구나 아는 상식입니다.

분명 의술이나 의사는 이 세상을 위해 하나님이 주신 일반 은총입니다.

그러나 의사는 완벽하지 못합니다. 전능한 능력이 없습니다.

못 고치는 병이 많고 실수도 자주 합니다.

주님만이 모든 병을 고치시는 치료자이십니다.

못 고치는 병이 없고 실수를 모르시는 완벽한 치료자입니다.

왜냐하면 주님만이 오장육부를 포함한 신체 구석구석을 손수 지으셨기 때문입니다.

믿음의 사람들도 은연중에 상식에 지배를 받고 살아갑니다.

아프면 하나님보다 의사와 약을 먼저 찾습니다.

아프면 병원 갈 계획보다 먼저 기도할 계획을 세우기가 어렵습니다, 의사가 치료자라는 상식에 지배를 받고 사는 결과입니다.

병원에 가면 환자에게 의사는 거의 하나님입니다.

의사의 처방에 목을 매며 의사의 한마디 한마디는 거의 절대적 권위를 갖습니다.

자신을 담당하는 과장 의사와의 면담을 애타게 기다립니다.

면담을 하면 조금이라도 더 상세히 면담하려고 간절히 매달립니다.

성경을 왜곡시키지 않고(공중 권세 잡은 마귀는 상식으로 성경을 왜곡시킨다) 순전하게 믿는다면 주님이야말로 나를 고치시는 진짜 의사입니다.

바울이 병원이나 의사를 찾아다니다가 나중에 하나님께 고쳐 달라고 하지 않았습니다.

바울은 처음부터 자신의 병을 고쳐 달라고 기도했습니다.

물론 하나님이 특별한 뜻이 있어 그 병을 은혜의 통로로 사용하셨지만 바울은 하나님을 치료자로 믿고 살았습니다.

의술은 하나님이 주신 은총이라는 사실을 부정하는 것이 아닙니다.

이 상식을 성경의 진리 위에 두기 때문에 하나님의 치료하심을 바라지 못합니다.

그러니 하나님께 치료해 달라고 구하지도 않습니다.

병이 심각해서 의사도 어쩔 수 없는 상황이 되면 그때 가서 기도나 해 본다고 합니다.

하나님의 영광을 의사에게 바치는 것은 죄입니다.

하나님은 줄기세포 연구가 대세인 21세기에도 여전히 나를 고치시는 전능한 분입니다.

몸에 죽을병이 들었든 죄로 인해 영혼이 망가졌든 하나님을 간절히 찾으면 하나님의 치료의 은혜를 받습니다.

병들었을 때 주님을 찾는 것이 주님을 사랑하는 것입니다.

그런 사람은 주님의 사랑을 입게 됩니다.

"나를 사랑하는 자들이 나의 사랑을 입으며 나를 간절히 찾는 자가 나를 만날 것이라" [잠 8:17]

의사와 약을 찾고 의지하는 정성의 반만 주님을 찾는 일에 쏟는다면 병은 벌써 치료받았습니다.

그랬다면 돈도 시간도 그리고 영광도 허비되지 않았을 것입니다.

나를 고치시는 주님을 간절히 찾기 위하여 오늘 말씀을 붙들고 일찍 산에 오릅니다.

하나님의 말씀은 혼과 영뿐만 아니라 관절과 골수까지 찔러 쪼개기까지 하시니까요.

【기도】 주님, 주님만이 전능한 치료자임을 믿습니다. 저를 고치소서. 그리하시면 제가 낫겠나이다!
【적용】 주님 의지하여 생명 충만한 하루 살기!

2010년 5월 31일

위험한 장난
예레미야 23:33-40

너희는 여호와의 엄중한 말씀이라 말하도다 그러므로 여호와께서 가라사대 내가 너희에게 보내어 여호와의 엄중한 말씀이라 하지 말라 하였어도 너희가 여호와의 엄중한 말씀이라 하였은즉 [렘 23:38]

하나님은 하나님의 말씀을 왜곡시키는 사람들을 벌하십니다.
말씀을 왜곡시키는 것은 하나님의 말씀을 가볍게 여기는 증거입니다.
두렵고 떨림으로 선포하고 들어야 할 말씀을 농담거리로 사용하는 것은 하나님을 무시하는 행위입니다.
하나님의 말씀을 엄하게 선포하고 가르치는 내가 범하기 쉬운 잘못입니다.
나 자신은 선포한 그 말씀을 따라 살지 않습니다.
결국 말씀을 설교용으로나 교육용 도구로 전락시킵니다.
말씀을 이용하는 데는 허둥댈 정도로 발 빠른 반면,
그 말씀을 따라 사는 일에는 달팽이처럼 뭉그적거립니다.
다 말씀을 가볍게 여기는 결과입니다.

말씀을 전문적으로 다루는 내가 가장 조심해야 할 것은 말씀을 가지고 노는 일입니다.

남한테는 하나님의 말씀을 따라 살라고 엄하게 선포하면서도 자신은 그 말씀을 따라 살지 않는다면 결국 말씀을 유희의 대상으로 전락시키는 것입니다.

말씀에 대한 태도는 하나님을 경외하는 것에 다름이 아닙니다.

휘발유 옆에서 불장난하는 아이보다 말씀을 가지고 장난치는 것이 더 위험합니다.

말씀은 불방망이입니다. 잘못 휘두르면 자신이 먼저 화상을 입습니다. 그러나 잘만 휘두르면 말씀은 모든 치욕거리들을 태워 버리는 용광로입니다.

【기도】 주님의 말씀이 도구가 아닌 삶이 되게 하소서!
【적용】 하루 일과 중 성경 읽기를 최우선으로 하기

2010년 6월 1일

말기 암~ 그 사랑의 포승줄이여

예레미야 24:1-10

이스라엘의 하나님 여호와가 이같이 말하노라 내가 이곳에서 옮겨 갈대아인의 땅에 이르게 한 유다 포로를 이 좋은 무화과같이 보아 좋게 할 것이라 [렘 24:5]

바벨론으로 끌려가는 사람들은 훗날 먹기 좋은 극상품 무화과처럼 존귀하게 될 것을 말씀합니다. 하나님은 아무짝에도 쓸모없는 사람들을 누군가를 위한 최고의 선물로 바꾸십니다.

포로가 되어 바벨론으로 끌려가는 것은 불행 중에 불행이며 저주 중에 저주입니다.

그러나 하나님은 그런 저주스런 방법을 통해 그들을 극상품 무화과로 만드십니다.

하나님은 선하십니다. 그러나 그 선하신 것이 반드시 내가 원하는 대로 되는 것을 의미하지는 않습니다.

오히려 하나님의 선하심은 나에게 저주나 불행으로 나타나기도 합니다.

내가 원하는 대로 되면 당장은 좋을지 모르지만 결국은 나를 망치게 됩니다.

나는 세상의 행복을 소유하는 일에 미쳐 있지만 하나님은 나를 독점하시기 전까지는 쉬지 않으십니다. 세상 행복에 소유당한 나를 끌어내어 하나님의 소유로 삼으십니다.

이때 사용하시는 방법이 나를 묶는 것입니다.

무서운 병으로 묶기도 하시고, 돈으로 결박하시기도 합니다.

나를 옴짝달싹 할 수 없게 만드는 결박은 사실은 하나님의 사랑의 포승줄입니다.

마음의 원대로 자유롭게 살다가 세상에 소유당하기보다는 무서운 병에 묶여 주님께 소유당하는 것이 유익하기에 주님은 나를 묶으셨습니다.

고통스럽고 두렵고 조마조마하지만 하나님의 소유가 되어 극상품 무화과가 될 것을 비전으로 내다보며 나를 묶으신 주님을 간절히 우러러봅니다.

제발 살살 묶어 달라고 말입니다.

이 땅에 사는 동안 극상품 무화과가 되어 많은 이들을 위한 선물이 되고 싶습니다.

고통의 정도는 상품의 등급을 결정하는 기준입니다.
헛된 고통은 없습니다. 고통은 주님이 나를 묶는 사랑의 포승줄입니다.
바울도 병에 묶였고, 베드로도 묶였습니다.
온 세상의 선물이신 주님도 묶이셨습니다. 십자가에 꽁꽁.

【기도】 주님, 오늘 하루 충만하게 살아갈 힘을 주시고, 오늘이 마지막인 것처럼 해야 할 일들을 다 할 수 있는 능력과 지혜를 주시옵소서!
【적용】 누군가의 선물로 살기!

 2010년 6월 2일

병들고 은혜 안으로!
예레미야 25:1-11

유다 왕 아몬의 아들 요시야의 십삼 년부터 오늘까지 이십삼 년 동안에 여호와의 말씀이 내게 임하기로 내가 너희에게 이르되 부지런히 일렀으나 너희가 듣지 아니하였으며 [렘 25:3]

예레미야가 23년 동안 부지런히 하나님의 말씀을 전했지만 백성들은 악착같이 듣지 않았습니다.
듣지 않은 대상들을 향하여 23년간이나 선지자 사역을 감당하다니 놀라울 뿐입니다.
이것이 진정한 소명자의 모습이지만 예레미야가 얼마나 힘들었을까요?
5년 넘게 같은 성도들을 대상으로 목회하는데 열매가 미미하자 내 안에서 한 가지 생각이 스멀스멀 고개를 들기 시작했습니다.

"이거 내가 엉뚱한 곳에서 괜한 짓 하는 거 아니야, 더 늦기 전에 목회지를 옮겨볼까!"

이런 생각이 한동안 떠나지 않았습니다.

소명을 받지 못한 자는 자기 이해타산에 발이 빠르지만, 사명자는 오직 하나님의 관심에만 발 빠릅니다.

참선지자는 눈에 보이는 열매에 집착하지 않습니다.

오직 하나님이 주신 사명에만 집중합니다.

수적인 규모가 사명자의 심판 기준이 아닙니다.

사명자의 심판기준은 사명을 따라 살았느냐입니다.

비록 열매가 없을지라도 말입니다.

23년간 한결같이 부지런한 자세로 사명을 그것도 전혀 미동도 하지 않는 들나귀 같은 백성들을 대상으로 감당하다니 고개가 저절로 숙여집니다.

하나님의 말씀이 계속 임하는 동안에 선지자에게는 포기란 없습니다.

그리고 듣지 않는 백성들의 영혼을 불쌍히 보기 때문에 멈출 수도 없습니다.

선지자가 사명을 감당하는 동력은 사례비나 물질적 혜택이 아닙니다.

선지자의 동력은 하나님의 감흥입니다.

예레미야가 열매 없는 사명을 포기하지 않았던 것은 하나님으로부터 계속 말씀을 받았기 때문입니다.

하나님으로부터 오는 감흥과 감동이 목회의 동력입니다.

하나님께서 계속 말씀의 은혜를 주시는 것이 목회자의 초강력 동력입니다.

이것을 돈이나 다른 것으로 대체하기 시작하면 목회는 끝입니다.

말씀의 은혜의 맛이 있는 동안 숫자에 개의치 않습니다.

그러나 이 말씀의 은혜의 맛이 떨어지면 돈 맛으로 목회를 합니다.

사람은 자기가 하는 일에 맛이 없으면 그 일을 지속하지 않습니다. 아니 못합니다.

그래서 아무 맛이라도 대체합니다.

목회는 하나님과의 교감이 중단되거나 희미해지면 끝입니다.

그때부터 눈이 다른 것에 돌아가기 시작합니다.

하나님과의 교감의 맛을 잃은 상태에서 목회하는 것이 가장 불쌍한 일입니다.

십만 명 성도가 모이는 교회에서 목회한다고 해도 하나님과의 영적 교감이 초라하거나 없으면 그것처럼 빈궁한 목회도 없습니다.

그러나 규모가 작은 교회라도 하나님과의 영적 교감이 풍성하게 이루어지고 있다면 누구도 부럽지 않은 부요한 목회자입니다.

예레미야가 23년간 열매 없는 목회를 지속적으로 그것도 부지런히 할 수 있었던 동력은 하나님과의 풍성한 영적 교감에서 나왔습니다.

목회자가 다 잃어버려도, 다 포기해도 절대 놓쳐서는 안 되는 것은 하나님과의 영적 교감입니다.

진짜 이 맛을 알면 돈 맛은 맛도 아닙니다. 또한 무엇과도 바꿀 수 없는 맛입니다.

이것이 사라지면 돈을 밝히기 시작하고 다른 것에 기웃거리기 시작합니다.

건강한 상태에서 하나님과의 영적 교감을 잃는 것보다 비록 병이 들어 육신은 고통스러워도 하나님과의 영적 교감이 깊은 것이 더 값진 복입니다.

육신도 펄펄 뛸 정도로 건강하고 하나님과의 영적 교감도 깊고 풍성하다면 금상첨화입니다.

그러나 그렇게 안 되는 것이 사람임을 하나님이 아십니다.

하나님과의 깊고 풍성한 영적 교감을 누리는 GP는 큰 병을 가지고 사는 경우가 많습니다.
"내 은혜가 네게 족하도다. 이는 내 능력이 약한 데서 온전하여짐이라!"

【기도】 하나님, 육신의 병 주신 것 감사합니다!
　　　　건강을 잃고, 하나님의 나라를 얻게 해 주셔서 감사합니다!
【적용】 주님과의 더 깊은 교감으로 들어가기

 2010년 6월 4일

사랑의 PET - 머리에서 발톱까지

예레미야 25:15-29

이스라엘의 하나님 여호와께서 이같이 내게 이르시되 너는 내 손에서 이 진노의 잔을 받아 가지고 내가 너를 보내는 바 그 모든 나라로 마시게 하라 그들이 마시고 비틀거리며 미치리니 이는 내가 그들 중에 칼을 보냄을 인함이니라 하시기로
[렘 25:15, 16]

하나님은 이스라엘뿐만 아니라 모든 나라도 진노의 잔을 마시게 합니다.
여화와의 이름으로 일컬음을 받은 이스라엘에게 징계의 잔이 내리는 것은 마땅합니다.
그들은 여호와의 사랑의 잔을 마셨던 자들이기 때문입니다. 그것도 배터지게.

그 사랑의 잔을 깨뜨린 이스라엘은 당연히 진노의 잔을 마셔야만 합니다.

그러나 열방들은 왜?

그것도 예외 없이 모든 백성, 모든 방백, 모든 왕들을.

그들은 여호와의 사랑의 잔을 마셔본 적이 없는데.

그들은 여화와의 이름으로 일컬음을 받은 적도 없는데.

원래 진노의 잔은 자녀들에게나 내리는 것이지 사생자는 아니지 않는가?

자녀가 아니면 그 상실한 마음 그대로 내어버려 두시는 것이 하나님이 아니시던가?

진노는 사랑의 뒷면입니다. "하나님이 세상을 이처럼 사랑하사"

주님은 모든 사람이 구원 얻게 되기를 바라십니다.

이것이 이미 이천 년 전에 마지막 때를 선포하시고도 아직도 기다리시는 이유입니다.

형벌이 자유의 전제이듯이 진노는 화평의 전제입니다.

진노하시는 것은 화평을 염두에 두고 있기 때문입니다.

화평의 대상이 아니면 진노할 가치도 없습니다.

모든 열방들에게 진노의 잔을 내리시기 위해 하나님은 무척이나 힘드십니다.

모든 이들에게 향한 하나님의 진노는 끝없는 사랑의 다름 아닙니다.

주님은 지구촌 구석구석을 살피십니다.

하나님의 진노의 대상 하나도 그냥 지나치는 법이 없습니다. 참 꼼꼼하신 분입니다.

주님은 나의 구석구석에 숨어 있는 죄를 박멸하십니다.

주님은 죄의 그 어떤 모양도 그냥 내버려 두는 법이 없습니다.

주님은 내 마음의 은밀한 곳까지 살피십니다.

PET(양전자 방사 단층 촬영법)로 머리부터 발톱까지 숨어 있는 암세포를 찾아내듯이 주님은 샅샅이 살피십니다.
풀무는 금을 연단하지만 주님은 내 마음 구석구석을 연단하십니다.
주님은 뜨거운 말씀으로 내 마음에 숨겨진 은밀한 것들을 태우십니다.
꼼꼼하신 주님 앞에서 얼렁뚱땅 살았던 날들을 회개합니다.
주님은 내가 당신처럼 흠이 없기를 바라십니다.
"내가 거룩하니 너도 거룩할지어다!"
오늘은 주님의 그 꼼꼼하신 사랑 앞에서 대기하고 있습니다.
오늘은 어디를 살펴보실지 옷을 벗고 진찰대 위에 누워 기다립니다.
"머리부터 발톱까지 깨끗할지어다!"

【기도】 주님, 대충 하시는 것을 못 견뎌 하시는 주님께 맡겨짐을 감사드립니다!
       병든 구석구석을 주님의 사랑으로 고쳐주소서!
【적용】 주님 앞에서 마음의 옷 벗기!

2010년 6월 6일

배고픈 설교자, 영광스런 설교자

예레미야 26:1-15

나 여호와가 이같이 이르노라 너는 여호와의 집 뜰에 서서 유다 모든 성읍에서 여호와의 집에 와서 경배하는 자에게 내가 네게 명하여 이르게 한 모든 말을 고하되 한 말도 감하지 말라
[렘 26:2]

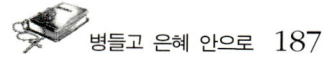

예레미야는 하나님이 전하라고 주신 말씀을 감하지 않고 전해야 합니다.

요즘은 화자 중심이 아닌 청자 중심으로 말씀을 전해야 한다는 것이 대세입니다.

당연합니다.

듣는 사람이 마음을 열지 않으면 아무 소용이 없으니까요.

그러다 보니 청자들의 마음을 사는 일에 너무 애걸복걸하게 됩니다.

그동안 설교 목회를 점검해 봅니다.

하나님이 전하라고 주신 말씀이 아닌 내가 전하고 싶은 말씀을 전했습니다.

하나님으로부터 말씀을 받아야 하는 과정 없이 나의 짧은 지혜를 의지했습니다.

하나님의 말씀을 전하면서도 더하거나 빼면서 전하기도 했습니다.

성도들 눈치를 보았기 때문입니다.

기분 좋은 소리나 하고 마음을 편하게 해 준다는 생각으로 웃기는 소리나 남발했습니다.

중요한 설교시간을 허접한 말들로 채웠습니다.

그래서 설교 중에 하나님의 감흥과 성령의 능력이 나타나지 않았습니다.

그러니 성도들은 변화되지 않았습니다.

성도들이 변화되지 않는 것에 대해 안타까워하거나 가슴을 치는 일도 없었습니다.

그저 성도들이 변화되지 않는 것이 당연한 것인 양 생각했습니다.

사람이란 설교로 바뀌는 것이 아니구나 하는 어처구니없는 생각으로 위안을 삼으면서 말입니다.

그러나 그런 잘못을 바로잡고 싶습니다.

하나님으로부터 말씀을 받는 진통의 시간이 있어야 하고,

일단 말씀을 주시면 더하거나 감하지 않고 전하기로 결단합니다.

그래서 설교가 끝나면 성도들의 반응에 눈치를 살피기보다는 하나님의 눈치를 살필 것입니다.

그래서 비록 성도들의 마음을 얻지 못해 배고프게 살더라도 하나님의 영광이 나타나는 설교자로 남은 목회를 채우고 싶습니다.

하나님의 영광이 나타나는 하나님이 설교자를 풍성하게 먹이실 것을 믿습니다.

시간은 별로 없고 가야 할 길은 멉니다.

얼마가 남았든지 갈 수 있을 때까지는 쉬지 말고 달려가야 할 것 같습니다.

마음이 무척 바쁩니다. 실수하지 말아야 할 텐데.

【기도】 주님, 말씀의 영광을 보여 주소서!
【적용】 하나님의 눈치를 살피며 가감없이 설교하기!

 2010년 6월 7일

마사지 설교자

예레미야 26:16-24

사반의 아들 아히감이 예레미야를 보호하여 예레미야를 백성의 손에 내어주지 아니하여 죽이지 못하게 하니라　　　　　　　　　　[렘 26:24]

예레미야가 하나님이 주신 말씀을 감하지 않고 전했을 때 핍박을 받기 시작합니다.

듣는 사람들의 형편과 처지를 고려해서 하나님의 말씀을 부드럽게 마사지해서 전해야 하는데 그러지를 못하고 그대로 전했기 때문입니다.

현대적 시각으로 보면 예레미야는 실패한 설교자입니다.

청중의 마음을 얻지 못했기 때문입니다.

그러나 예레미야는 성공한 설교자입니다.

하나님의 마음을 얻었기 때문입니다.

요즘 7차 피정을 통해 목회사역 전반에 대해 돌아보는 시간을 가졌습니다.

특히 말씀사역에 대해 하나님의 질타가 많았습니다.

그 이후 사람들이 듣고 싶어 하는 말씀이 아니라 하나님이 주시는 말씀을 전하기 시작했고 성도들의 눈치를 살피지 않고 말씀을 감하지 않고 전하기 시작했습니다.

사실 어려운 일입니다. 매일 보는 성도들입니다. 그들의 연약함과 형편을 잘 알기 때문입니다.

그러나 주님이 주시는 담대함으로 하나님이 주시는 말씀을 전했습니다.

성도들은 회개하기 시작했고 눈에 나타나는 변화가 시작되었습니다.

그러나 일부에서는 다른 반응이 나타나기도 합니다.

교회를 나오지 않고 시험에 들기도 합니다.

인간적으로 시험에 든 성도들을 생각하면 마음이 아픕니다.

한때는 그들과 친밀한 관계를 유지하고 있었기에 더욱 그렇습니다.

하나님이 기뻐하는 설교자가 되는 길이 결코 순탄치가 않습니다.

주님이 주시는 담대함에 붙들리지 않으면 결코 갈 수 없는 길이 설교자의 길입니다.

그래서 오늘도 기도함으로 주님을 의지합니다.

그리고 시험에 들어 나에게 실망한 성도들을 위해서도 계속 사랑으로 기도합니다.

나도 사람이라 나를 싫어하는 성도들을 보면 속이 뒤집어지기 때문입니다.

그들이 나를 미워하는 것은 당연한 것이지만 내가 성도들을 미워하는 것은 주님이 결코 허락하시지 않기 때문입니다.

이 모든 것이 많은 영적 에너지가 소모되고 스트레스 받는 일이지만 그렇다고 옛날처럼 하나님의 말씀을 마사지해서 전할 수는 없습니다. 오늘 특새 설교를 마지막 설교로 여기고 마음을 준비합니다.

하나님의 말씀을 마사지하지 않고 주님이 주신 그대로 전하기 위하여.

【기도】 주님, 담대함을 주소서!
【적용】 하나님이 주신 말씀을 빙자하지 않고 분별하기!

2010년 6월 9일

고물상, 집 그리고 성전

예레미야 27:12-22

만군의 여호와 이스라엘의 하나님이 여호와의 집에와 유다왕의 집에와 예루살렘에 남아 있는 그 기구에 대하여 이같이 말씀하시되 그것들이 바벨론으로 옮김을 입고 내가 이것을 돌아보는 날까지 거기 있을 것이니라 그 후에 내가 그것을 옮겨 이곳에 다시 두리라 여호와의 말이니라 　　　　　　　　[렘 27:21, 22]

이스라엘이 성전의 기물과 왕궁의 기구들을 바벨론에 빼앗깁니다.

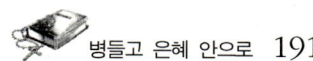

바벨론은 고물상이 아닙니다. 허접한 물건들을 가져간 것이 아닙니다.

바벨론은 이스라엘이 애지중지 여기던 값비싼 물건들만 골라 가져갑니다.

그 물건들은 이스라엘 왕이나 백성에게는 분신이나 마찬가지입니다.

주님은 내가 아끼는 것들을 나에게서 분리시킵니다.

그것들에게 마음을 빼앗기고 살기 때문입니다.

그것들을 나의 보루로 여길 때 그것들을 없이함으로 물건들은 결코 나의 보루가 될 수 없음을 깨닫게 하십니다.

오늘은 내가 아끼고 애지중지하는 물건이 무엇인지 찾아봅니다.

그리고 하나님보다 더 사랑하고 아끼는 것들을 알아서 정리해야겠습니다.

집안 구석구석 손 때가 묻은 물건들이 잔뜩 쌓여 있습니다.

아끼는 것이 많으면 마음이 산만합니다.

아무리 값이 나가도 물건들의 노예로 사는 것은 주님의 뜻이 아닙니다.

내가 가진 물건들이 내 손 안에 있는 것보다 내 손에서 떠나 다른 곳으로 옮겨지면 더 유용하게 쓰일 수 있습니다.

내가 쌓아 두고 있으면 잡동사니에 불과하지만 누군가에게 옮겨지면 제 가치를 발휘하는 블링블링한 보물이 됩니다.

물건들로 자기 마음의 부요를 삼으면 그 물건은 우상입니다.

그렇게 귀한 물건들로 둘러싸이면 이 세상 떠날 때 눈을 감을 수 없습니다.

홀가분하게 살면 홀가분하게 주님께 갈 수 있습니다.

그리고 당장 주님께 가지 않더라도 사는 동안에 물건의 노예에서 해방됩니다.

아끼는 것이 많으면 물건의 노예로 살기 쉽습니다.

그렇다고 무소유로 살 필요는 없습니다. 그럴 수도 없지만.

무소유보다 절제된 소유가 주님이 기뻐하는 삶입니다.
나는 무소유의 전도사가 아니라 주님의 청지기이기 때문입니다.
바벨론이 기물들을 가져갈 때 이스라엘 사람들의 마음이 깨끗해집니다.
바벨론은 이스라엘 사람들의 마음을 청결케 하는 청소부입니다.
그렇게 마음이 제자리를 잡으면 그 보물들 역시 제자리로 돌아옵니다.
그때 이스라엘은 삶의 우선순위가 달라집니다.
First Jesus, and others!
사람은 눈에 보이는 물건에 의해 지배를 받습니다. 진리입니다.
그 물건들을 치우는 만큼 마음을 넓어집니다. 당연히 방도 넓어지구요.
평수가 작다고 아파트를 옮기는 것은 사람이 거주하는 평수 때문이 아니라 물건을 쌓아 두는 평수 때문입니다.
그때 옮겨 가는 아파트는 사람 사는 보금자리가 아니라 고물상이나 마찬가지입니다.
그것을 위해 평생 아등바등 살아갑니다.
물건을 비우는 만큼 하나님의 임재의 평수는 넓어집니다.
그때 내 마음은 성전입니다.
깨끗한 영성은 귀한 물건들을 내 눈에서 치우는 것에서부터 시작합니다.
그것이 나에게 있으면 잡동사니에 불과하지만 요긴한 곳으로 흘려보내면 보물입니다.

【기도】 주님, 물건에 대한 헛된 욕망을 제거하여 주소서!
【적용】 아끼던 도서 정리하여 필요한 이들에게 나눠주기!

2010년 6월 10일

My way… Jeses way… Sky way

예레미야 28:1-16

선지자 예레미야가 선지자 하나냐에게 이르되 하나냐여 들으라 여호와께서 너를 보내지 아니하셨거늘 네가 이 백성으로 거짓을 믿게 하는도다 그러므로 여호와께서 말씀하시되 내가 너를 지면에서 제하리니 네가 여호와께 패역하는 말을 하였음이라 금년에 죽으리라 하셨느니라 하더니 [렘 28:15, 16]

하나냐는 예레미야와는 다른 예언을 선포합니다.
예레미야가 부정을 선포한다면, 하나냐는 긍정을 선포합니다.
당연히 사람들은 하나냐를 선호합니다.
사람들이 조엘 오스틴 목사를 열렬히 사랑하는 것처럼 말입니다.
오스틴 목사를 괜히 타박하는 것이 아닙니다.
허구한 날 그 소리만 하니 사람들로 하여금 균형감을 잃게 만듭니다.
사람들을 행복하게 해 준다고 하는 것이 결국 영적 장애자로 만듭니다.
사람들은 힘들 때 소망의 소리를 듣기 원합니다.
나라에서도 다양한 종류의 소망을 공짜로 나눠주고 있습니다.
경제가 좋아질 것이라고, 전쟁은 안 날 것이라고, 선진국이 될 것이라고.
그러나 그것은 인간 욕망에서 발현된 거짓 소망이지 하나님의 말씀은 아닙니다.
예레미야가 참 외로웠겠다는 생각이 듭니다. 환영받지 못하고 찬밥 신세입니다.
그냥 확 동화되어 편하게 살 수도 있는데 예레미야는 자기의 길을 갑니다.

왜냐하면 그 길이 주님이 지시하신 길이기 때문입니다.

세상 편하게 사는 것이 목표라면 자기 길이 아닌 모든 이들의 길을 가야 합니다.

편하게 사는 것이 성공하는 인생일까?

아니면 힘들더라도 주님이 지정해 준 삶을 사는 것이 성공일까?

무작정 무병장수하는 것이 성공일까?

그렇다면 인생이 거북이보다 나은 것이 무엇인가?

주님이 내게 주신 길은 결코 타협할 수 없습니다.

세상을 보면 주님이 지시하신 길에서 벗어나기 쉽습니다.

한눈팔면 탈선합니다. 두 눈 똑바로 뜨고 주님의 길을 따라가야 합니다.

탈선은 한순간입니다. 아차 하면 탈선입니다.

세상에는 가서는 안 되는 길이 생각보다 많기 때문입니다.

세상은 주님의 길을 가는 사람들을 가만히 두지 않습니다.

주저앉게 하려고 혈안이 되어 있습니다.

온갖 편의를 제공합니다.

예레미야의 목에 걸린 멍에를 꺾어 편하게 해주는 것처럼 말입니다.

불편한 멍에를 메고 주님을 따라가야 합니다.

세상과 주님이 충돌하는데 내가 불편한 멍에 없이 세상을 살 수는 없습니다.

외로움과 불편함은 주님의 길을 가는 사람들의 갑옷입니다.

세상에서의 외로움과 불편함을 벗어 버리면 누드-신앙입니다.

주님 앞에서 부끄러움을 당할 것입니다.

The way.

나의 갈 길은 그냥 길이 아니라 딱 한 길, 바로 그 길입니다.

그 길이 Jesus way 입니다. 그 길이 하늘로 직통하는 Sky way 입니다.

【기도】 주님, 세상에 잘 닦여진 길에서 방황하지 않게 하소서!
【적용】 미혹의 소리에 주의하기!

 2010년 6월 11일

꺾어진 멍에, 자유, 부고장

예레미야 28:12-17

선지자 하나냐가 선지자 예레미야의 목에서 멍에를 꺾어버린 후에 여호와의 말씀이 예레미야에게 임하니라 가라사대 너는 가서 하나냐에게 말하여 이르기를 여호와의 말씀에 네가 나무 멍에를 꺾었으나 그 대신 쇠 멍에를 만들었느니라

[렘 28:12, 13]

선지자 하나냐는 예레미야의 목에 달린 나무 멍에를 꺾어 버립니다.
그러나 하나님은 다시는 꺾어 버릴 수 없는 쇠 멍에를 선포하십니다.
예레미야의 목에 달린 나무 멍에가 얼마나 꼴 보기 싫었을까?
멍에는 부숴 버린다고 없어지는 것이 아닙니다.
나를 힘들게 하는 것들을 강제로 없앤다고 없어지는 것이 아닙니다.
주님이 주신 것이기 때문입니다.
싫어도 받아들여야 하는 일들이 있습니다.
부정하기보다는 수용하는 것이 유익할 때가 있습니다.
억지 인생이 아닌 순리 인생이 성공하는 인생입니다.
나에게 짐 지워진 것과 더불어 살아가는 지혜가 필요합니다.
주님이 주신 멍에는 그렇게 힘들지 않습니다.

나를 잘 아시는 주님이 나를 위하여 맞춤형으로 세심하게 만드셨기 때문입니다.

그것을 부숴 버리려다가는 더 무거운 멍에를 떠안게 됩니다.

주님이 주신 멍에를 인정하고 받아들이자 삶이 새로워졌습니다.

힘들게 하는 것이 나쁜 것이 아닙니다.

힘들게 하는 것 때문에 인생을 재발견하게 됩니다.

멍에로부터의 탈출 그것은 곧 인생 부고장입니다.

멍에는 미혹당하기 쉬운 세상에서 영혼을 잠들지 않게 하는 각성제입니다.

고통의 멍에를 벗어던지는 순간 자유로울 것 같지만 그때가 바로 인생이 추락하는 때입니다.

고통은 주님이 임하시는 비밀통로입니다.

묵묵히 멍에를 지고 가는 성도에게 주님은 동행하십니다.

주님의 십자가 나무 멍에는 아버지 하나님이 현현하시는 비밀통로였듯이 말입니다.

【기도】 주님, 오늘도 고통의 멍에 때문에 내 육신과 영혼이 깨어납니다. 육체의 남은 때를 주님과 동행하며 주님 뜻대로 살게 하소서!

【적용】 고통에 감사하기!

병들고 은혜 안으로

 2010년 6월 16일

불치병 그 이후
예레미야 30:12-24

나 여호와가 말하노라 그들이 쫓겨난 자라 하며 찾는 자가 없는 시온이라 한즉 내가 너를 치료하여 네 상처를 낫게 하리라 [렘 30:17]

주님은 아무도 고치지 못하는 불치병을 고치신다고 말씀하십니다.
병을 앓는 사람은 자신의 병을 알립니다. 그 병에 대한 정보를 얻을 수 있기 때문입니다.
빨리 낫고 싶은 마음으로 부르짖는 것이죠.
운 좋게 자신의 병을 고칠 비법을 얻을 수만 있다면 목청이 터져라 부르짖어야겠죠.
병으로 인한 고통이 오죽하면 그럴까 하는 공감이 갑니다.
낫기만 할 수 있다면 무엇이든 못하겠습니까?
낫기만 할 수 있다면 돈이 문제이겠습니까?
누군가 치료 비법을 알려주면 혹합니다.
누군가 그 병을 고치기 위해서는 똥이라도 먹으라고 하면 그렇게 하고 싶은 것이 불치병자의 심정입니다.
그러나 아무 소용없는 짓입니다.
그 병은 약이 고칠 수 없고, 의사가 고칠 수 없는 병입니다.
과학의 시대인 21세기에도 의사가 고치지 못하는 병이 허다합니다.
어느 시대나 의사는 구세주가 아닙니다.
3천 년대가 지나도 의사는 결코 구세주가 아닙니다.
죄로 인한 병은 하나님만이 치료자이십니다.
아무도 그 병은 절대 못 고칩니다. 병의 출처가 독특하기 때문입니다.

그 병의 원인은 죄이며, 출처는 하나님입니다.
그래서 오직 하나님만 치료하실 수 있습니다.
주님 앞에 가기 전까지 낫고자 하는 모든 노력과 비용은 허사입니다.
많은 의원에게 많은 돈만 허비할 뿐입니다.
돈만 허비하는 것이 아니라 금쪽같은 인생까지 허비합니다.
주님은 회개하며 겸손한 마음으로 주께 돌아온 자녀들을 고치시기 기뻐하십니다.
주님이야말로 최고의 명의이십니다.
끈질기게 증식하는 암세포 뿌리보다 죄악의 뿌리가 더 깊고 치명적입니다.
불치병으로 고통을 받게 되면 그 고통으로부터 벗어나기 위해 애를 씁니다.
그러나 먼저 고침 받아야 할 병은 영적인 병인 죄입니다.
육체적인 병에서 해방된다고 해도 영원히 사는 것이 아닙니다.
문둥병에서 고침받은 나아만 장군도, 죽어 썩어 가던 송장에서 살아난 나사로도 결국은 죽었습니다.
영적인 병인 죄에서 해방되는 것은 영원히 사는 문제와 직결되기에 육체의 병보다 우선시되어야 합니다.
그리고 영적인 병인 죄가 치료되면 육체적인 병의 치유는 보너스로 주어집니다.
오늘도 병 낫기 위해 여기저기 떠들고 다니고,
사방을 기웃거리는 나에게 주님은 맞춤형 약속을 주십니다.
"내가 너를 치료하리라!"
아멘!
모든 병의 치료자이신 주님에 대한 믿음 없음은 치료를 지연시킵니다.
"그가 네 모든 죄악을 사하시며, 네 모든 병을 고치시며, 네 생명을 파멸에서 속량하시며"

  하나님에게는 감기 말기나 편도암 말기나 마찬가지입니다.
  하나님에게는 활명수로 해결된 소화불량이나 말기 위암이나 마찬가지입니다.
  그래서 오늘 아침에도 이런 기도가 필요합니다.
  "주님, 믿음 없음을 도와주소서!"

【기도】 주님, 헛된 것에 속지 않게 하소서!
【적용】 주님의 치유를 기대하기!

 2010년 6월 20일

말기 암 판정~ 그날 이후로

예레미야 31:31-40

나 여호와가 말하노라 그러나 그날 후에 내가 이스라엘 집에 세울 언약은 이러하니 곧 내가 나의 법을 그들의 속에 두며 그 마음에 기록하여 나는 그들의 하나님이 되고 그들은 내 백성이 될 것이라   [렘 31:33]

주님은 주님의 법을 마음에 기록하여 주십니다.
그래서 주님의 법이 지워지지 않을 것이고 잊혀지지도 않습니다.
이것이 주님의 백성 됨의 표식입니다.
주님의 말씀이 마음에 새겨지지 않는 한 주님의 뜻대로 살 수 없습니다.

말씀이 겉도는 한 주님의 뜻대로 사는 것은 불가능합니다.

개울가에 잠겨 있는 조약돌이 그 겉만 젖어 있는 것처럼 말입니다.

그 조약돌을 물에서 꺼내면 1분도 안 돼서 수분은 감쪽같이 증발해 버립니다.

몇 십 년 동안이나 물에 잠겨 있었는데도 수분이 사라지는 것은 1분도 채 안 걸립니다.

수년 간 교회를 다녔지만 주님이 기뻐하시는 대로 살 수 없었습니다.

주님의 말씀이 내 마음에 새겨지지 않았기 때문입니다.

겉으로는 변화된 것 같은데 속을 보면 여전했습니다.

이 딜레마에서 벗어나게 된 것은 특별한 그날 때문입니다.

그날 이후로 말씀이 겉돌지 않고 내 마음에 마치 바늘로 문신을 새기듯 또렷하게 새겨지기 시작했습니다.

그날 이후로 삶이 달라졌습니다. 드디어 거듭났습니다. 목사가 거듭난 것입니다.

말씀이 나를 다스리기 시작했습니다.

그날 이후로 하나님을 체험하기 시작했습니다.

이제 그 어떤 세미나에도 기웃거리지 않습니다. 하나님을 직접 경험하기 시작했습니다.

이제 드디어 하나님이 나의 하나님이 되셨습니다.

그날 이전까지는 그냥 하나님이셨지만 그날 이후로 나의 하나님이 되셨습니다.

그날 이후로 죄가 더 이상 나를 지배하지 못하게 되었습니다.

습관적인 자범죄들이 사라지기 시작했습니다.

회개가 일어났고 주님이 용서해 주셨습니다.

내가 주님의 사람이라는 확신이 들기 시작했습니다.

그날 이후로 특별한 체험도 하게 되었습니다.

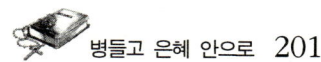

하나님의 천사를 만나는 잊지 못할 일도 경험했습니다.
그날은 누구에게나 찾아옵니다.
나에게 그날은 말기 암으로 판정받은 바로 그날이었습니다.
이스라엘에게 그날은 그냥 오지 않았습니다.
70년 동안의 바벨론 핍박을 지나 그날이 찾아왔습니다.
하나님의 백성이 되는 바로 그날은 각각 다르게 임합니다.
사람의 수만큼이나 다양한 방법으로 그날은 각자에게 도래합니다.
방법이야 천차만별이지만 그날은 누구에게나 있어야 합니다.
그때 비로소 하나님을 알게(체험) 됩니다.
하나님의 은혜를 입은 자에게는 주님 만나는 그날이 있습니다.
그때까지는 만족함이 없고, 죄에 대해 무능합니다.
성도는 그날을 사모하는 사람입니다.
겉도는 신앙에 절대 만족할 수 없습니다. 생명 있는 신앙을 사모합니다.

【기도】 주님, 이제 육체의 남은 때를 주님의 기쁨이 되는 삶으로 채우게 하소서!
【적용】 주님이 임재하시는 예배 사모하기

 2010년 6월 21일

천국 투기꾼
예레미야 32:1-15

여호와의 말씀같이 나의 숙부의 아들 하나멜이 시위대 뜰 안 내게로 와서 이르되 청하노니 너는 베냐민 땅 아나돗에 있는 나의 밭을 사라 기업의 상속권이 네게 있고 무를 권리가 네게 있으니 너를 위하여 사라 하는지라 내가 이것이 여호와의 말씀인줄 알았으므로 내 숙부의 아들 하나멜의 아나돗에 있는 밭을 사는데 은 십칠 세겔을 달아주되 [렘 32:8, 9]

예레미야는 나라가 바벨론에 의해 침략당할 줄 알면서도 밭을 삽니다. 사실 예레미야는 사기를 당한 것입니다. 그것도 친척에게 말입니다.

예레미야를 위한다는 명분을 내세워 땅을 사라고 하지만 하나멜은 곧 똥값이 될 땅을 예레미야에게 팔아넘기는 것입니다.

예레미야는 자신의 한 치 앞 운명도 알 수 없습니다.

바벨론에 의해 포위당해 있을 뿐만 아니라 왕에 의해 궁 안에 갇혀 있는 이중 감옥 신세입니다. 그런데 그가 땅을 삽니다. 그것도 비싼 값을 치르고 말입니다.

물론 예레미야는 먼 훗날 주님이 이스라엘을 권고할 것이라는 것을 압니다.

그러나 그 일은 먼 훗날 일어날 일이고 지금 자신의 처지는 한 치 앞을 예측할 수 없는 시계 제로 상태입니다.

미래적인 말씀을 따라 살기에는 현실이 녹록치 않기에 주저할 때가 많습니다.

현실이 너무 참담할 때 말씀의 성취를 믿는다는 것이 마치 안전망 없이 나아가라 폭포에서 외줄을 타는 것 같습니다.

말씀을 붙들고 살다가도 문득 이런 의심과 염려에 휘말리곤 합니다.
"이러다가 말씀이 이루어지지 않으면 어떻게 되지, 이러다가 쫄딱 망하는 것 아니야!"
남들이 볼 때 예레미야는 바보입니다.
지금은 땅을 살 때가 아니기 때문입니다. 있는 땅을 모조리 팔 때입니다.
말씀의 성취를 믿는 사람은 남들에게 바보 취급 당하는 것을 무서워하지 않습니다.
투기꾼들은 땅에 대해 남다른 열렬함을 가지고 있습니다.
그들은 자다가도 "땅, 땅, 땅" 하는 사람들입니다.
나는 투기꾼이 되고 싶습니다.
나는 천국 땅을 사는 투기꾼이 되는 것을 서슴지 않습니다.
비록 지금 형편이 내일을 기약할 수 없는 말기 상태이지만
미래를 위해 투자하는 일에 나의 소유를 아끼지 않으렵니다.
주님의 권고하심을 붙들고 살기로 했기 때문입니다.
하나님의 복은 말씀에 올인하는 성도에게 임합니다.
어떤 형편에 있든지 내일을 좀 더 아름답게 꾸밀 한 그루 사과나무를 심으렵니다.
미래를 투자하는 성도는 질식할 것 같은 현실에서도 죽지 않습니다.
소망은 하나님의 호흡이기 때문입니다.

【기도】 주님, 말씀의 성취를 믿는 그대로 살게 하소서!
【적용】 선교 후원하기!

 2010년 6월 22일

영적 침체, 그 깊은 늪에서

예레미야 32:16-25

슬프도소이다 주 여호와여 주께서 큰 능과 드신 팔로 천지를 지으셨사오니 주에게는 능치 못한 일이 없으시니이다 주 여호와여 주께서 내게 은으로 밭을 사며 증인을 세우라 하셨으나 이 성은 갈대아인의 손에 붙인바 되었나이다

[렘 32: 17, 25]

예레미야는 현재 전개되고 있는 상황에 대해 혼란스러워합니다.

능치 못함이 없는 주님을 고백하면서도 주님이 하시는 일에 대해서 의구심을 갖습니다.

눈앞에 현실이 내가 바라고 믿는 바와는 다르게 전개될 때 혼란에 빠지게 됩니다.

주님의 모략을 내 이성과 명철로 헤아려 보다가 한계에 이르게 되면 침체에 빠집니다.

주님이 하라시는 대로 순종하지만 현실은 그 반대 방향으로 전개될 때 여지없이 영적 침체에 빠집니다.

현실을 보면 슬퍼집니다.

보는 것과 느끼는 것에 지배를 받기 시작하면서 믿음은 풍랑에 흔들리는 배처럼 요동치기 시작합니다.

이때 염려와 근심 그리고 두려움이 파도처럼 집어삼킬 기세로 달려듭니다.

마음의 안정이 절실한 새벽입니다.

만져지는 것, 느껴지는 것에 의한 두려움이 내 심령을 짓누릅니다.

이때 할 수 있는 최선의 방어는 기도입니다.

주님께 솔직하게 흔들리는 마음을 토로합니다.
가식을 벗어던진 정직한 기도가 최고입니다.
무작정 현실을 부정함으로 얻는 거짓 평화는 오래가지 않습니다.
요동치는 심령을 그대로 주님께 아뢰는 기도가 참평안의 시작입니다.
정직한 기도는 슬픔을 기쁨으로 바꾸는 연금술사입니다.
의구심을 마냥 덮어 두는 것은 헛된 믿음을 양산하는 공장입니다.
무작정 믿어버리는 것은 쉽지만 동시에 위험합니다.
그런 믿음은 역동적인 믿음을 화석화시킵니다.
의심과 갈등으로 인해 침체된 영혼은 치료받아야 합니다.
기도의 시술대 위에서 감추지 말고 그대로 드러내야 합니다.
거짓 기도로 영적 침체를 가리면 위선이 암처럼 전신으로 퍼져나갑니다.
결국 역동적인 믿음을 암 덩어리처럼 고체화시킵니다.
영적 침체를 직면하는 기도는 힘이 듭니다.
그런 기도는 땀이 변하여 핏방울이 되는 기도입니다.
애쓰고 힘쓰지 않으면 못하는 기도입니다.
습관적인 기도는 이런 영적 침체를 덮어둔 결과물입니다.
오늘은 어느 날보다 정직한 기도가 절실합니다.
영적 침체를 통과하는 기도가 믿음의 날개입니다.
침체는 독이 아니라 성장의 동력입니다.
침체를 덮어 두면 성장하지 못하지만 침체의 터널을 통과하면 새로운 길이 열립니다.

【기도】 주님, 정직한 영을 주소서!
【적용】 마음을 살피는 기도하기!

 2010년 6월 25일

꽁꽁 묶인 자유
예레미야 33:1-13

예레미야가 아직 시위대 뜰에 갇혔을 때에 여호와의 말씀이 그에게 다시 임하니라 가라사대
[렘 33:1]

예레미야가 갇혀 있을 때 주님의 말씀이 두 번째로 임합니다.
활동반경이 제한받는 것이 얼마나 답답한 일인지 모릅니다.
예레미야가 엄격히 통제받고 있지만 주님은 말씀을 주십니다.
그들은 예레미야의 활동을 엄격히 통제하지만 주님과의 영적 활동은 통제할 수 없습니다.
오히려 갇혀 있는 상태가 주님과의 영적 활동을 더 활발하게 만듭니다.
사람이 자유롭기에 번잡합니다. 눈코 뜰 사이도 없이 바쁩니다.
이때 주님과의 영적 활동은 제한을 받습니다. 마음을 빼앗겼기 때문입니다.
비록 몸은 자유롭지만 영적 활동은 위축되어 갑니다.
나는 말기 암에 갇히고 말았습니다.
그 이후로 활동반경이나 생각이 상당히 위축되었습니다.
먹고 싶은 것 마음대로 먹을 수도 없습니다.
가고 싶은데 마음대로 갈 수도 없습니다.
마음과 몸이 온통 암 하나에 묶이고 말았습니다.
목에 혹 달고 이것저것 먹으러 다니고, 여기저기 구경 다닐 엄두가 나지 않습니다.
그런 일상의 소소하고 재미있고 자유로운 활동들의 의미가 사라졌습니다.

마치 옛날에 죄인을 가둘 때 목에 씌우는 것처럼 목에 큰 칼을 찬 것 같습니다.

편도암이 나를 산에 가두고 말았습니다. 눈만 뜨면 산에 올라갑니다.

그곳에만 가면 주님과의 교제가 왕성하게 일어납니다.

그렇게 주님과의 영적 활동을 하면 통증도 두려움도 사라집니다.

거기서 주님이 평안을 주십니다.

내 평생 이렇게 주님과의 왕성한 영적 활동을 누린 적이 없습니다.

편도암이 나의 영적 활동의 영역을 극대화시켜 주고 있습니다.

편도암 때문에 영적 활동이 제한 없이 자유롭게 이루어지고 있습니다.

그 전에 몸이 자유로울 때는 영적인 활동은 그 분주함과 허튼 일들로 인해 엄격히 제한되었지만 편도암 이후로는 영적 활동이 전에 없이 왕성해졌습니다.

암이 나의 영적 활동을 억압하는 차꼬들을 다 끊어주었습니다.

나를 몸이라는 감옥에서 탈옥시켰습니다.

사람은 몸이 분주하면 영적인 활동이 위축되게 되어 있습니다.

마르다가 분주하니 주님의 말씀을 듣는 기회가 사라지듯이 말입니다.

그것을 아시는 주님이 영적 생명을 왕성하게 키우시기 위해 나를 암으로 가두셨습니다.

주님은 사랑하는 성도를 망하도록 자유롭게 내버려 두지 않습니다.

주님의 사랑은 포승줄입니다.

영적 활동을 왕성하게 누리는 사람이 자유자입니다.

성도는 갇히는 것을 두려워하지 않습니다.

갇히는 곳이 바로 주님과의 깊은 교제를 이루는 밀실입니다.

요나가 물고기 뱃속에 갇혔을 때, 다니엘이 풀무불에 갇혔을 때, 바울 사도가 차꼬에 차여 어두운 감옥에 갇혔을 때, 영적 활동은 최고로 왕성했습니다.

주님과의 영적 활동의 자유를 누리려면 갇혀야 합니다.

몸도 자유롭고 영적 활동도 왕성하게 누릴 수만 있다면 좋으련만 사람은 그것이 안 되기에 사랑의 주님은 오늘도 나를 가둡니다. 오늘도 나의 감옥, 산으로 스스로 걸어올라 갑니다.

거기서 나는 영적 활동의 자유를 만끽합니다.

갇혀야 자유롭게 살 수 있습니다. 묶여야 영적 날개를 달 수 있습니다. 몸의 자유는 재앙입니다. 그것을 아는 성도는 스스로를 가둡니다. 나를 가두는 감옥은 신령하고 비밀스런 4차원의 세계로 향하는 비상구입니다.

【기도】 주님, 영적 자유를 만끽하며 살게 하소서!
【적용】 몸의 자유를 통제하고 영적 활동을 위해 산으로!

2010년 6월 29일

장수의 재발견

예레미야 35:1-11

그들이 가로되 우리는 포도주를 마시지 아니하겠노라 레갑의 아들 우리 선조 요나답이 우리에게 명하여 이르기를 너희와 너희 자손은 영영히 포도주를 마시지 말며 집도 짓지 말며 파종도 하지 말며 포도원도 재배치 말며 두지도 말고 너희 평생에 장막에 거처하라 그리하면 너희의 우거하는 땅에서 너희 생명이 길리라 하였으므로

[렘 35:6, 7]

레갑 족속은 선조들의 명령을 따라 포도주를 입에도 대지 않습니다.
아예 포도밭 자체를 소유하지 않고 살아갑니다.
집도 짓지 않고 평생 바람에 흔들리는 천막에서만 살아갑니다.
이 같은 독특한 라이프스타일은 레갑 족속의 장수 비결입니다.
레갑은 참 재미없는 족속입니다.
텁텁한 인생을 흥겹게 해주는 포도주 한 모금 마시지 않고 사니 말입니다.
레갑은 참 불안하고 가난한 족속입니다.
땅 한 평, 집 한 칸도 없이 평생을 바람에 흔들리는 천막에서만 사니 말입니다.
축제같이 흥겨운 인생과 견고하고 안락한 삶을 사는 것은
부평초 같은 연약한 인생들의 최고 관심거리입니다.
그래서 이런 것들을 위해 평생 애를 쓰며 살아갑니다.
그러니 정작 추구해야 할 가치들을 놓치고 인생을 허비합니다.
이 땅에 잠시 우거하는 나그네 같은 내가 무엇을 위해 살아가는지,
일시적인 것에 목을 매고 사는지 아니면 영원한 것을 위해 사는지,
육신이 필요한 것이지만 지나치게 육신을 위해 인생을 낭비하지는 않는지 돌아봅니다.
단지 시간적인 개념상으로 오래 사는 것이 진정한 장수는 아닐 것입니다.
삼십 년을 살아도 백 년 산 사람보다 더 장수하며 살 수 있습니다.
반대로 천 년을 살아도 이십 년 산 사람보다 더 단명하며 살 수 있습니다.
인생의 가치는 단순히 시간의 양으로만 측량할 수 없는 그 이상의 가치가 있습니다.
사람은 동물이 아니기 때문입니다.

영원한 가치를 위해 사는 삼십 년은 이 땅의 것들을 위해서 사는 삼백 년보다 더 장수하는 삶입니다.

주님은 종종 육의 무상함을 깨닫게 하기 위해 육신의 장막을 무너뜨립니다.

이것은 재앙이 아니라 주님의 은총입니다.

각종 사고나 질병으로 인해 육신의 장막이 무너질 때 드디어 영혼의 눈을 뜨게 됩니다.

영혼의 눈을 뜨게 될 때 드디어 영원한 삶이 열립니다.

드디어 4차원 세계의 창이 열리기 시작합니다.

이것이야말로 진정 환타스틱한 삶의 시작입니다.

【기도】 주님이 기뻐하시는 삶을 살게 하소서!
【적용】 영원한 가치를 위한 시간과 에너지를 사용하기!

 2010년 7월 2일

스탠바이 수호천사

히브리서 1:6-14

모든 천사들은 부리는 영으로서 구원 얻을 후사들을 위하여 섬기라고 보내심이 아니뇨
[히 1:14]

하나님은 예수님을 믿는 사람들을 위해 천사를 보내셨습니다.
천사의 섬김을 받는 것은 모든 성도의 특권입니다.

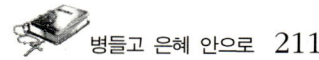

여호와의 천사가 주를 경외하는 자를 둘러 진 치고 그들을 건지시는도다. [시 34:7]

실제로 천사가 나타나면 잘 믿겨지지 않습니다.

헛것을 본 것 같기도 하고, 그냥 사람이겠지 하는 생각이 들기도 합니다.

물론 천사는 영이지만 사람의 모습으로 나타나기도 합니다.

두려워하는 여호수아에게는 강한 군대장관으로 나타나기도 합니다.

아브라함에게도 모세에게도 엘리사에게도 다니엘의 세 친구들에게도 주님은 사랑하는 자들에게 섬기는 천사를 보내주십니다.

아직도 생생합니다,

마지막 7차 피정으로 설악산 대청봉을 오르던 가파른 돌 언덕에서 만난 천사의 모습과 나에게 해 준 말들이 지금도 귓전을 맴돕니다.

그 이후에도 사람의 모습으로 나타났다 사라지는 천사들을 만났습니다.

꼭 필요할 때마다 천사가 나타나 큰 위로와 용기를 주곤 했습니다.

21세기 우주에 로켓을 쏘아 올리는 시대에 천사를 말하면 미개인 취급을 받습니다.

심하면 몽유병환자 취급을 받기도 합니다.

그러나 그런 비난을 두려워하지 않습니다. 하나님이 섬기는 천사를 보내시기 때문입니다.

내가 할 일은 적극 천사를 부리는 일입니다. 상전이 주저하지 않고 종을 부리듯이 적극적으로 천사의 섬김을 요구하려고 합니다.

그 어떤 어려움에도 나를 지키는 천사를 호령하려고 합니다.

천군천사가 보이지 않으면 사시나무 떨듯이 떨 수밖에 없습니다.

그러나 천군천사가 보이면 떨 필요가 없습니다.

믿음의 눈을 열면 나를 섬기기 위해 모든 준비를 마친 천사가 보입니다.

천사를 부리는 것은 주님이 주시는 특권입니다.

오늘 추적추적 장맛비가 오는 산길을 오를 때 천사를 호출하렵니다.

통증을 사라지게 하고 산을 오를 수 있는 기력을 가지고 오라고 호출하렵니다.

나의 형편에 맞춘 수호천사를 보내주신 하나님의 뜻을 따라
천사를 실컷 부려먹어야겠습니다.

성도는 천사의 섬김을 받는 사람입니다.

주님은 광야에서 시험당할 때 천사의 섬김을 받으셨습니다.
"이에 마귀는 예수를 떠나고 천사들이 나아와서 수종드니라" [마 4:11]
광야 같은 인생에서 천사의 섬김은 큰 힘이 됩니다.

천사를 모르거나 믿지 않으면 부릴 수 없습니다.

그러나 천사의 존재를 믿고 적극적으로 호출하면 언제, 어디서든지 천사의 섬김을 받습니다.

【기도】 주님, 눈을 열어 돕는 천사를 보고 적극적으로 부리게 하소서!
【적용】 수시로 천사 호출하기!

2010년 7월 3일

클릭, 클릭 또 클릭 그리고…

히브리서 2:1-10

그러므로 모든 들을 것을 우리가 더욱 간절히 삼갈지니 혹 흘러 떠내려갈까 염려하노라
[히 2:1]

주님이 전해준 구원의 말씀을 흘려듣지 말 것을 경고합니다.

구원의 말씀을 가슴에 새기고 머리에 새겨서 내 삶의 지표로 삼아야 합니다.

구원을 소홀히 여기면 그에 대한 책임을 피할 수 없습니다.

흘려듣는 것과 경청은 엄청나게 다른 결과를 초래하는 분기점입니다.

구원의 말씀이 난무하는 시대입니다.

성경을 가까이할 수 없었던 시절에 비하면 요즘은 구원의 말씀이 차고 넘치는 시대입니다.

너무 많으니 귀한 줄을 모릅니다.

여기저기 교회가 있으니 교회에 대한 경외감도 사라졌습니다.

당연히 목회자에 대한 태도도 옛날과는 사뭇 다릅니다.

넘치는 게 문제가 됩니다.

넘치는 것이 화를 부릅니다.

가난보다 부요함이 사람을 더 망치게 합니다.

심령이 배부르니 구원의 말씀이 가슴을 후벼 파듯이 다가오지 않습니다.

구원의 말씀이 기름진 심령 위로 미끄러져 흘러갑니다. 아깝습니다.

참기름 한 방울 낭비하지 않으려고 손가락으로 병목을 훔쳐서 빨아 먹으시는 어머니 심정처럼 말씀이 흘러 낭비되니 안타까울 뿐입니다.

장마가 시작되었습니다.

장마 때는 물이 차고 넘치지만 정작 마실 수 있는 물은 줄어듭니다.

말씀의 홍수시대는 어느 때보다 위험한 시대입니다.

한 절 말씀도 간절함으로 경청하면 내 영혼을 촉촉하게 적시는 생수가 되지만 그 숱하게 떠도는 말씀들을 한 번의 클릭으로 외면한다면 영혼은 기갈로 죽어갑니다.

구원의 시비가 손가락 한 번으로 갈린다면 나를 지옥으로 이끄는 죄고 공로자는 손가락입니다. 손가락을 함부로 놀릴 일이 아닙니다.

기가 막힌 설교가 없어서 영혼이 피폐해지는 것이 아니라 말씀을 흘려듣기에 영혼은 아사 직전입니다.

요즘처럼 말씀이 잘 들리는 때가 없습니다.

심령이 가난하니 어떤 말씀도 잘 들립니다.

생선 뼈 구석구석을 발라 드시는 어머니처럼 말씀 구석구석을 발라 먹습니다.

그 맛이 기가 막히니 대충 먹고 버릴 수가 없습니다.

다 발라 먹은 것 같아 한쪽으로 치워 놨다가도 다시 집어 또 발라 먹습니다.

희한한 것은 말씀은 아무리 발라 먹어도 다시 집어 들면 또 발라 먹을 것이 나옵니다.

영혼이 교만으로 배부르면 하루에 수천 번 클릭해도 부족합니다.

그 클릭은 결국 화를 부르고 말 것입니다.

클릭 횟수는 내 영혼의 "교만지수"입니다.

【기도】 주님, 말씀을 흘려듣지 않도록 겸손의 영을 주소서!
【적용】 말씀 즐기기!

2010년 7월 4일

"나 떨고 있니?"

히브리서 2:11-18

> 자녀들은 혈육에 함께 속하였으매 그도 또한 한 모양으로 혈육에 함께 속하심은 사망으로 말미암아 사망의 세력을 잡은 자 곧 마귀를 없이 하시며 [히 2:14]

주님이 인간의 몸을 입으시고 죽으시므로 죽음의 공포로 한평생 종노릇하는 나를 해방시켜 주셨습니다.
주님은 죽음의 권능을 가진 마귀를 직접 당신의 죽음으로 멸하셨습니다.
죽음의 공포에 갇혀 주님이 원하시는 인생답게 살지 못하는 비굴한 나를 해방시켜 주셨습니다.
그동안 벌벌 떨면서 살아야만 했습니다.
죽음의 언저리만 가도 지레 겁을 먹고 도망가곤 했습니다.
살기 위해서는 무엇이든 했습니다.
죽지 않는 것이 지상 최대의 목표였습니다.
병이라도 들면 그 병에서 헤어나기 위해 인생을 올인하곤 했습니다.
병이 걸리면 "죽기밖에 더 하겠어!" 하지 못하고 병 앞에 납작 무릎을 꿇고 살길을 찾아 이 병원 저 병원 찾아 헤매야만 했습니다.
12년 동안 혈루증으로 고생하던 여인이 가진 재산을 탕진할 때까지 의사들을 찾아다닌 것처럼 인생과 모든 에너지를 낭비하곤 했습니다.
이젠 그렇게 살지 않으렵니다.
막상 암에 걸리고 보니 그렇게 무서운 것이 아니라는 것을 알았습니다.
밤새 고통에 시달리기도 하지만 견디지 못할 만큼은 아닙니다.
그래서 이제는 죽음 앞에서 엄살떨지 않기로 했습니다.

두려움은 실상을 과대하게 증폭시키는 증폭기입니다.

비닐하우스를 지날 때 빗소리가 더 크게 들리듯이 두려움의 막이 내 영혼을 덮으니 대수롭지 않은 것 앞에서도 벌벌 떠는 일이 일어납니다.

죽음이 두려워 아무것도 못하고 갇힌다면 죽음의 공포에서 해방시켜 주신 주님의 죽음이 무위로 돌아갑니다.

그리고 벌벌 떠는 나를 보면서 비웃을 마귀를 더 이상 그냥 보고만 있을 수 없습니다.

오늘은 주님이 이렇게 격려하십니다.

"아들아, 죽기밖에 더 하겠니, 죽음 그 이후는 내가 책임지마. 두려워 말고 허락한 삶의 분량을 힘차게 살거라!"

드라마 "모래시계"에서 사형장으로 끌려간 최민수가 검사 친구에게 말한 대사가 생각납니다.

"나 떨고 있니?"

죽음에 대한 공포가 삶을 통제하는 컨트롤 타워입니다.

그 컨트롤 타워를 작동시키는 운전기사는 마귀입니다.

그러나 주님은 그 컨트롤 타워를 폭파시키시고 나를 해방시켜 주셨습니다.

이제 나는 죽음에 의해 조종당하지 않고 주님의 자유케 하시는 진리를 따라 삽니다.

【기도】 주님, 그 어떤 고통 앞에서도 해방된 기쁨을 빼앗기기 않게 하소서!
【적용】 사망을 꾸짖기!

 2010년 7월 6일

시련-외로움-우울증 그리고?
히브리서 3:7-19

오직 오늘이라 일컫는 동안에 매일 피차 권면하여 너희 중에 누구든지 죄의 유혹으로 강퍅케 됨을 면하라 [히 3:13]

주님은 서로 격려하여 죄의 유혹으로 마음이 완악해지는 일이 없도록 하라고 말씀하십니다.
나 하나 제대로 사는 것도 힘든데 주님은 다른 사람들을 도우라고 말씀하십니다.
죄의 유혹은 홀로 된 사람들을 공격합니다.
외로운 상태가 영적으로 가장 위험한 때입니다.
사탄은 외로운 사람들을 찾아 나섭니다. 가장 쉽게 죄의 유혹에 넘어가기 때문입니다.
힘든 일을 당하면 고립된 것 같은 외로움에 빠집니다.
그리고 사탄은 이 외로움을 놓치지 않고 공격합니다.
외로움에 빠지면 사탄의 영적 공격에 대항하는 방어능력이 뚝 떨어집니다.
이럴 때 함께할 수 있는 사람이 있다면 큰 힘이 됩니다.
그런 면에서 나는 행복합니다.
나를 그림자처럼 뒤따라 다니는 누님이 계십니다.
내가 아픈 이후로 누님은 하루가 멀다 하고 찾아옵니다.
어떤 때는 지나치다 싶을 정도로 찾아옵니다.
올 때는 빈손으로 오지 않고 몸에 좋다는 것은 다 가지고 옵니다.
그것도 먼 서울에서. 자가용 기름 값도 만만치 않을 것입니다.

나 하나 때문에 너무 고생시키는 것 같아 오지 말라고 해도 막무가내입니다.

그 힘든 산을 땀을 뻘뻘 흘리며 같이 따라 오릅니다.

누님은 기도하시는 권사님이라 영적으로 큰 힘이 됩니다.

힘든 일을 당하면 자꾸 혼자 있고 싶어집니다.

이것이 마귀가 주는 마음이라는 것을 깨달았습니다.

혼자 되게 한 다음 죄의 유혹으로 올가미를 씌우려고 하는 것이 마귀의 전략입니다.

힘들수록 사람들을 곁에 두어야 합니다.

힘든 시기는 친구가 가장 필요한 시간입니다.

도움을 거절하는 것만이 신사가 아님을 알았습니다.

주님은 돕는 자를 보내십니다.

때로는 누님이 또는 친구가 아니면 다른 누군가가 나타납니다.

그런 사람들은 주님이 보낸 천사입니다.

"홀로 있어 넘어지고 붙들어 일으킬 자가 없는 자에게는 화가 있으리라 한 사람이면 패하겠거니와 두 사람이면 맞설 수 있나니 삼겹 줄은 쉽게 끊어지지 아니하느니라" [전 4:10-12]

힘들 때는 적극적으로 친구를 만나야 합니다.

힘들수록 혼자 있고 싶은 마음을 버려야 합니다.

혼자 있을 때 아주 위험하고 극단적인 생각에 빠지기 쉽습니다.

시련-외로움-우울증 그리고?

그 다음은 어떤 일이 벌어지는지 최근 잇달아 일어나는 자살 사건을 통해 알 수 있습니다.

이것이 마귀가 사람들을 지옥으로 끌고 가는 시스템입니다.

그러나 주님은 돕는 자를 보내어 외로움에서 건져주십니다.

힘들 때는 돕는 사람을 마냥 기다릴 필요가 없습니다.

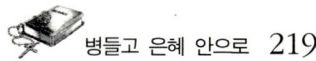

오히려 적극적으로 친구를 찾아 나서야 합니다.

힘들 때 사랑하는 사람으로부터 받는 격려 한마디는 천금보다 귀합니다.

그 격려는 생명과도 같습니다. 그 격려는 죄의 나락으로 떨어지는 것을 막아줍니다.

【기도】 주님, 오늘은 누구를 예비하셨습니까? 속히 돕는 천사를 보내소서! 그리고 나보다 더 힘들어하는 누군가의 도움이 되게 하소서!

【적용】 힘든 사람을 돕기!

 2010년 7월 14일

살아있는 송장

히브리서 7:23-28

예수는 영원히 계시므로 그 제사 직분도 갈리지 아니하나니 그러므로 자기를 힘입어 하나님께 나아가는 자들을 온전히 구원하실 수 있으니 이는 그가 항상 살아서 저희를 위하여 간구하심이니라 [히 7:24, 25]

주님은 항상 살아 계십니다.

주님이 항상 살아 계시는 목적은 항상 나를 도와주시기 위해서입니다.

부모는 자식을 항상 도와주고 싶어 합니다.

그러나 항상 살아 계실 수가 없습니다.

언젠가 고아처럼 나를 버려두고 떠납니다.

그러나 주님은 항상 살아 계십니다.

주님은 내가 힘들어하는 문제 중에서 돕지 못할 문제가 없습니다.

주님은 뭐든지 다 나를 도우실 수 있습니다.

그런데 나는 뭐든지 주님의 도우심을 구하기보다는 내가 다 알아서 하려고 합니다.

그러다 보니 쉽게 지치고 탈진해 버립니다.

나 자신을 힘입어 살아온 지난날들을 돌아보니 쓸데없이 인생을 소모하고 살아온 것이 너무 억울합니다.

나를 힘입어 살아오다 보니 결국 나만 죽을 고생을 했습니다.

그때는 허구한 날 "죽겠다"는 말을 입에 달고 살아야 했습니다.

홍수처럼 밀려오는 인생의 문제들을 내 힘으로 막아 내려다가 오히려 그 문제에 깔려 신음한 채 송장처럼 산 날이 더 많았습니다.

내 힘만 의지하면서 문제들과 싸우다 보니 매번 죽을 고생만 했습니다.

인생의 문제들 앞에서 나의 힘은 역부족이라는 것을 이제야 알게 되었습니다.

이제 남은 인생은 난딱 주님 등에 올라타 살고 싶습니다.

내 힘으로 살지 않으렵니다.

내 힘으로 살아가는 것만큼 어리석은 것도 없습니다.

어린아이처럼 항상 주님을 힘입어 사는 것이 가장 지혜로운 삶입니다.

주님은 어린아이 같은 "전적 의존"을 기뻐하십니다.

오늘도 내 힘이 아니라 주님을 힘입어 살고 싶습니다.

이제는 그럴 힘도 남아 있지 않습니다.

주님은 내 힘이 다 빠지기를 기다리셨습니다.

아니 주님이 내 힘을 다 빼셨습니다. 이제는 송장에 불과합니다.

눈만 멀뚱멀뚱 떠 있는 송장입니다.

나는 더 일찍 죽었어야만 했습니다.

너무 늦게 죽은 감이 있지만 이제라도 죽을 수 있게 된 것이 다행입니다.
평생 주님의 힘으로 살아가는 경이로운 은혜를 경험하지 못할 뻔했습니다.
내가 살아 있는 한 항상 살아 계신 주님을 힘입어 살 수 없습니다.
힘 있는 동안은 자기 힘을 의지하는 것이 인간입니다.
내가 송장이 되는 것이 항상 힘 있게 사는 비결입니다.

【기도】 주님, 내 힘을 의지하지 않게 하소서!
【적용】 주께 도움을 구하기!

 2010년 7월 15일

Made in Heaven!

히브리서 8:1-14

이제 하는 말의 중요한 것은 이러한 대제사장이 우리에게 있는 것이라 그가 하늘에서 위엄의 보좌 우편에 앉으셨으니 [히 8:1]

예수님은 하늘에서 위엄의 보좌 우편에 앉아 계십니다.
그리고 이 땅에 있는 것들은 하늘의 모형에 지나지 않습니다.
나는 땅에서 살고 있습니다.
예수님은 천국복음을 전해 주시기 위해 잠시 이 땅에 오셨습니다.
그리고 다시 하늘로 올라가셨습니다.

예수님의 주된 관심은 하늘입니다.

땅밖에 모르고 살던 나를 찾아와 하늘을 보게 하셨습니다.

땅은 제한된 삶입니다. 반면에 하늘은 무궁한 삶입니다.

진짜는 하늘에 있고, 땅에 있는 것들은 하늘에 있는 것의 모형에 지나지 않습니다.

땅이 장난감 자동차라면, 하늘은 진짜입니다.

장난감과 진짜의 차이란?

예수님은 하늘에서 무궁한 세상을 준비하시고 내가 어서 오기만을 기다립니다.

그런데 나는 땅이 전부인 것처럼 살고 있습니다.

주님을 믿고 살면서도 이 땅의 것들 때문에 울고 웃으며 살아갑니다.

덜 가진 것, 좀 아픈 것, 덜 배운 것, 외형이 좀 잘나지 못한 것 등등이 나의 행복과 불행을 가르는 희비의 곡선입니다.

하늘을 소유한 예수님의 자녀답지 못한 궁색한 마음으로 살아가는 자신을 봅니다.

나는 누가 뭐래도 엄연히 "Made in Heaven"인데 말입니다.

이 땅에서의 삶이 아무리 힘들고 궁색해도 나는 곧 진짜가 있는 하늘로 갑니다.

이 땅에서 궁색하게 살 필요가 없는 "나" 입니다.

오늘은 주님이 하늘에서 굽어 살피시며 이렇게 말씀하시는 것 같습니다.

"쯧쯧, 왜 저렇게 궁상을 떨고 사는 거야!"

주님이 무척 속상해 하시는 모습이 눈에 아른거립니다.

오늘은 고개를 들고 하늘을 쳐다보며 살고 싶습니다.

내가 얼마나 부요한지, 내가 얼마나 행복한지는 진짜가 있는 하늘을 볼 때 확신할 수 있습니다. 비록 병들어 궁색한 처지에 있어도 이 약속은 변함이 없습니다.

"I'm made in Heaven!"

진짜가 있는 그곳에 빨리 갔으면 좋겠습니다.

아플 때만 이런 생각이 드니 철들려면 아직 멀었나 봅니다.

하늘에 계신 주님의 응원에 힘입어 짓누르는 무거운 바위 같은 암에 굴복하지 않고 부요하게 살아야겠습니다.

이 땅에 뿌리박고 살고자 하면 두려움에 겁박당하며 살 수밖에 없습니다.

그러나 하늘에 소망을 두면 두려움은 안개같이 사라집니다.

오늘은 고통의 두려움에 당당히 맞서는 하늘 용사답게 살고자 합니다.

【기도】 주님, 고통과 맞설 수 있는 하늘 용기를 주소서!
【적용】 하늘로부터 오는 기쁨 지키기!

 2010년 7월 17일

풍성한 죽음

히브리서 9:11-22

그리스도께서 장래 좋은 일의 대제사장으로 오사 손으로 짓지 아니한 곧 이 창조에 속하지 아니한 더 크고 온전한 장막으로 말미암아 염소와 송아지의 피로 아니하고 오직 자기 피로 영원한 속죄를 이루사 단번에 성소에 들어가셨느니라

[히 9:11, 12]

이 제사들은 해마다 죄를 생각나게 합니다.

예배가 견디기 힘든 고문입니다. 예배 때마다 죄가 생각나기 때문입니다.

회개한 죄임에도 가슴속에는 여전히 죄책이 맴돕니다.

기도할 때마다 회개한 죄를 떠올려 또 회개합니다.

주님은 내 죄를 용서하셨을 뿐만 아니라 기억도 하지 못하시는데 나는 죽어라고 잊지 않습니다.

동물로 드리는 제사는 죄를 생각나게 합니다.

그러나 영원한 그리고 흠 없는 제물 되신 주님을 통해 죄 용서를 받았음에도 마음 한구석에는 죄를 모아둔 휴지통이 있습니다.

주님도 기억하지 못하는 죄를 때마다 그 죄를 떠올리는 이유는

주님의 은혜를 의지하는 것보다는 나의 행위를 더 의지하기 때문입니다.

죄를 용서받는 일에 내가 무언가를 해야 된다고 생각합니다.

만약 죄에 대해 상응하는 대가를 내가 치렀다면 죄를 다시 떠올리지 않을 것입니다.

나 대신 주님이 죄의 대가를 치러주셨다는 사실을 믿는 것이 경건의 출발입니다.

경건은 은혜의 토대 위에 세워지는 거룩입니다.

정죄의 토대 위에 세워지는 거룩은 모래 위에 짓는 가짜 경건입니다.

나는 죄를 떠올리는 것이 경건인 줄로 착각했습니다.

경건은 내 죄를 주님이 다 용서해 주셨음을 받아들이는 것입니다.

죄를 떠올리는 것은 마귀가 가장 좋아하는 거짓 경건입니다.

죄를 떠올려 죄책감에 붙잡혀 살도록 조장하는 세력이 마귀입니다.

같은 죄를 반복하여 회개하는 것은 마귀를 경배하는 것입니다.

죄를 떠올리는 동안 절대 그 죄에서 벗어나지 못합니다.

죄를 잊는 것이 죄에서 떠나는 비결입니다.

죄를 계속 떠올리는 것은 주님의 죄사함의 은혜를 받지 못한 증거입니다.

용서받은 죄를 떠올리는 것은 회개가 아닙니다.

용서받은 죄를 다시는 떠올리지 않는 것이 회개입니다.

아이들은 놀다가 넘어지면 일어나 툴툴 옷을 털어내고 아무 일 없는 것처럼 다시 놉니다.

어른들도 놀다 넘어지면 일어납니다. 그러나 어른들은 부끄러워서 다시 놀지 않습니다.

놀다가도 넘어진 것이 생각나서 신나게 놀지 못합니다.

그런 사람은 주춤거리다가 또 넘어지기 십상입니다.

그러면 지켜보던 아이들이 "바보"라고 놀립니다.

주님이 한 번 용서한 죄는 다시는 효력을 발휘하지 못합니다.

그런데 그 죄를 떠올려 또 회개하면 마귀가 놀립니다. "바보야!"

죄는 내가 어떻게 할 수 있는 것이 아닙니다.

죄에 대한 나의 행위는 무익합니다. 경건은 주님의 용서를 받아들이는 것입니다.

회개를 반복할수록 죄는 더욱 견고하게 나를 죄 안에 가둡니다.

주님이 오늘도 죄에 대한 망각의 은혜를 주십니다.

【기도】 주님, 주님의 위대한 용서의 효력을 누리게 하소서!
【적용】 남을 정죄하지 않기!

 2010년 7월 21일

하나님의 손맛
히브리서 10:19-31

원수 갚는 것이 내게 있으니 내가 갚으리라 하시고 또다시 주께서 그의 백성을 심판하리라 말씀하신 것을 우리가 아노니 살아 계신 하나님의 손에 빠져 들어가는 것이 무서울진저
[히 10:30, 31]

"복수는 내가 할 일, 내가 보복하리라. 또 주님께서 당신 백성을 심판하리라 하고 말씀하신 분을 우리는 알고 있습니다. 살아 계신 하나님의 손에 떨어지는 것은 무서운 일입니다." [히 10:30-31] (공동번역)

병을 얻은 후에야 내가 지은 죄에 대해 심각하게 돌아보게 되었습니다.

평상시에도 죄를 돌아보며 회개하는 삶을 살았지만 큰 병을 얻고 나서 죄를 돌아보는 것과는 그 차원이 달랐습니다.

그 전에는 무서운 하나님에 대한 자각이 없었습니다.

그저 무한히 참아 주시며 은혜 주시는 하나님에만 기대고 살았습니다.

그러나 큰 병을 얻은 후에는 하나님이 얼마나 무서운 분인지를 자각하기 시작했습니다.

마치 매를 맞아보지 않던 아이가 어느 날 아버지로부터 매를 맞은 다음부터 아버지에 대한 인식이 바뀌는 것처럼 말입니다.

정신을 차리고 보니 지금까지 내가 의지하며 산 하나님의 은혜는 정상적인 은혜가 아니라는 사실을 알게 되었습니다.

내가 의지하며 살아온 은혜는 기우뚱한 은혜였습니다.

하나님의 은혜를 받았다는 사실에만 푹 빠져서 그 은혜에 대한 책임을 가볍게 여기며 살아왔음을 알지 못했습니다.

그래서 한편으로는 큰 병을 얻게 된 것이 감사합니다.

하나님의 복수의 손이 얼마나 무서운지 알게 되었으니 말입니다.
하나님의 손은 정말 맵습니다. 무서울 정도로 맵습니다.
이 손맛을 모른 채 훗날 한꺼번에 이 손맛을 보게 된다면 견딜 수 없을 것입니다.
하나님은 손맛을 봐야만 정신을 차리는 나를 잘 알고 계셨습니다. 그래서 따끔한 손맛을 보여 주셨습니다.
이제 다시는 하나님의 손맛을 보기 싫습니다. 하나님의 손맛은 한 번이면 족합니다.
그러면서도 한편으로는 한 가지 걱정이 마음을 누릅니다.
하나님의 손맛을 너무나 빨리 잊지나 않을까 하는 걱정입니다.
인간이라는 게 형편이 좋아지면 쉽게 마음이 바뀌니 말입니다.
징계는 속히 끝나되 징계의 흔적은 영원히 사라지지 않았으면 합니다.
주님의 손맛을 망각하는 방종에 빠지지 않기 위해서라도 말입니다.
오늘도 오전 10시에 암 치료 받으러 갑니다.
하나님의 손맛이 예약되어 있습니다.
주님은 은혜를 잊지 않도록 하나님의 손맛(고통)을 몸에 새겨 두십니다.
얼마나 후끈거리고 따끔거리는지 맛보지 않은 사람은 모릅니다.
하나님의 손맛이 매서울수록 하나님의 은혜는 큽니다.
하나님의 손맛은 사랑의 매입니다.
손맛이 너무 매워 울면서도 마음이 상하지 않는 이유입니다.
손맛이 매울수록 주님의 사랑이 내 영혼에 한 올 한 올 붉은 수를 놓습니다.
. 다시는 지워지지 않게 말입니다.
살아생전 하나님의 손맛을 보는 사람은 복 있는 사람입니다.
내가 아는 분 중에 나와 비슷한 증상으로 병원 진단을 받은 분이 계십니다.

그분은 여러 가지 검사 결과 아무것도 아닌 것으로 진단받았습니다. 물혹이라 주사 한 방으로 치료가 끝났습니다.

그분은 그런 사실을 주변 사람들에게 알리면서 무척 기뻐하셨습니다. 그 모습이 선합니다.

그분은 지금까지 살아온 모습 그대로 살아가고 있습니다. 하나님의 손맛을 볼 기회를 영원히 놓친 것은 아닌지 걱정입니다. 그분은 올해 74세입니다.

너무 아플 때는 그분이 부럽기도 합니다.

그러나 지금 하나님의 손맛을 본 것이 나에는 복입니다.

주님은 하나님의 손맛을 아주 조금 보여주시므로 본격적인 손맛을 봐야 하는 대상에서 빠질 수 있는 은혜를 주십니다.

본격적으로 하나님의 손맛을 볼 날이 얼마 남아 있지 않음을 잊고 사는 것은 불행입니다.

【기도】 주님, 주님 사랑의 깊이를 알게 하소서!
【적용】 감사함으로 치료받기!

 2010년 7월 23일

좋은 것… 더 좋은 것… 최고 좋은 것
히브리서 11:1-7

믿음으로 아벨은 가인보다 더 나은 제사를 하나님께 드림으로 의로운 자라 하시는 증거를 얻었으니 하나님이 그 예물에 대하여 증거하심이라 저가 죽었으나 그 믿음으로써 오히려 말하느니라   [히 11:4]

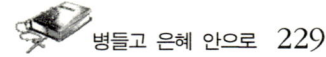

아벨은 가인보다 더 좋은 제물을 하나님께 드렸습니다.
그는 제물을 드리면 하나님이 받으신다는 것을 믿었습니다.
남들이 하는 것을 보면서 적당히 흉내 내는 사람이 아니었습니다.
아벨은 자신이 가지고 있는 것 중에 최고의 것을 주님께 드렸습니다.
오늘 주님께 드린 새벽기도가 더 좋은 새벽기도였는지 되돌아봅니다.
어제와 별반 다르지 않은 새벽기도는 아니었는지,
열정이 빠진 밋밋한 기도는 아니었는지,
마지못해 하는 새벽기도는 아닌지 돌아봅니다.
더 좋은 것을 주님께 드리는 것은 더욱 큰 주님의 은혜를 바라는 마음입니다.
주님께 더 좋은 것을 드릴 수 있는 것은 주님이 살아 계심을 믿기에 가능한 일입니다.

【기도】주님, 믿음으로 나가는 자에게 주시는 깜짝 선물을 기대합니다!
【적용】최선의 것을 찾기!

 2010년 7월 24일

숙달된 타향, 낯선 본향
히브리서 11:8-16

저희가 이제는 더 나은 본향을 사모하니 곧 하늘에 있는 것이라 그러므로 하나님이 저희 하나님이라 일컬음 받으심을 부끄러워 아니 하시고 저희를 위하여 한 성을 예비하셨느니라 [히 11:16]

이 땅에서 장수하는 것은 모든 사람들의 바람이며 하나님이 인생에게 주신 복입니다.

인생은 마약과도 같습니다. 살수록 더 강한 애착을 느끼게 합니다.

자살처럼 특이한 경우를 빼고는 나이 든 분들이 "이제 그만 살아야지"라고 말하는 것은 거짓말입니다.

만약 그것이 고의적인 거짓말이 아니라면 최소한 삶을 초월한 것처럼 보이려는 자기 과시에 빠져 있음에 틀림없습니다.

인생의 가장 난해한 딜레마는 아무리 오래 산다고 해도 언젠가는 죽는다는 것입니다.

역사 이래 이 난해한 딜레마를 해결하기 위한 온갖 시도들이 있었지만 허사였습니다.

시대의 발달로 생명을 몇 년 더 연장하는 데는 성공했지만 죽음을 해결하지는 못했습니다.

인간은 끝없이 여기에 도전하겠지만 결국 무릎을 꿇고 말 것입니다.

죽을병에 걸린 후에 건강한 삶이 주님의 은총임을 절실하게 깨닫게 되었습니다.

내가 살아가는 동안 주님의 개입하심이 얼마나 크고 깊은지 알게 되었습니다.

건강과 죽음은 종이 한 장 차이로 내 주변에서 어슬렁거리고 있었습니다.

죽을병에 걸린 후에 "내가 왜 더 살아야만 하는지"를 따지기 전에 무조건적으로 더 살고 싶은 욕망에 사로잡혔습니다.

그러나 시간이 지남에 따라 "내가 왜 더 살아야만 하는지"에 대한 진지한 성찰을 하게 되었습니다.

그 결과 자연스럽게 좀 일찍 죽는 것도 괜찮겠다는 생각이 들기 시작했습니다.

죽을병에 걸리고 나서야 주님이 예비한 본향을 떠올려 보기 시작했습니다.

이제 삶의 축이 이생에서 내세로 조금씩 옮겨지기 시작했습니다.

그러나 이 땅에서 더 살고 싶은 욕망은 여전합니다.

이 욕망을 숨기려는 것은 죽음이 곧 실패라는 속된 등식에 사로잡혀 있기 때문인지 모릅니다.

이제야 알게 되었습니다.

산 자가 다 승자가 아니라는 것을, 그리고 죽은 자가 다 루저loser는 아니라는 것을.

진정한 승자는 믿음을 따라 죽느냐 아니면 믿음 없이 동물처럼 죽느냐에 달려 있습니다.

더 나은 본향을 진지하게 생각해 보는 새벽입니다.

죽음으로 이끌려는 암과 살고 싶어 하는 항체 사이에서 고통당하는 육체를 달래기 위해 잠자리에서 일어났습니다.

오늘 말씀을 통해 육체는 충분히 달래지 못했지만 영혼은 큰 쉼을 얻습니다.

나도 본향에 가야 할 대기자 명단에 들어 있음을 확인하는 새벽입니다.

작은 욕심이 있다면 온갖 핑계로 대기자 명단에서 내 이름을 뒤쪽에 위치시키는 것입니다.

부질없는 짓인 줄 알면서도 욕심을 버리지는 못하니 기쁘게 본향으로 달려갈 정도로 철들기는 멀었나 봅니다.

【기도】 주님, 나의 수명이 언제까지인지 정확하게 계수하게 하소서!
【적용】 죽음 성찰하기!

 2010년 7월 25일

화려한 누더기, 뒹구는 면류관

히브리서 11:17-31

믿음으로 모세는 장성하여 바로의 공주의 아들이라 칭함을 거절하고 도리어 하나님의 백성과 함께 고난 받기를 잠시 죄악의 낙을 누리는 것보다 더 좋아하고

[히 11:24, 25]

모세는 공주의 아들이라는 명예와 쾌락 그리고 애굽의 재물을 그리스도를 위하여 받는 능욕과 고난으로 바꾸었습니다.

인생들이 평생 추구하는 3요소~ 명예, 쾌락, 돈.

이것을 버릴 수 있었던 것은 주님의 상 주심을 바라보았기 때문입니다.

아무리 좋은 것이라고 해도 영원히 간직할 수 없는 것을 버리는 것은 바보가 아닙니다.

잠시와 영원을 바꾸는 것은 바보입니다.

내가 바라보고 좇는 것 중에 덧없는 것들은 없는지 돌아봅니다.

잠시 편하기 위하여 거짓을 일삼고, 잠시 부하기 위해 속이기를 밥 먹듯이 하고, 잠시 인정받기 위해 위선도 서슴지 않는지 돌아봅니다.

오늘도 잠시를 향한 닻을 내리고 영원을 향한 닻을 올립니다.

하루 없는 영원은 신기루이기에 오늘도 영원을 향한 하루의 항해를 이어갑니다.

영원을 위해 하루를 투자하는 것이 지혜입니다.

영원으로 한걸음 성큼 다가서는 주일이 되기를 소망합니다.

명예와 쾌락 그리고 돈.

이 세 가지는 알고 보면 결코 길지 않은 인생을 초라하게 만드는 마귀의 누더기입니다.

이것 때문에 주님이 예비하신 면류관은 저잣거리에서 지천으로 뒹굴고 있습니다.

거기에 내 이름 석 자 박힌 면류관은 없는지 걱정입니다.

【기도】 주님, 눈을 열어 영원을 보게 하소서!
【적용】 주님을 기쁘시게.

 2010년 7월 26일

출시 임박 히브리서 11장 속편

히브리서 11:32-40

믿음은 바라는 것들의 실상이요 보지 못하는 것들의 증거니 선진들이 이로써 증거를 얻었느니라   [히 11:1, 2]

새벽 1시 30분, 믿음의 능력이 어디까지인지 고민하게 만드는 새벽입니다.

세상은 믿음의 사람들을 감당하지 못합니다.

세상은 믿음의 사람들을 집어삼켰지만 믿음의 사람들은 삼킨바 된 세상을 가만두지 않았습니다.

그들은 믿음의 칼로 세상 오장육부를 난도질하며 다녔습니다.

놀란 세상은 결국 그들을 토해 내고 말았습니다.

커다란 구렁이가 맹독의 가시가 돋친 고슴도치를 삼켰다가 그 가시 맛에 놀라 토해 낸 꼴이 되고 말았습니다.

주님은 히브리서 11장 속편을 내가 이어가기를 바라십니다.

그렇다면 과연 나의 삶은 어떻게 한 문장으로 표현될지 궁구해 봅니다.

믿음으로 종성이는…?

나의 믿음의 삶이 어떻게 표현되든 믿음의 두목들에 비추어 보면 똘마니 수준에나 이르면 다행이다 싶습니다. 이분들은 똘마니인 나의 영원한 형님들입니다.

살을 파고드는 아리고 쑤시는 고통이 찾아오면 잠자기는 틀렸습니다.

전에는 고통 없게 해 달라고 기도하다가 이제는 그냥 일어나 할 일을 합니다.

글을 쓰든, 칼빈의 욥기 설교집을 읽든, 기도를 하든 더 이상 잠을 구걸하지 않습니다.

깨어 있는 시간이 감사하게 느껴지기 시작했습니다.

하나님은 사랑하는 자들에게 잠을 주시기도 하지만 유기할 대상들에게도 깊은 잠을 주십니다.

다시는 깨어나지 못하도록 말입니다.

하나님은 특별히 사랑하는 자로 하여금 깊은 잠에 빠지지 않도록 고통의 가시로 찌르기도 하십니다. 주님이 사랑하신 욥처럼 말입니다.

잠 못 자면 고통스럽기도 하고 한편으로는 억울하기도 합니다.

그러나 그럴수록 주님이 예비하신 영원한 안식이 더 사무칩니다.

깊은 죄악이 잠든 이 세상에서 내 영이 깨어 주님과 은밀하고 세미한 교제를 나눈다면 그것은 진정한 축복이 되리라 믿습니다.

까짓것 밀린 잠이야 영원한 안식에 들어가 실컷 누리면 될 테니 말입니다.

내 서재에 불이 켜 있는 동안 식구들은 평안히 잠을 잡니다.

도둑이 얼씬도 하지 못할 테니 말입니다.

이래저래 오늘 새벽은 식구들을 위한 불침번이며, 내 영혼의 불침번입니다.

그나저나 나의 삶을 뭐라고 한 문장으로 요약할 수 있을지 고민입니다.

종성이는 믿음으로 암을 이기기도 하며,

마음에 안 드는군요.

지우고 다시 써 봅니다.

종성이는 믿음으로 주님의 위대한 교회를(GC) 세우기도 하며,

역시 마음에 안 듭니다. 다시 지우고 써 봅니다.

종성이는 믿음으로… 다시,

종성이는 믿음으로… 다시,

종성이는 믿음으로…?

어차피 잠은 오지 않고 새벽기도 갈 시간은 많이 남았으니 마음에 들 때까지 끄적거려 봐야겠습니다.

하여튼 히브리서 11장 속편은 금방 출시되기는 힘들 것 같습니다. 끄적거릴수록 핵폭탄 버금가는 무기로 주신 믿음에 비해 너무 초라한 삶을 살고 있다는 불온한 기운이 서재에 퍼져만 갑니다.

칼집에 꽂혀 있는 동안 보검이 진짜 보검인지를 알 길이 없습니다.

【기도】 주님이 주신 믿음의 최대 용량까지 사용하는 인생 되게 하소서!
【적용】 믿음 사용할 큰 문제 찾기!

 2010년 7월 27일

지금은 목욕 중
히브리서 12:1-8

이러므로 우리에게 구름같이 둘러싼 허다한 증인들이 있으니 모든 무거운 것과 얽매이기 쉬운 죄를 벗어 버리고 인내로써 우리 앞에 당한 경주를 경주하며
[히 12:1]

경주하는 선수의 고민은 "가볍게, 더 가볍게, 아주 가볍게"입니다.
막상 큰 병에 걸리고 보니 지금까지 살아온 것이 너무 번잡했다는 것을 깨닫게 되었습니다.
다 부질없는 것들임을 뒤늦게 알게 되었습니다.
별 것도 아닌데도 불구하고 걱정하고 가슴앓이를 하면서 살아왔습니다.
죽음이라는 그물로 걸러 보니 별로 남는 게 없었습니다.
그런데 당시에는 그것들이 그렇게 중요하게 느껴졌으니 얼마나 미련하게 살았는지 모릅니다.
오만가지 쓸데없는 것들을 치렁치렁 매달고 살아왔으니 그 걸음이 경주가 아니라 늘보였습니다.
주님의 징계하심으로 병을 얻게 되자 이것들을 하나씩 버리게 되었습니다.
결국 남는 게 별로 없습니다.
그동안 살아온 것이 사치였음을 확인했습니다.
아직 버리지 못한 짐들이 남아 있습니다.
주님은 이것마저 버리라고 계속 징계의 채찍을 거두지 않고 계십니다.
이쯤에서 징계를 끝내시면 버린 무거운 짐들을 주섬주섬 다시 주워 들 것이므로 주님은 계속 징계의 채찍질을 하십니다.

나는 "이제 그만하시죠!"라고 채찍질하는 주님 손을 붙잡고 간절히 호소하지만 주님은 아직 멀었다고 하시며 내 손을 뿌리치십니다.

누가 좀 말려 주었으면 하지만 누구 하나 말려 줄 사람이 없습니다.

이제는 채찍질을 하는 주님의 손을 잡는 것을 포기했습니다.

그리고 아직 버리지 못한 무거운 짐과 죄를 버리는 일에 집중하고 있습니다.

뭔 죄가 그렇게도 많은지 마치 1년 만에 목욕탕을 간 노숙자 같습니다.

이태리타월로 밀고 밀어도 그칠 줄 모르고 나오는 때 말입니다.

그 무거운 때들을 달고 어떻게 살았는지 신기할 뿐입니다.

밀면 밀수록 시원하니 살 껍질 벗겨질 때까지 밀어야겠습니다.

다 마치고 목욕탕을 나올 때 느끼는 상쾌함을 기대하면서 말입니다.

지금까지 무거운 때를 벗겨내고 체중을 달아보니 68킬로그램 나갑니다.

원래는 35인치에 80킬로그램이었는데 이제는 32인치에 68킬로그램 나갑니다.

3인치의 두께로 12킬로그램이나 때를 내 몸에 칭칭 감고 살아왔습니다.

그러니 안 무거운 것이 이상한 일이죠.

옷이 맞는 게 없습니다.

바자회라도 열어 그 많은 옷들을 나눠줘야 할 판입니다.

이제 그만 목욕탕을 나서고 싶습니다.

성도들은 지금 나의 뒤태가 너무 멋지다고 말합니다.

이제 살은 그만 빼도 되겠다고 난리입니다.

성도들은 그 빠진 것이 살이 아니라 때인 줄 모르나 봅니다.

그나저나 주님이 "아들아, 이제 멋지다. 그만 목욕탕 나가자!" 언제 말씀하실는지 눈치만 살피니 눈은 게 눈이고, 귀만 쫑긋 세우고 있으니 귀는 마치 토끼 귀처럼 변해 가고 있습니다.

【기도】 주님, 힘드셔도 끝까지 해 주세요!
【적용】 무거운 짐 찾기!

 2010년 7월 28일

그래도 계속 가야 할 길

히브리서 12:9-17

저희는 잠시 자기의 뜻대로 우리를 징계하였거니와 오직 하나님은 우리의 유익을 위하여 그의 거룩하심에 참예케 하시느니라 무릇 징계가 당시에는 즐거워 보이지 않고 슬퍼 보이나 후에 그로 말미암아 연단한 자에게는 의의 평강한 열매를 맺나니   [히 12:10, 11]

나중에는 어떨지 모르지만 주님의 징계를 받는 당장은 마음이 슬픕니다.
심령이 다운되고 곤고합니다.
심령이 그러다 보니 몸도 그 영향을 받아 아무것도 하기 싫어집니다.
손은 맥이 풀리고, 무릎은 힘이 빠진 느낌이 듭니다.
손에 잡히는 것이 없고, 자꾸 주저앉고만 싶어집니다.
그러한 나를 향하여 주님은 피곤한 손과 힘 빠진 무릎을 일으켜 세워 가던 길을 계속 가라고 말씀하십니다. 주님이 도와주시겠다고 말씀하십니다.
주님은 징계가 가져다줄 열매를 바라보라고 말씀하십니다.
징계가 아니면 맺을 수 없는 의로움과 평강을 기대하라고 말씀하십니다.

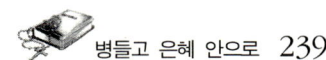

징계는 나를 사람들 앞에서와 하나님 앞에서 새 사람으로 만들어 줍니다.

징계의 끝에 맺힐 열매를 바라보니 나도 모르게 힘이 생깁니다.

말씀을 통해 역사하시는 성령님이 맥 풀린 내 손의 힘이며, 내 무릎의 힘줄입니다.

몸은 좀 불편하지만 거동 못할 정도는 아닙니다.

괜한 엄살로 핑계대지 말고 해야 할 일을 해야겠습니다.

아프다는 핑계로 뒤로 미룬 일들을 꺼내 다시 시작해야겠습니다.

계속 책을 쓰고, 교회사역을 힘차게 진행하고, 특히 교회 이전 계획을 추진해야겠습니다.

나는 환자니까 하며 내려놓은 일들을 다시 일어나 감당해야겠습니다.

주님이 이 모든 일들을 감당할 힘을 주시리라 믿습니다.

건강할 때보다 더 잘할 수 있도록 도우시리라 믿습니다.

약할 때 강함 되시는 주님의 은혜를 바라봅니다.

아픈 이후로 많이 우울해진 것이 사실입니다.

말이 줄어들고, 자주 웃던 웃음도 많이 사라졌습니다.

그러니 나보다 나를 지켜보는 주변 사람들이 더 힘들 것 같습니다.

나 하나 때문에 내가 속한 공동체의 분위기가 흐려진다면 그것도 고통입니다.

이것이 내가 슬픔과 우울을 털고 일어나야 하는 또 다른 이유입니다.

슬픔과 우울의 통로가 아니라 기쁨과 소망의 통로가 되기를 원합니다.

아픈 나를 지켜보는 가족들과 성도들이 많이 힘들겠다는 생각이 듭니다.

맥빠진 손과 연약한 무릎을 세워 주님이 주신 비전을 따라 가던 길을 계속 가야겠습니다.

아차 하다가는 하나님과 사람들에게 애물단지로 낙인찍힐 것 같습니다.

나는 하나님과 사람들에게 보물단지로 대우받고 싶습니다. 영원히….

【기도】 주님, 핑계 대는 연약한 삶에서 전진하는 삶으로 바꿔주소서!
【적용】 일정 미루지 않기!

 2010년 7월 29일

잘 꺼지지 않는 불
히브리서 12:18-29

우리 하나님은 소멸하는 불이심이니라 　　　　　[히 12:29]

　주님을 거역하면 벌을 피할 수 없습니다.
　곰곰이 지난날들을 생각해 보면 끔찍합니다.
　지금까지 주님을 거역한 일들을 계수해 보면 머리카락이 쭈뼛해집니다.
　그리하고도 아직 살아 있다는 것이 기적입니다.
　전에는 주님이 무섭지 않았습니다.
　늘 사랑의 주님이시고 은혜로우신 주님이셨으니까요.
　이것은 십자가 사랑을 잘못 이해한 철없는 짓이었습니다.
　십자가 사랑의 오해는 망령된 행실을 낳는 온상이라는 사실을 이제야 깨닫습니다.
　너무 늦게 깨달았습니다. 그러나 아직 기회가 조금이라도 남아 있는 지금 깨닫게 된 것이 얼마나 감사한지 모릅니다.
　회개하지 않은 죄는 벌을 피할 수 없다는 것은 자명한 일입니다.

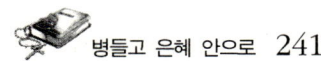

그러나 회개했다고 해서 벌이 사라지는 것은 아닙니다.

주님은 죄를 회개하면 용서하시고 주님과의 관계를 회복시켜 주시지만 죄에 대해서는 무지 경감된 벌을 내리십니다.

벌은 몸에 지워지지 않는 상처를 남깁니다.

다윗이 회개했지만 그는 갓난아이가 자기 앞에서 죽는 것을 지켜봐야 했습니다.

밧세바가 낳은 솔로몬의 형입니다.

죄의 상처는 영광스런 상처는 아니지만 꼭 필요한 상처입니다.

그 상처는 죄가 만성화되지 않도록 무서움을 불러일으킵니다.

요즘은 뼈 속까지 파고드는 고통의 바늘이 주님에 대한 두려움을 내 목에 새겨 넣기 위해 한 올 한 올 뜨개질을 합니다.

그 아픔은 불로 데이는 것보다 더 뜨겁고 오래갑니다.

그 아픔에 대한 기억은 다시는 주님을 경홀히 여기지 않도록 나를 일깨워 줄 것입니다.

상처를 볼 때마다 죄가 얼마나 무서운 하나님의 벌을 불러오는지 상기시킬 것입니다.

나 같은 전철을 밟는 사람들을 보면 발 벗고 뛰어가 말릴 것입니다.

어제 마흔다섯 바늘을 꽂고 온 자리가 얼마나 후끈거리고 따가운지 밤새 잠을 설치다가 새벽 1시 반부터 묵상 글을 올리고 있습니다.

오늘 새벽은 어릴 적 불주사 맞은 악몽이 떠오릅니다.

하나님은 불입니다.

하나님의 불맛을 보는 밤사이 그 고통으로 인해 나도 모르게 눈물이 흐릅니다.

하나님의 불을 끄기에는 턱없이 부족한 눈물이겠지만 조금이나마 하나님의 불을 진화했으면 하는 바람입니다.

벌은 사랑의 비례입니다. 사랑한 것만큼 벌은 더 매섭습니다.

거역하는데도 벌이 임하지 않으면 사랑을 받은 사람이 아닙니다.
주님은 내가 다시는 죄를 짓지 않도록 벌의 상처를 몸에 남겨주십니다.
아픔만큼 나를 끔찍하게 사랑하시는 주님을 생각하니 눈물이 솟구칩니다.
하나님의 잔불을 진화할 정도는 될 것 같습니다.
그러면 한 시간이나마 잠을 자고 새벽기도를 갈 수 있습니다.

【기도】주님, 상처 난 자리에 어린아이 같은 맑은 영혼이 돋아나게 하소서!
【적용】하나님의 잔불로 남은 죄 몽땅 태우기!

 2010년 7월 30일

아슬아슬한 곡예사
히브리서 13:1-15

하나님의 말씀을 너희에게 이르고 너희를 인도하던 자들을 생각하며 저희 행실의 종말을 주의하여 보고 저희 믿음을 본받으라   [히 13:7]

나의 행실은 누군가의 본이 됩니다.
지도자는 늘 사람들의 시선에 노출되어 있습니다.
사람들은 지도자의 일거수일투족을 지켜보고 있습니다.
관심 없어 하는 것처럼 보일 때조차도 사람들은 지도자의 행실을 흘겨보고 있습니다.
그러다 보니 진심에서 우러나오는 것이 아니라 위선으로 자신을 꾸밀 때가 많습니다.

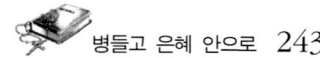 병들고 은혜 안으로 243

바탕이 안 되니까 꾸밀 수밖에 없는 것이죠.

남의 이야기가 아니라 바로 저의 이야기입니다.

그러니 공동체 안에서 나의 행실에는 자유함이 없고 자연스러움이 없습니다.

제자들에게 자신을 그대로 노출시키며 살았음에도 주님은 제자들의 사랑과 존경을 받았습니다. 주님은 혼자 계실 때나 같이 있을 때가 한결같았습니다.

만약 성도들이 우리 집에서 3년을 같이 산다면 시험 들지 않을 사람이 있을지…

3년은 고사하고 3일만 살아도 고개를 설레설레 흔들고 말 것입니다.

그리고 보면 가족들이 참 감사합니다. 가족은 내가 숨 쉬고 살 수 있는 유일한 공간입니다.

꾸며서는 사람들에게 인정받을 수 없습니다.

몇 번은 인정받겠지만 결국 사람들은 나의 실체를 알아볼 것이기 때문입니다.

실체는 언젠가는 드러나기 마련입니다.

내적 바탕은 그렇게 빨리 그리고 쉽게 만들어지지 않기에 고민이 깊어집니다.

바탕은 점프하듯 그렇게 자라는 것이 아닙니다.

바탕은 한 걸음씩 꾸준히 수양의 계단을 밟고 올라갈 때 자라기 시작합니다.

그래서 바탕의 성장은 거의 표가 나지 않습니다.

내적 바탕이 갑자기 바뀐 사람은 두 종류입니다.

능숙한 연기자이든지 정신이 돈 사람이든지.

내적 바탕은 평생 가꿔야 할 텃밭입니다.

성도들은 내가 시련 가운데서 어떻게 대처하는가 지켜보고 있습니다.

내가 가진 믿음의 바탕이 "설교용"인지, "실전용"인지 그들은 가려낼 것입니다.

이제는 성도들이 두렵습니다.

그들의 눈을 속일 수가 없다는 사실을 깨닫고 나니 더욱 그렇습니다.

그러나 내가 바탕을 가꾸면 언젠가는 나를 알아줄 것이기에 오늘도 바탕을 쌓기 위한 한 걸음을 힘차게 내딛습니다. 진심은 통하기 마련입니다.

속히 아슬아슬한 곡예사를 그만두고 싶습니다.

내적 바탕은 바뀌지 않은 채 겉만 꾸미는 위선은 아슬아슬한 곡예사나 할 짓입니다.

【기도】주님, 성령의 도우심으로 본이 되는 내적 바탕을 이루소서!
【적용】남 탓하지 말고 나를 돌아보기!

 2010년 8월 3일

좋은 말, 이상한 말, 나쁜 말

예레미야 36:27-32

또 유다 왕 여호야김에 대하여 이같이 말하기를 여호와의 말씀에 그가 이 두루마리를 불사르며 말하기를 네가 어찌하여 바벨론 왕이 정녕히 와서 이 땅을 멸하고 사람과 짐승을 이 땅에서 없어지게 하리라 하는 말을 이 두루마리에 기록하였느뇨 하도다   [렘 36:29]

두루마리에는 여호와김 왕을 자극한 말이 기록되어 있었습니다.

"바벨론 왕이 와서 이 땅을 멸하고 사람과 짐승을 없어지게 하리라!"
이 말은 왕이 가장 듣기 싫어하는 말입니다.

성경을 읽다보면 마음이 확 끌리는 말씀이 있습니다.

읽을수록 기분이 업되는 좋은 말씀입니다.

예를 들면, 끝까지 기다려 주시는 자비한 탕자의 아버지 같은 무한한 주님의 사랑과 천 대까지 축복을 베풀어 주시겠다는 좋은 말씀들입니다.

이런 말씀들은 포스트잇에 옮겨 적어 눈에 잘 띄는 곳에 붙여 놓습니다.

책상, 화장실, 자동차, 하다못해 핸드폰 화면에까지. 읽을수록 기분이 좋아지니까요.

그러나 성경을 읽다 보면 좋은 말씀만 있지 않고 잘 이해가 되지 않는 이상한 말씀도 있습니다.

기도하면서 또 읽고 읽어야 할 말씀입니다. 비유의 말씀과 묵시의 말씀들입니다.

애를 써야만 겨우 알 수 있는 이상한 말씀입니다.

이런 말씀을 보면 뒤로 미루곤 합니다. 나중에 시간이 나면 정독해야지 합니다.

그러다 보니 요한계시록 같은 성경은 한 번 정독하기가 쉽지 않습니다.

그래도 여기까지는 괜찮습니다.

성경을 읽다 보면 꼭 나타나는 말씀이 있는데 읽기 싫은 나쁜 말씀입니다.

말씀이 나쁘다는 것이 아니라 말씀을 받아들이는 주관적인 느낌이 나쁘다는 뜻입니다.

이런 나쁜 말씀을 읽다 보면 한동안 마음이 무겁습니다.

왜냐하면 내가 거기에 걸려 있기 때문입니다.

예를 들면, "술 취하는 자는 하나님의 나라를 유업으로 받지 못하리라!" 하필이면 한참 술을 즐기고 있을 때 이런 말씀을 읽게 된다는 것입니다.

또 있습니다. "음란과 거짓말하지 마라. 이것들로 말미암아 하나님의 진노가 임하느니라!" 하필 이때는 은밀하게 음란을 즐기고, 입만 열면 거짓말할 때입니다.

이 외에도 많습니다.

돈이 한참 아까울 때 읽게 되는 십일조 말씀과 향유옥합 말씀은 정말 나쁜 말씀입니다.

이런 나쁜 말씀들이 나올 때마다 한 장, 한 장씩 뜯어다가 불에 태워 버리고 싶습니다.

그러다 보면 요즘 추세에 어울리는 성경이 탄생합니다.

"초경량 슬림 성경"

그러나 이렇게 피하고 싶어 하는 나쁜 말씀은 아주 못된 나를 고치시는 주님의 사랑이 듬뿍 담긴 "The good"입니다.

내가 얼마나 나쁘면 그렇게 많은 좋은 말씀들이 필요할까 생각합니다.

말씀하시고 또 말씀하시고, 그리고 또 말씀하게 하시는, 아니 끝없이 말씀하게 하시는 나는 누구입니까?

여간해서는 듣지 않는 나는 "The bad"입니다.

"모든 말을 예레미야의 구전대로 기록하고 그 외에도 그 같은 말을 많이 더 하였더라"

결국 하나님을 잔소리꾼으로 만든 것은 나쁜 나입니다.

그런 나쁜 나를 향하여 포기하지 않으시고 오늘도 말씀하시는 주님은 너무 너무 좋은 하나님입니다.

언제나 주님의 말씀이 잔소리로 안 들릴지 모르지만, 늘 말씀을 걸어오시는 주님은 완전 좋은 하나님입니다.

하나님의 잔소리가 들리는 동안은 나쁜 나는 점점 좋아지고 있는 중입니다.

아마 지금쯤은 "The bad"와 "The good" 사이에 있는 "The ugly"를 통과하고 있는 것 같습니다.

오늘 새벽은 이렇게 외치고 싶습니다.

"하나님 기대하세요. 이 나쁜 놈이 곧 멋진 놈 될 겁니다!"

【기도】 주님, 말씀으로 걸작 인생 만들어 주소서!
【적용】 습관적인 죄 찾아 없애기!

 2010년 8월 4일

긍정의 힘, 긍정의 독

예레미야 37:1-10

바로의 군대가 애굽에서 나오매 예루살렘을 에워쌌던 갈대아인이 그 소문을 듣고 예루살렘에서 떠났더라 [렘 37:5]

예루살렘을 포위하던 갈대아인들이 물러갔습니다.
그들의 기도가 응답된 것 같습니다.
상황이 상당히 긍정적으로 전개되고 있으니까요.
그러나 주님은 스스로 속여 갈대아인이 떠나리라고 생각하지 말라고 말씀하십니다.
지금 나타나고 있는 것은 일시적인 현상일 뿐이고 결국 갈대아인에 의해 성은 침략당할 것이라고 말씀하십니다.
상황을 긍정적으로 보는 것은 필요합니다. 낙심과 절망에 빠지면 심령이 피폐해지니까요.

그렇다고 무조건 긍정적으로 보는 것은 위험한 일입니다.

긍정에는 두 가지가 공존합니다. 긍정의 힘과 긍정의 악입니다.

주님이 갈대아인들을 보내 예루살렘을 포위하게 하신 이유는 주님께 회개하게 하기 위해서입니다.

그러나 그들은 오직 상황이 호전되는 것에만 관심을 쏟고 있습니다.

주님은 여지없이 오늘 새벽에도 말씀을 걸어오십니다. 아주 세미하게. "지금 병세가 호전되는 것에 속지 마라. 너에게 편도암을 보내 네 목을 조이는 것은 네가 완전히 내게 돌아오게 하기 위해서다!"고 말입니다.

요즘 병세가 조금씩 좋아지면서 마음이 상당히 고무된 것은 사실입니다.

그러나 이런 병세의 호전이 마냥 좋은 것만은 아님을 깨닫습니다.

주님이 암을 보내신 목적이 이루어지기까지 암은 나를 떠나지 않을 것입니다.

겸비하여 더욱 주께 엎드려야겠습니다.

주님은 내가 치료해 주는 사람을 더 의지하고, 상황의 호전에만 관심을 쏟는 것을 싫어하십니다. 주님의 관심은 오직 하나입니다.

"두 손 들고 주께 온전히 돌아오라!"입니다.

회개 없는 긍정은 살리는 힘이 아니라 아주 죽이는 독입니다.

미제 영성에 속지 말라고 주님이 말씀하십니다.

주님 없는 긍정은 자기 최면일 뿐이라고 말씀하십니다.

주님과 화목되지 않은 긍정은 "자기기만"입니다.

지금 암에서 완치되면 다시 육체 중심의 삶으로 돌아갈 것을 주님은 누구보다 더 잘 아십니다.

참 주님은 못 말리시는 분입니다.

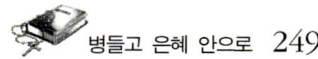

그 누구도 주님의 열정을 막을 수 없습니다.

날 괴롭히는 일에 주님보다 신실한 분은 없습니다.

"주께서 나를 괴롭게 하심은 성실하심 때문이니이다!" [시 119:75]

주님은 적당히 덮지 않으십니다. 주님은 끝을 보시는 분입니다. 참 무서운 분입니다.

그러나 이런 주님께 걸린 것이 얼마나 다행인지 모릅니다. 대충 수술하고 덮어 버리는 돌팔이를 만났다면 정말 끔찍할 뻔했습니다.

아직 갈 길이 멀어 보입니다. 그러나 소망이 있습니다. 변화되어 정금같이 나타날 그날은 반드시 올 것이기에.

이생에서 그리고 내세에서!

【기도】 주님, 헛된 긍정에 기대지 말게 하소서!
【적용】 숨겨진 죄를 낱낱이 살피기!

 2010년 8월 8일

흔들리는 강대상… 요동치는 지도력

예레미야 38:20-28

시드기야가 예레미야에게 이르되 너는 이 말을 사람으로 알게 하지 말라 그리하면 네가 죽지 아니하리라 [렘 38:24]

시드기야나 예레미야 모두 방백들을 두려워합니다.

듣지 않는 시드기야는 그렇다 치고 예레미야에게서조차도 비굴함이 묻어나오니 착잡합니다.

예레미야는 시드기야와 한통속이 되어 예언의 말씀을 밀담으로 끝내 버립니다.

죽음을 두려워하지 않을 사람이야 없겠지만 하나님보다 방백들을 더 무서워하는 예레미야는 시드기야와 별반 다르게 보이지 않습니다.

예언의 말씀을 듣고 방백들을 설득하다가 장렬하게 순교하는 예레미야를 기대하는 것은 지나친 욕심일까?

정말 시드기야가 걱정하는 것처럼 예레미야가 방백들에게도
예언의 말씀을 숨기지 않고 그대로 전했다면 죽음을 맞이했을까?
방백들이 예언의 말씀을 듣고 통회 자복하지는 않았을까?
죽음은 하나님의 예언의 말씀에 대한 예레미야의 확신을 흔들기에 충분했습니다.

사역을 하다 보면 사람이 두려울 때가 있습니다.
하나님 말씀에 대한 확신을 가지고 그대로 전해야 하는데
사람들의 눈치를 살피는 경우가 있습니다.
그럴 때마다 하나님이 기뻐하시는 치열한 영적전쟁보다는
비굴한 평화를 택하지는 않았는지 되돌아봅니다.

참 희한한 일은 도저히 말을 듣지 않을 것 같은 완악한 사람이 예상과는 달리 말씀을 쉽게 받아들입니다.

더 기막힌 일은 말씀을 쉽게 받을 것 같은 선해 보이는 사람은
진저리 칠 정도로 말씀을 듣지 않는다는 것입니다.
확실히 말씀을 전하고 듣는 일은 영적인 전쟁입니다.
거기에는 인간성이 아무 관련이 없습니다.
사람 두려워하면 사역은 실패할 확률이 아주 높습니다.
말씀사역은 고독합니다.

한동안 쌓은 인간적 친분도 한순간에 깨질 것을 각오하지 않으면 못 하는 것이 말씀사역입니다.

그런데 이상한 것은 사람을 두려워하지 않고 주님 뜻대로 전하면 오히려 지도력이 강화된다는 사실입니다.

사역자의 지도력은 사람에게서 나오는 것이 아니라 주님에게서 나오기 때문입니다.

사람 눈치 보면서 말씀을 전하면 사람들이 우습게봅니다.

그러나 주님을 두려워하면서 말씀을 그대로 전하면 사람들이 권위 아래 고개를 숙입니다.

먹고 사는 것을 두려워하는 사역자인지 하나님을 두려워하는 사역자인지 성도들이 먼저 알아봅니다.

말씀과 기도로 세워지지 않은 지도력은 버블일 뿐입니다.

"사람을 두려워하랴, 하나님을 두려워하랴!"

장렬한 한판을 앞둔 주일 새벽, 긴장감이 온몸을 감돕니다.

【기도】 주님, 사람들의 평가가 아니라 주님의 평가를 두려워하게 하소서!
【적용】 굳건한 강대상 지키기!

 2010년 8월 27일

다시 찾은 내 자리
예레미야 48:26-35

우리가 모압의 교만을 들었나니 심한 교만 곧 그 자고와 오만과 자긍과 그 마음의 거만이로다. 나 여호와가 말하노라 모압 산당에서 제사하며 그 신들에게 분향하는 자를 내가 그치게 하리라　　　　　　　　　　　　[렘 48:29, 35]

하나님을 거스르고 이스라엘을 조롱한 모압은 심판을 받습니다.
교만은 하나님의 뜻에 거스르게 만들고 이웃을 우습게보도록 만듭니다.
주님이 가장 싫어하는 것이 교만입니다.
교만은 모든 죄를 잉태시키는 자궁이기 때문입니다.
스스로를 높이는 것만큼 보기 싫은 꼴불견은 없습니다.
남을 깔보면 자기가 높아지는 것처럼 느껴집니다.
남을 조롱하면 자기는 지혜로운 것처럼 느껴집니다.
그러나 내가 남을 깔보고 조롱하는 동안 하나님은 나를 비웃으십니다.
자기를 중심에 두는 것이 교만의 시작입니다.
그래서 자기중심적인 인간에게 교만은 운명일 수밖에 없습니다.
교만은 절대 고칠 수 없는 불치병입니다.
주님만이 교만을 치유하십니다.
주님이 교만을 치유하시는 특별처방은 비참한 처지로 이끄시는 것입니다.
이 방법은 가장 확실한 처방입니다.
그래서 종종 비참한 처지에 빠지는 것은 주님의 은혜입니다.
겸손하게 되면 언제든지 주님께 쓰임 받습니다.
그러나 교만, 자만, 거만은 주님께 버림받는 지름길입니다.
잠자는 것조차 내 마음대로 하지 못하는 고통을 밤마다 겪으면서 감사가 없었던 지난날들을 회개합니다.
오늘도 주님은 자정이 넘는 시간까지 잠을 주지 않으십니다.
몸은 곧 쓰러질 것처럼 피곤한데도 잠을 잘 수가 없습니다.
잠뿐만 아니라 사소하게 생각한 모든 것들까지 주님의 은혜가 없이는 누리지 못합니다.

아침에 눈 뜨고 호흡하는 것, 먹고 마시는 것, 활동하는 것, 그 어느 것 하나 주님의 은혜가 없이는 가능한 것이 없습니다.

그런데 이것들이 자동으로 작동하는 줄 알고 감사할 생각조차 못하니 감사야말로 겸손의 가장 가까운 친구입니다.

교만의 긴 터널을 빠져나오면 인생이 새롭게 보입니다.

주님의 은혜로 마음을 낮추니 내 자리가 보입니다.

교만할 때는 내 자리를 항상 위에서 찾느라 헤맸는데 이제는 제자리를 찾는 데 어렵지 않습니다.

내 자리는 항상 내 생각보다 한참 밑에 있었습니다.

나는 높은 곳으로만 다니려고 하는데 주님은 항상 낮은 곳에만 임하셨으니 주님을 제대로 만나지 못한 것은 당연합니다.

주님의 은혜로 비참한 상태로 낮아지기 시작하면서 주님 만나는 것이 어렵지 않습니다.

주님은 항상 낮은 곳에 계시니까요.

지금까지는 주님은 항상 높은 곳에 계신 줄 알았는데 주님은 항상 낮은 곳에 계셨습니다.

전에도 지금도 앞으로도 주님은 쭉 낮은 곳에 계신다고 하시니 앞으로는 주님을 잃어버릴 일이 없습니다.

【기도】 주님, 낮추시는 연단의 과정을 끝까지 잘 견디게 하소서!
【적용】 감사함으로 치료받기! (월, 수, 금요일)

묵상의 향기 4

(2010년 9월부터 2011년 1월까지)

예레미야/골로새서/디도서/시편/에베소서/
요한계시록 말씀 중에서

병·들·고·은·혜·안·으·로

 2010년 9월 2일

그 목장에서 무슨 일이

예레미야 50:11-20

이스라엘을 다시 그 목장으로 돌아오게 하리니 그가 갈멜과 바산에서 먹을 것이며 그 마음이 에브라임과 길르앗 산에서 만족하리라 나 여호와가 말하노라 그날 그때에는 이스라엘의 죄악을 찾을지라도 없겠고 유다의 죄를 찾을지라도 발견치 못하리니 이는 내가 나의 남긴 자를 사할 것임이라 [렘 50:19, 20]

죄라면 지긋지긋합니다.
이스라엘과 열방을 향한 하나님의 심판이 곧 죄의 실상입니다.
회개하고 돌이키면 죄요, 또 회개하고 돌아서면 죄가 꼬리를 칩니다.
죄는 이 세상에 떠도는 공기와 같습니다. 이 세상 살아가는 동안 공기를 안 마실 수 없듯이 죄를 마시지 않고 살 수가 없는 지경입니다.
나는 죄 공장입니다.
온갖 종류의 죄를 자동화시스템으로 양산하는 죄 공장입니다.
없는 죄가 없습니다. 옛 죄에서부터 최신 유행하는 죄까지 죄의 복합단지입니다.
나의 회개로는 그 많은 죄를 처리하기가 불가능합니다.
끝없이 쏟아져 나오는 죄의 쓰레기를 처리하기에는 용량이 턱없이 부족합니다.
방법은 하나, 주님이 용서해 주시면 됩니다.
주님도 그 방법밖에 없음을 알고 계십니다.
주님은 그 목장으로 돌아온 이스라엘에게서 죄를 찾지 않으십니다.
죄가 없는 것이 아니라 죄를 안 보시겠다는 겁니다.
주님은 돌아온 이스라엘의 죄를 처리하기 위한 특별한 복안을 가지고 계십니다.

　당신이 친히 그 죄를 담당하시는 것입니다. 그러나 아직은 비밀입니다.
　주님은 주님의 은혜로 돌아온 나에게 죄를 찾지 않으십니다.
　찾으려고 해도 죄를 찾을 수가 없습니다. 내가 의인이 된 것이 아닙니다.
　주님이 나의 모든 죄를 사하여 주셨기 때문입니다.
　나는 이제 죄 없는 자로 여김을 받습니다.
　그러나 죄가 그냥 없어진 것은 아닙니다. 죄는 그냥 없어지지 않습니다.
　주님이 친히 나의 죄를 담당하셨습니다.
　내가 머물 곳은 그 목장입니다.
　예수님이 목자로 계신 그 목장이 내가 만족하며 살 수 있는 유일한 목장입니다.

　【기도】 주님의 한없는 용서하심에 기대어 살게 하소서!
　【적용】 죄 없는 자로 살기!

 2010년 9월 8일

아파도 외롭지 않은 밤
예레미야 51:33-40

그러므로 여호와께서 이같이 말씀하시되 보라 내가 네 송사를 듣고 너를 위하여 보수하여 그 바다를 말리며 그 샘을 말리리니　　　　　[렘 51:36]

이스라엘의 신음과 울부짖음은 구름이 되어 바벨론의 하늘을 가득 채웁니다.

하나님은 그들의 울부짖음을 들으십니다.

아니 그들의 신음소리까지 놓치지 않으시고 들으십니다.

그들은 하나님의 택한 백성이기 때문입니다.

자기 자식의 울음소리를 못 알아듣는 엄마가 없는 것처럼

주님은 창세 전에 예정하시고 택하신 이스라엘의 신음소리를 생생하게 들으십니다.

주님은 들으시는 사랑의 하나님이십니다.

주님은 나의 고통의 신음을 들으십니다.

행여나 잠든 가족들이 들을까 소리 죽여 가며 아파했던 신음을 주님은 다 들으십니다.

주님이 들으신다고 생각하니 아파도 외롭지는 않습니다.

이제 때가 되면 주님이 이 모든 아픔을 신원해 주십니다.

그때가 언제인지 모르지만 속히 오기만을 손꼽아 기다립니다.

"소망 중에 즐거워하며 환난 중에 참으며 항상 기도에 힘쓰며"[롬 12:12]

지금은 참을 때입니다.

주님이 신원해 주시기까지 기도하며 참아야 합니다.

참는 자에게는 신원의 복이 임합니다.

주님이 모든 것을 되돌려 놓으시는 날 영광 중에 주를 뵙게 될 것을 기대하며.

【기도】 주님, 미천한 자의 작은 신음도 들어주시니 감사합니다!

【적용】 신음을 기도로 승화시키기!

2010년 9월 12일

명품녀와 그 후손들
예레미야 52:12-23

바벨론 왕 느부갓네살의 십구 년 오월 십일에 바벨론 왕의 어전 시위대 장관 느부사라단이 예루살렘에 이르러 여호와의 전과 왕궁을 불사르고 예루살렘의 모든 집을 귀인의 집까지 불살랐으며 시위대 장관을 좇는 갈대아인의 온 군대가 예루살렘 사면 성벽을 헐었으며 시위대 장관 느부사라단이 백성 중 빈한한 자와 성 중에 남아 있는 백성과 바벨론 왕에게 항복한 자와 무리의 남은 자를 사로잡아 옮겨 가고 [렘 52:12-15]

바벨론은 성전과 왕궁이 있는 예루살렘을 불바다로 만듭니다.
볼 만한 건축물은 몽땅 무너뜨려 폐허로 만듭니다.
뿐만 아니라 가치가 나갈 청동은 조각들까지 몽땅 바벨론으로 옮겨 갑니다.
한때 모든 열방들의 부러움을 한몸에 받았던 예루살렘을 생각하면 허망하기 그지없습니다.
주님은 내용이 빠진 허울뿐인 예루살렘을 그냥 지켜보시기가 역겨우셨던 것입니다.
창기처럼 겉모양만 단장하고 열방을 유혹하는 예루살렘은 더 이상 하나님이 임재하시는 거룩한 장소가 아니었습니다.
병으로 육체가 무너진 다음 주님은 육체 가운데 임하시지 않는다는 사실을 깨달았습니다.
육체는 그냥 흙덩어리일 뿐입니다.
영혼을 담는 그릇으로 중요하지만 그렇게 인생을 쏟아 가며 가꿀 만큼 가치있는 대상은 아닙니다. 육체를 함부로 사용하면 안 됩니다.

육체를 아껴 써야 하겠지만 그렇다고 돈과 시간을 쏟으며 가꿀 대상은 아닙니다.

진짜 가꿀 대상은 영혼입니다.

돈에서는 차이가 있지만 나 역시 육체에 쏟은 정성만큼은 명품녀 뺨쳤습니다.

온통 관심이 육체에 대한 것뿐이었으니까요.

그 와중에 주님이 기뻐하시는 영은 질식을 당하고 있었습니다.

육체에만 먹이를 잔뜩 퍼주는 동안 영에게는 인색하여 기아상태에 빠졌습니다.

주님은 죽어 가는 영을 살리기 위해 나의 육체를 무너뜨렸습니다.

그 간단한 진리도 겉으로만 알았습니다.

육은 잠간이지만 영은 영원하고, 육은 무익하지만 영은 소중하다는 아주 간단한 진리 말입니다.

주님은 나의 마음을 빼앗는 우상을 불태우시는 사랑의 하나님이십니다.

경계해야 할 우상은 돌부처가 아닙니다.

가장 무서운 우상은 내용이 빠진 겉치레 신앙입니다.

겉치레 신앙은 주님 앞에 놓인 심판의 용광로 앞에 가면 재도 남지 않을 것입니다.

비록 이 세상에서 육체가 무너진다고 해도 영을 살릴 수만 있다면 복입니다.

주님은 나를 위해 썩지 않는 새로운 육체를 준비하셨습니다.

명품녀는 사탄의 천사입니다.

세상은 그 후손들로 가득합니다.

주님은 겉치레(육체)가 아닌 마음(영)을 보십니다.

영을 희생하면서까지 육을 가꾸는 족속은 명품녀의 후손입니다.

육을 희생하면서 영을 가꾸는 족속은 진짜 십자가 후손들입니다.

【기도】 주님, 영적인 사람이 되게 하소서!
【적용】 영을 가꾸기!

 2010년 9월 15일

고액의 치료비 청구서 앞에서
골로새서 1:9-20

주께 합당히 행하여 범사에 기쁘시게 하고 모든 선한 일에 열매를 맺게 하시며 하나님을 아는 것에 자라게 하시고   [골 1:10]

보이지 않는 주님을 기쁘시게 하는 것이 얼마나 어려운지요.
자신을 만족하게 하기도 쉽지 않은데 하물며 주님을 기쁘시게 하기란 말할 것도 없습니다.
정신없이 무엇인가에 쫓기듯 살다 보면 주님이 아닌 자신을 기쁘게 할 때가 많습니다.
설령 주님을 기쁘시게 한다고 하지만 그 동기를 자세히 살펴보면 결국 자기를 위해 행동할 때가 많습니다.
큰 고민에 빠졌습니다.
갑자기 뜻하지 않은 병원 치료를 받게 되었는데 그 비용을 아시는 분이 감당해 주시겠다는 것입니다. 의료보험이 안 되어 상당한 고액입니다.
그렇게 고액인 줄 알았다면 선뜻 치료 받는다고 따라나서지 못했을 것입니다.

치료 받는 것이 주님을 기쁘시게 하는 것인지 포기하는 것이 주님을 기쁘시게 하는 것인지 모르겠습니다.

지금까지만 해도 이미 많은 사랑의 빚을 지고 있는데 이번 일까지 부담 지운다면 너무 송구스러운 마음이 듭니다. 걱정하지 말라고 말씀하시며 병에서 낫는 것이 중요하지 돈이 뭐 중요하겠느냐고 하시며 기꺼이 부담하시겠다고 하십니다.

사랑을 베푸시는 분은 주님을 기쁘시게 하는 일이라고 확신하시는 것 같습니다.

그런데 그 사랑을 받아들이는 나는 왜 가시방석에 앉아 있는 것 같은 불편함에 시달리는지 모르겠습니다.

내가 이런 큰 사랑을 받을 만큼 소중한 가치가 있는 사람인가 새삼 되돌아봅니다.

지금까지 여기에는 확신이 있다고 생각해 왔는데 막상 이런 일을 겪고 보니 주님이 나를 얼마나 소중하게 생각하시는지 잘 알지 못했다는 것을 알게 되었습니다.

하나님께서 독생자 예수님을 내어 주시고 나를 속량하셨다는 진리가 피부에 와 닿는 것 같은 생생한 느낌이 듭니다.

고액의 비용을 들여서라도 나를 살리시고 귀하게 쓰실 하나님의 뜻이 계신 것은 아닌지 조심스럽게 주님께 여쭤 봐야 할 것 같습니다.

말기 암에서 고침 받은 후 제값만 할 수만 있다면 그 큰 사랑의 빚을 지는 것도 주님을 기쁘시게 하는 일이겠다 싶습니다.

이 같은 결론이 자기 합리화가 아닌 주님의 뜻이기를 간절히 바랍니다.

【기도】 주님, 받은 사랑에 백 배나 더 귀하게 살게 하소서!
【적용】 송구스러운 맘 털고 적극 치료에 임하기!

 2010년 9월 20일

고품격 인생
골로새서 3:1-11

이제는 너희가 이 모든 것을 벗어버리라 곧 분과 악의와 훼방과 너희 입의 부끄러운 말이라 너희가 서로 거짓말을 말라 옛사람과 그 행위를 벗어버리고 새 사람을 입었으니 이는 자기를 창조하신 자의 형상을 좇아 지식에까지 새롭게 하심을 받는 자니라
[골 2:7-10]

새롭게 되었지만 내 안에는 여전히 타고난 본성이 있습니다.
본성은 잠잠하다가 기회만 되면 스멀스멀 고개를 듭니다.
나를 다스리려고 말입니다.
중병에 걸려 거동하지 못할 때에도 본성만은 여전히 건강합니다.
본성은 육체의 쇠약함에도 거의 영향을 받지 않습니다.
그래서 늙어서도 본성은 여전히 쌩쌩합니다.
얼마나 큰 고통인지 모릅니다.
본성은 쌩쌩한데 그것을 채울 몸은 늙어 가니 말입니다.
더 늙기 전에 그래서 더 추해지기 전에 본성을 버리고 천성을 덧입고 살고 싶습니다.
품격있게 늙고 싶습니다. 그러려면 지금부터 훈련을 해야 합니다.
오늘도 본성 죽이기는 진행형입니다.
만만치 않은 싸움이지만 본성 죽이기를 시작하면 성령님이 도우십니다.
오늘도 주님 닮은 천성을 입고 싶습니다.

【기도】 주님, 본성을 다스리게 하소서!
【적용】 절제하기!

 2010년 9월 21일

그릇이 깨어진 날
골로새서 3:12-17

그러므로 너희는 하나님의 택하신 거룩하고 사랑하신 자처럼 긍휼과 자비와 겸손과 온유와 오래 참음을 옷 입고 누가 뉘게 혐의가 있거든 서로 용납하여 피차 용서하되 주께서 너희를 용서하신 것과 같이 너희도 그리하고 이 모든 것 위에 사랑을 더하라 이는 온전하게 매는 띠니라 [골 3:12-14]

긍휼과 자비, 겸손, 온유, 오래 참음이라는 단어들은 나와 거리가 멀었습니다.
그런 척을 하는 수준이지 옆에 사람이 느끼는 수준은 아니었습니다.
긍휼이 있는 척, 온유한 척, 오래 참는 척.
그래서 좀 깨어 있는 사람은 금방 알아차립니다. 아니라는 것을.
저의 누님이 그런 분입니다. 권사님이신데 나를 잘 알죠.
늘 하시는 말이 내 심령이 강퍅하고 겸손하지 못하다는 것입니다.
그것들을 위해 늘 기도하라고 권면하시곤 합니다.
아픈 동생에게 이런 권면하기도 쉽지 않았을 것입니다.
동생이 잘되기 위한 사랑이 아니면 할 수 없는 권면일 것입니다.
들을 때는 서운해도 지나고 보면 얼마나 고마운지 모릅니다.
원래 그 사람에게 풍기는 영적 기운이 있습니다.
은은한 향기처럼 그냥 느껴지는 것이죠.
누님의 권면을 받으면서 긍휼과 자비, 온유한 사람이 되어야겠다는 다짐을 했습니다.
그래서 기도하기 시작했습니다.
며칠이 안 되어 금방 변화가 나타나기 시작했습니다.

눈물이 많아졌습니다.

누구의 아픈 사연을 들으면 바로 눈물이 쏟아지기 시작했습니다.

어제는 아홉 자녀를 둔 가정 이야기를 다룬 TV를 보다가 주루룩 눈물이 났습니다.

주방에서 식사를 준비하는 누님이 눈치 채지 못하게 우느라 혼났습니다.

편도암은 주님이 나를 위해 준비하신 맞춤형 연단임을 알았습니다.

첫 번째로 오래 참는 훈련을 시키시더니 이제는 긍휼과 자비, 온유의 성품을 만들어 가십니다.

주님은 내 안에서 주님의 향기가 피어나게 만들어 주십니다.

억지로 가짜 향수를 뿌릴 필요가 없습니다.

그런 척할 필요가 없도록 향기의 근원이신 예수님의 형상을 내 안에서 일으켜 주십니다.

내가 할 일은 나의 부족함을 인정하고, 주님의 성품을 닮게 해 달라고 기도하는 것입니다.

"성품 닮기"는 배워서 되는 것이 아니라 주님의 은혜로 임하는 것이기에 오늘도 주님 바라보며 기도합니다.

"주님, 나의 강퍅한 마음의 그릇을 깨뜨려 주소서!"

【기도】 주님의 심장으로 이식시켜 주소서!
【적용】 온유함을 위한 기도!

 2010년 9월 23일

하늘의 기운으로 일어서라
골로새서 4:1-9

기도를 항상 힘쓰고 기도에 감사함으로 깨어 있으라 [골 4:2]

항상 힘쓰지 않으면 기도할 수 없습니다.
기도는 자동이 아닙니다.
기도는 운전 실력을 연마하듯 단련되는 것이 아닙니다.
기도는 항상 환경에 영향을 받기 때문에 항상 힘쓰지 않으면 할 수 없습니다.
항상 힘쓰는 것이 힘들기에 기도생활에 승리하는 사람이 많지 않습니다.
하루 종일 다른 일에 힘을 썼기 때문에 기도생활에 힘을 쓸 여력이 없다고 합니다.
일상생활에서 사용하는 힘과 기도생활에서 쓰는 힘이 같다고 생각하지만 틀린 생각입니다.
일상생활에서 사용하는 힘은 사용할수록 소진되지만 기도생활에서 사용하는 힘은 사용할수록 더 탄력이 붙는 힘입니다.
육체는 곧 소진되지만, 기도하고자 힘을 쓰면 하나님은 날마다 새 힘을 주십니다.
기도할 때 하나님이 주시는 새 힘은 일상생활까지도 커버하는 힘입니다.
육체에서 나오는 힘으로 살면 늘 환경에 굴복당합니다.
그러나 기도에서 나오는 새 힘으로 살면 환경을 초월합니다.
기도하지 않는 사람은 늘 환경을 탓합니다.

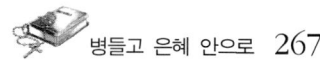

그러나 기도하는 사람은 핑계가 없습니다.
기도하지 않는 사람은 육체의 연약함에 갇힙니다.
그러나 기도하는 사람은 육체의 한계를 뛰어넘습니다.
이것이 항상 기도하는 사람이 승리하는 비결입니다.
기도에서 환경을 변화시키는 힘이 나옵니다.
기도에 항상 힘쓰지 않으면 인생의 다스림을 받습니다.
기도는 인생을 다스리는 컨트롤 타워입니다.
주님은 밥 먹을 힘조차 없는 지경이라도 기도할 힘은 남겨 두십니다.
그래서 기도를 하면 어떤 상태에 빠졌든지 다시 일어날 수 있습니다.
기도는 하늘의 힘입니다.

【기도】 주님, 기도의 힘으로 병상을 털고 일어나게 하소서!
【적용】 기도생활에서 물러나지 않기!

 2010년 9월 25일

우리들만의 리그

디도서 1:1-9

내가 너를 그레데에 떨어뜨려 둔 이유는 부족한 일을 바로잡고 나의 명한 대로 각 성에 장로들을 세우게 하려 함이니 책망할 것이 없고 한 아내의 남편이며 방탕하다 하는 비방이나 불순종하는 일이 없는 믿는 자녀를 둔 자라야 할지라 감독은 하나님의 청지기로서 책망할 것이 없고 제 고집대로 하지 아니하며 급히 분내지 아니하며 술을 즐기지 아니하며 구타하지 아니하며 더러운 이를 탐하지 아니하며 오직 나그네를 대접하며 선을 좋아하며 근신하며 의로우며 거룩하며 절제하며 미쁜 말씀의 가르침을 그대로 지켜야 하리니 이는 능히 바른 교훈으로 권면하고 거스려 말하는 자들을 책망하게 하려 함이라 [딛 1:5-9]

바울 사도는 디도를 그레데로 보냅니다.
그곳의 교회를 돌보고 장로들을 세워야 하기 때문입니다.
바울이 제시한 장로의 조건들을 보면 입이 쩍 벌어집니다.
이 당시에는 이런 조건을 갖춘 사람들이 있었나 봅니다.
아니면 지금까지 너무 협소하게 살아서 이런 조건을 갖춘 사람들을 만나지 못한 것인지도 모릅니다.
하여튼 이런 조건을 갖춘 사람들이 있을까 하는 의구심을 지울 수 없습니다.
장로도 장로지만 그런 장로들을 세워야 하는 디도 역시 그에 버금가는 사람이어야 할 것입니다. 그렇다면 바울은 그런 조건을 갖춘 디도이기에 장로 세우는 사역을 디도에게 맡겼을 것입니다.
나는 이런 성경의 기준으로 직분자들을 세우지 못했습니다.
몇 가지 이유가 있지만 가장 핵심적인 이유는 내가 이런 조건을 갖추제 못했기 때문입니다.
그 결과 이런 조건을 갖춘 직분자가 나오기까지 기다리지 못하고 나처럼 흠이 있는 직분자들을 세우고 말았습니다.
내가 그런 흠이 있기에 그런 흠 없는 사람을 양성할 자격이 애초부터 없었는지 모릅니다.
그러나 마음은 편한 것만은 사실입니다.
목사도 흠이 많고, 직분자들도 흠이 많으니 서로서로 이해하면서 지낼 수 있으니.
"목사도 사람인데!"라는 말을 위안 삼으면서 말입니다.
성도들도 흠 없는 목사처럼 거룩해야 한다는 스트레스에서 벗어나고,

나 역시 거룩해지지 않는 성도들 때문에 스트레스를 받지 않으니까요.

"저들이 교회 나오는 것만도 기적이야!"라는 말로 자위하면서 말입니다.

그러니까 완전히 "우리들만의 리그"인 셈입니다.

주님이 보시면 웃기는 짬뽕들이라 하시겠지만.

참 부끄러운 일을 저질렀습니다.

새롭게 기회가 주어진다면 성경적인 지도자의 조건을 따라 나부터 바로잡고 싶습니다.

내가 조건을 갖추면 그런 직분자들이 교회 안에서 우후죽순처럼 자라날 것이기 때문입니다.

그런 조건을 갖춘 직분자가 나타나지 않는다면 끝까지 기다릴 것입니다.

그리고 마침내 이런 조건을 갖춘 목사, 그런 직분자들이 세워질 때 교회는 영광으로 가득할 것이며, 그 영광의 빛으로 세상은 교회를 존경하게 될 것입니다.

【기도】 주님, 성경의 조건을 타협하지 않게 하소서!
【적용】 나부터 원칙 지키기!

 2010년 9월 26일

영적 기상일보! 비 온 뒤 무지개
디도서 1:10-16

이 증거가 참되도다 그러므로 네가 저희를 엄히 꾸짖으라 이는 저희로 하여금 믿음을 온전케 하고
[딛 1:13]

바울 사도는 디도에게 그레데인 성도들을 엄히 꾸짖으라고 명령합니다.
그릇된 성도들을 꾸짖는 것도 그 꾸지람을 받아들일 만한 사람들을 꾸짖어야 합니다.
소귀에 경 읽는 것 같은 성도들에게는 시간과 에너지 낭비입니다.
잘못 꾸짖다가는 반감만 사서 더 큰 문제를 만듭니다.
잘못하면 원수지간으로 변해 목회는 점점 힘들어집니다.
한두 명 잘못하는 것은 몰라도 대부분이 비슷비슷한 성도들인데 잘못 꾸짖다가는 목회자가 쫓겨날지도 모릅니다.
잘못하는 것을 알지만 막상 성도들의 삶의 내부를 살펴보면 꾸짖는 것이 과하다는 생각이 들곤 합니다.
오히려 위로가 더 필요한 성도들이 많습니다.
몇 주간 계속 꾸짖는 설교를 하면 대부분 성도들은 무척 불편해 합니다.
일주일 내내 삶에 시달리다가 교회 나왔는데 목사마저 꾸짖으니 갈 데가 없습니다.
아마 계속 꾸짖다가는 다른 교회로 옮기는 것을 봐야 할 것입니다.
그래서 꾸짖다가는 바로 위로해 주고 격려해 줍니다.
또 하나 지울 수 없는 의구심은 꾸짖는다고 사람이 바뀌느냐입니다.

참 큰 고민입니다.

이러한 여러 가지 부조리한 여건 속에서도 꾸짖는 일은 목회자의 중요한 사명입니다.

사실 설교의 바탕은 꾸짖는 것이기 때문입니다.

제대로 꾸짖지 않아서 문제가 생기는 것이지 꾸짖는 자체가 잘못된 것은 아닙니다.

목사의 사소한 감정풀이나 편협한 자기 이익을 위해 꾸짖는 것이 아니라면 설교는 꾸지람으로 가득 채워져야 합니다.

그래야 자복하여 회개합니다.

아니면 떠나든 할 것입니다.

주님이 설교하면 딱 두 편으로 갈라졌습니다.

회개하여 구원받는 그룹과 반항하여 씩씩거리며 등을 돌리는 자들.

성령님이 함께하시는 꾸지람은 성도의 본색을 드러냅니다.

꾸지람에 반응하는 것을 통해 양과 염소가 분별됩니다.

꾸짖는 것은 많은 에너지를 요구합니다.

기도도 많이 해야 하기 때문에 여간 스트레스를 받는 것이 아닙니다.

(태생적으로 꾸짖는 것을 즐기는 히스테릭한 사람은 아니겠지만)

꾸짖을 때 아파하는 성도들을 생각하면 쉽게 할 수 없습니다.

그럼에도 꾸짖는 일에는 능통해야 합니다.

성도를 내 사람으로 만들기 위해 목회하는 것이 아니라 예수님의 사람으로 만드는 것이 목회이기 때문입니다.

예수님의 뜻대로 꾸짖는 것은 성도를 향한 사랑 없이는 할 수 없습니다.

꾸짖는 것은 사랑의 이복동생입니다.

쌍둥이가 아니라 이복동생 말입니다.

오늘도 에베소서 교회론을 주제로 설교할 계획인데 많은 부분 현재 성도들을 꾸짖는 내용입니다.

꾸짖음이 상처가 아닌 회개와 성경적인 교회와 성도의 회복을 위한 사랑의 회초리가 되기를 간절히 바랍니다.

오늘 날씨가 꾸물꾸물 비가 올 것 같습니다.

꾸지람을 들은 성도들의 마음이 비 온 뒤 찬연하게 떠오르는 무지개처럼 밝게 빛나기를 소망하면서 꾸지람의 채찍을 높이 듭니다.

"주여, 나를 먼저 때려 주소서!"

【기도】 주님, 용기 주소서!
【적용】 나를 먼저 살피고 회개하기!

2010년 9월 29일

자연인, 종교인, 신앙인
디도서 3:1-7

너는 저희로 하여금 정사와 권세 잡은 자들에게 복종하며 순종하며 모든 선한 일 행하기를 예비하게 하며 　　　　　　　　　　[딛 3:1]

주님은 디도에게 성도들로 하여금 세상에서 선한 일을 행하도록 훈련시키라고 말씀하십니다.

자연인에서 입교하여 교회생활을 잘 하는 성도들을 보면 마음이 뿌듯합니다.

주일성수, 예배참석, 기도생활, 성경공부 등등 교회 프로그램을 잘 따

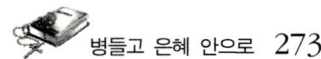

르는 성도가 많지 않기에 그런 분들을 보면 참 귀하다는 생각이 듭니다.

그러나 그런 분들 가운데 생활 속에서 다른 사람들에게 욕을 먹는 사람들을 봅니다.

교회생활은 흠이 없는데 생활 속에서 이웃들과의 관계에서는 많은 흠이 있습니다.

물론 자라나는 단계에서 나타나는 흠이야 어쩔 수 없습니다.

그러나 그것이 상습적인 현상이라면 주님이 바라는 신앙인은 아닙니다.

자칫하면 위선자라는 말을 듣기 쉽습니다.

목회자의 책임은 자연인을 단순히 그 교회의 교인을 만드는 것이 아니라 생활 속에서 주님의 영광을 나타내는 신앙인을 만드는 것입니다.

오늘 본문은 목회가 얼마나 적극적이어야 하는지를 보여주는 본문입니다.

자기 교회 교인 만드는 것에 만족하며 살 때가 많습니다.

성도들은 생활까지 간섭하는 것을 싫어합니다.

목사가 성도의 직장생활, 사업생활, 그리고 모든 이웃과의 관계, 금전 관계 등을 일일이 점검한다면 성도들은 시험에 들 것입니다.

자신들의 치부가 드러나는 것을 원하는 성도는 없습니다.

그러나 주님은 성도들의 생활 전반을 점검하면서 생활에서 주님의 영광을 나타내는 온전한 신앙인을 양성하라고 하십니다.

교회생활에 착실한 것으로 만족하지 말고(속지 말고) 그들의 생활까지 파고 들어가 온전한 신앙인을 만들어야 합니다.

제자훈련의 꽃은 교회 화단이 아니라 생활 속에서 피는 것이기 때문입니다. 앞으로는 좀 더 전투적으로 성도들을 훈련시켜야겠습니다.

만만치 않는 전쟁을 예고하는 것 같습니다.

그래도 피할 수 없는 전쟁이니 피 좀 흘려야겠습니다.

돈 떼먹은 사람, 일 시키고 임금 떼먹은 사업주, 회사 공금 횡령한 사람, 생니 뽑아 군대 면제받은 사람이 우리 교회 출신이 아니기를 바란다면 제자훈련 지금처럼 널널하게 시켜서는 안 될 것 같습니다.

이번 주 제자훈련 3과 진행해야 하는데 각오를 새롭게 해야 할 것 같습니다.

【기도】 주님이 기뻐하시는 제자훈련의 목표를 이루게 하소서!
【적용】 내가 먼저 선한 삶을 살기!

2010년 10월 2일

지금은 밀애 중
시편 88:1-8

주께서 나를 깊은 웅덩이 어두운 곳 음침한 데 두셨사오니 　　[시 88: 6]

하나님은 시인을 깊은 웅덩이 어두운 곳 음침한 곳에 두셨습니다.
웅덩이는 사방의 모든 것으로부터 단절된 장소입니다.
가족, 친구, 동료, 이웃, 연인까지도 멀리 떨어진 곳에 있습니다.
마치 사망한 자로 여김을 받는 지경에 처하게 되었습니다.
시인은 거기서 주님만 바라봅니다.
이상하게도 나의 경험과는 반대입니다.
이런 경우를 당하면 가장 멀어지는 것이 하나님인데 시인은 하나님만 보입니다.
참신앙은 아무것도 의지할 것 없을 때 주님을 찾는 것입니다.

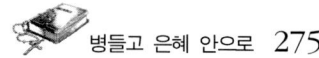

다른 것 다 가진 상태에서 곁가지로 주님을 소유하는 것이 아닙니다. 다른 것 다 잃었을 때 주님만 소유하는 것, 그것이 참신앙입니다.
어제 오래전부터 친구처럼 지내는 목사님의 병문안을 받았습니다.
그분과 몇 시간을 같이 보냈습니다.
아쉬운 만남을 뒤로하고 헤어질 때 그분이 남긴 말입니다.
"김 목사님, 많이 변했네요!" (긍정적인 방향으로)
말기 암 선고 받고 11개월 남짓 지났습니다.
그 시간에 도대체 무슨 일이 있었기에 사람이 그렇게 많이 변했느냐 하는 것입니다.
이유는 한 가지입니다.
가족도, 친구도, 동료도, 그 누구의 도움도 소용없는 깊은 웅덩이에 빠졌기 때문입니다.
거기서 나는 주님과 밀애를 나누는 은혜를 누렸습니다.
저는 이렇게 대답했습니다.
"사람 변하는 것 간단해요. 주님과 밀애하면 됩니다!"
그 목사님 대답이 걸작입니다.
"나는 그런 밀애 즐길 자신이 없네요!"
그래서 제가 마지막으로 대답했습니다. (속으로)
"당연하지, 사랑은 아무나 하나!"

【기도】 주님, 힘든 웅덩이의 시간을 고통으로 보내지 않게 하시고 즐기게 하소서!
【적용】 감사하기!

2010년 10월 3일

능력 주유소
시편 89:1-18

여호와 만군의 하나님이여 주와 같이 능한 자 누구리이까 여호와여 주의 성실하심이 주를 둘렀나이다　　　　　　　　　　　　　　[시 89:8]

　주님은 전능하십니다.
"주와 같이 능한 자가 누구리이까."
이 말만 들으면 흥분됩니다.
나는 주님의 소유, 즉 자녀이기 때문입니다.
주님은 전능하신 신이십니다.
나는 신의 아들입니다.
나 역시 신입니다.
이것이 태초에 주님이 만드신 나를 향한 계획입니다.
주님은 나에게 전능한 모든 능력을 주셨습니다.
구약시대에서는 능력을 받아야 했지만 예수님이 오신 이후로는 그럴 필요가 없습니다.
　주님이 이미 다 주셨습니다.
예수 안에서 기업의 풍성함과 크신 능력은 이미 내 것입니다.
주님은 그것을 구하지 말고 누리라고 말씀하십니다.
주님은 나에게 이미 강단의 능력을 주셨습니다.
주님은 나에게 이미 치유의 능력을 주셨습니다.
주님은 나에게 이미 물질의 축복을 주셨습니다.
　오늘은 믿음으로 주님이 은혜로 주신 전리품들을 찾아 누리는 날입니다.

"주님은 전능하십니다!"라는 말은 수사적 표현 그 이상입니다.
내가 주님의 그 전능함을 누리지 못하면 나는 아무것도 아닙니다.
주님 역시 내게 아무 의미가 없습니다.
주님의 전능하심은 주님을 믿는 자녀들을 위한 것이기 때문입니다.
오늘은 그 주님을 찬양하고 기뻐하고 누리는 능력 충만한 날입니다.
능력은 이미 내 안에 충만합니다.
모든 성도가 마음의 눈을 열어 이 모든 것을 발견하고 누리는 날이기를 소망합니다.
교회는 능력 주유소입니다.
무한 리필되며 무료입니다.
주님이 값을 다 치르셨습니다.
조건이 하나 있습니다.
능력을 퍼 올릴 주유기는 반드시 개인이 지참하셔야 합니다.
빌릴 수가 없습니다.
그것은 믿음입니다.

【기도】 주님의 능력을 보게 하시고, 만지게 하시고, 누리게 하소서!
【적용】 믿음으로 사역하기

 2010년 10월 4일

면류관으로 엮은 인생
시편 89:19-37

내가 내 종 다윗을 찾아 나의 거룩한 기름으로 부었도다 내 손이 저와 함께하여 견고히 하고 내 팔이 그를 힘이 있게 하리로다 원수가 저에게서 강탈치 못하며 악한 자가 저를 곤고케 못하리로다 내가 저의 앞에서 그 대적을 박멸하며 저를 한하는 자를 치려니와   [시 89:20-23]

그 누구도 다윗을 해할 수 없습니다.
반석이신 주님이 지키시기 때문입니다.
이 언약은 다윗뿐만 아니라 다윗의 계보에 속한 모든 이들에 대한 언약입니다.
"아브라함과 다윗의 자손 예수 그리스도의 계보라" [마 1:1]
교회를 향한 언약이며 나를 향한 언약이기도 합니다.
예수 그리스도를 영접한 나를 건드릴 자는 없습니다.
나는 이 진리를 아는 데 한참 걸렸습니다.
이 진리를 알기까지 위축되고 무기력한 삶을 살아야만 했습니다.
사탄에게 조롱당하며 빼앗기며 살아야 했습니다.
그러나 이제는 아닙니다. 사탄을 비롯한 그 누구도 나를 해할 수 없습니다.
내 안에 예수님이 나를 지키시기 때문입니다.
나는 이미 예수님의 완벽한 방어망에 들어가 있습니다.
우리나라가 미국의 핵우산 아래서 안위를 누리는 것보다 더 강한 방어망이 나를 지킵니다.
나는 말기 암이지만 암이 나를 해하지 못한다는 사실을 알았습니다.

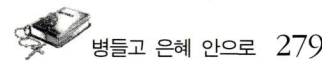

내 안에 죽음에서 부활한 주님의 능력이 꿈틀거리고 있기 때문입니다.
암이 두려워 떨던 바보 같은 시간을 보내기도 했지만 지금은 아닙니다.
암은 나를 죽이지 못합니다. 나는 매일 주님의 능력을 붙잡습니다.
나는 이미 완치되었음을 선포합니다.

의사의 진단을 존중하지만 그 진단에 희비가 엇갈리지 않습니다.
나는 주님의 진단을 의사의 진단보다 더 존중합니다.

나를 보호할 진정한 반석은 의사가 아니라 주님이기 때문입니다.

주님은 내가 암에 걸릴 줄 아시고 이미 완벽한 대책을 준비해 두셨습니다.

"그가 채찍에 맞음으로 종성이가 나음을 얻었나니."

주님의 능력은 암세포를 박멸하고도 남습니다.

나는 사탄이 내 생명과 인생을 농락하지 못하도록 오늘도 사탄을 꾸짖는 일성으로 하루를 엽니다.

오늘 아침에도 한 다발의 승리의 면류관을 주문합니다!

【기도】 주님, 완벽한 돌봄과 사랑에 감사드립니다.
　　　　그 사랑 제한 없이 누리게 하소서!
【적용】 승자의 마음으로 여유롭게 살기!

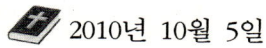
2010년 10월 5일

가시와 사랑으로 엮은 장미꽃 인생
시편 89:38-52

그러나 주께서 주의 기름 부음 받은 자를 노하사 물리쳐 버리셨으며 주의 종이 언약을 미워하사 그 관을 땅에 던져 욕되게 하셨으며   [시 89:38, 39]

하나님은 다윗을 징계하십니다. 욕되게 하시며 수치를 당하도록 하셨습니다.
다윗이 평생 주님을 사랑할 수 있었던 비결이 여기에 있습니다.
징계를 당하면서 하나님이 하나님 되심을 몸소 체득했습니다.
그렇지 않았다면 다윗은 반쪽짜리 하나님만 알고 결국 교만하여져서 패망했을 것입니다.
내가 주님을 사랑하도록 만드는 것은 나의 한계를 깨달을 때입니다.
나의 나된 것이 주님의 은혜임을 알 때입니다.
이때가 바로 내가 누리던 모든 것이 무너질 때입니다.
나의 기반이 송두리째 무너질 때 나는 하나님이 하나님 되심을 깨달았습니다. 나의 육체가 무너질 때 나는 하나님을 사랑하는 법을 배우기 시작했습니다.
그 결과 지금은 주님을 더욱 찬송합니다. 아니 그 전에 고백한 찬송은 입술만의 찬송인 반면 지금 고백하는 찬송은 온 맘으로 고백하는 찬송입니다.
이제 어떤 위기가 와도 주님을 찬양할 것입니다.
지금보다 더 큰 위기가 와도 주님을 찬양하는 일에 변함이 없을 것입니다.
주님은 위기와 함께 더 큰 은혜를 주신다는 사실을 알았기 때문입니다.

내가 위기 가운데서도 여전히 주님을 찬양하는 것은 주님의 사랑을 받기 위해서가 아닙니다. 그것은 내가 주님을 사랑하기 위해서입니다.

나에게 찾아온 위기는 나를 향한 넘치는 주님의 사랑과 함께 온 것이기 때문입니다.

오늘 아침은 주님을 찬양하는 것으로 시작합니다. 영원하신 주님을 찬양합니다. 처음이며 끝이 되시는 주님을 찬양합니다.

인생의 위기 가운데 사랑의 보물을 뿌려 놓으신 주님을 찬양합니다.

주님은 가시 없는 장미가 얼마나 밋밋한지 아시고 곳곳에 가시를 두셨습니다.

주님은 밋밋한 인생이 아닌 장미꽃 인생으로 디자인하셨습니다.

【기도】 주님의 선하심의 의미를 알게 해 주시니 감사합니다.
【적용】 위기 가운데 심겨진 주님의 사랑 찾기!

 2010년 10월 6일

그곳은 바보들의 천국

시편 90: 1-17

우리의 년수가 칠십이요 강건하면 팔십이라도 그 년수의 자랑은 수고와 슬픔뿐이요 신속히 가니 우리가 날아가나이다   [시 90:10]

강건하며 팔십이라도 돌아보면 수고와 슬픔뿐인 인생입니다.
그래도 더 살고 싶어 하는 것이 인간의 본능입니다.

할 수만 있다면 영원히 살고 싶어 합니다.

평균수명 백 세가 되어도 더 살고 싶어 하는 것이 인간입니다.

주님은 이런 부질없는 욕망으로부터 나를 해방시키셨습니다.

힘든 일을 겪다 보니 안식이 얼마나 그리운지 모릅니다.

죽을 만큼 아파 본 사람은 할 수만 있다면 누구나 안식에 들어가기를 힘씁니다.

물론 다 그런 것은 아닙니다. 참으로 안식을 믿는 성도만 그렇습니다.

이 세상이 전부인 양 확신하며 살아가는 사람에게 안식은 절대 금물일 테니까요.

이 확신이 착각인 줄 알 때는 이미 늦은 때입니다.

주님은 평생 자기만을 위해 살다가 당하는 수고와 슬픔을 안고 마치는 비참한 인생에서 나를 건져 주셨습니다. 이제 내가 아닌 주님과 이웃을 위해 남은 인생 살 것입니다.

이것이 주님이 나를 구원하신 목적이기에 더욱 그렇게 살고 싶습니다.

개인의 욕심보다 공동체의 유익을, 나의 안위보다 가족의 행복을, 나의 안락함보다 주님의 뜻을 먼저 실현하며 살고 싶습니다.

이것이 몽당연필보다 더 짧은 인생을 사는 비결임을 주님이 깨닫게 하셨습니다.

"우리는 그가 만드신 바라 그리스도 예수 안에서 선한 일을 위하여 지으심을 받은 자니" [엡 2:10]

그렇게 살다가 안식에 들어가는 날 나는 평생에 즐겁고 기쁘게 살 것입니다.

안식에서의 나의 평생은 팔십이 아니라 팔십에 팔십을 곱해도, 아니 팔백에 팔백을 곱해도 끝이 없는 영원입니다.

돈 한 푼 손해 보면 난리치는 사람들이 인생을 송두리째 도둑맞는데도 희희낙락합니다.

수고와 슬픔뿐인 인생을 위해 영원을 포기하니 말입니다.

나는 기꺼이 손해볼 것입니다. 수고와 슬픔뿐인 팔십 인생을 제물로 바치는 손해를.

80 〈 영원 = 나는 이런 바보이고 싶습니다.

그러나 나는 결코 손해 보지 않을 것입니다.

이런 팔십과 영원을 바꿀 수는 없습니다.

80 〉 영원 = 나는 절대 이런 바보이기를 거부합니다.

【기도】 세상 보기에는 바보요, 주님 보시기에는 현명한 자로 살게 하소서!
【적용】 남을 돕기!

2010년 10월 7일

목숨 걸고 믿기

시편 91:1-16

내가 여호와를 가리켜 말하기를 저는 나의 피난처요 나의 요새요 나의 의뢰하는 하나님이라 하리니 [시 91:2]

시편 기자는 하나님이 자신의 피난처라고 고백합니다.

하나님을 믿으면 몹쓸 질병과 각종 재앙과 파멸이 비켜간다고 고백합니다. 나도 그런 줄 알고 하나님을 믿고 의지하며 살았습니다.

그러나 현실은 그게 아니었습니다. 나는 몹쓸 병에 걸리고 말았습니다. 남자 5명 중에 한 명이 암에 걸린다고 해도 나는 안 걸릴 줄 알았습니다.

그러나 그만 암에 걸렸습니다. 자각할 사이도 없이 말기 암으로 진단받았습니다.

벌써 1년이 다 되어 갑니다.

내가 더욱 의아해 했던 것은 나보다 훨씬 하나님을 잘 믿고 섬기던 분들도 몹쓸 병에 걸려 이 세상을 떠났다는 것입니다.

아주 드물게 몹쓸 죽음의 병에서 기적적으로 살아나는 경우가 있지만 그것은 하나님을 믿지 않는 사람들에게도 종종 일어납니다.

비행기 추락사고, 삼풍백화점 붕괴사고, 성수대교 붕괴사고, 각종 병과 재앙은 하나님을 믿는 성도들을 비켜가지 않았습니다.

그렇다면 주님은 특정한 아주 소수의 성도에게만 재앙에서 건져주는 은혜를 주시는가?

믿고 기대한 대로 그 결과가 나타나지 않을 때 신앙은 요동칩니다.

오늘도 이 미지의 싸움은 계속됩니다.

의사를 신봉하며 의사에게 몸을 맡긴 채 주님이 고쳐 줄 거라고 믿는 것이 믿음인지, 주님이 나의 피난처이니 기도원에 가서 기도하는 것이 바른 길인지, 후자가 바른 길 같은데 그렇게 하면 광신자라는 욕먹을 각오를 해야 하니.

내가 진짜 주님을 피난처로 삼고 있는지 말로만 그런 것인지 내가 재앙 한가운데 빠져 보니 많이 헷갈립니다.

오늘도 병원에 가야 하는데 벌써부터 발걸음이 천근만근입니다.

죽음을 앞둔 말기 환자들에 둘러싸여 치료받는 동안 믿음을 지키기가 쉽지 않습니다.

벌써 응답을 받았다면 그에 상응하는 태도를 취하는 것이 참믿음 같은데 눈에 나타나는 현상이 있을 때까지 치료 받자는 제의에 밀리고 있으니 믿음은 목숨을 담보로 걸어야 하나 봅니다.

【기도】 주님, 믿음을 흔드는 사탄의 방해를 물리쳐 주소서!
【적용】 나사렛 예수 그리스도의 이름 선포하기!

2010년 10월 8일

천국행 예행연습
시편 92:1-15

주께서 저희를 홍수처럼 쓸어가시나이다 저희는 잠간 자는 것 같으며 아침에 돋는 풀 같으니이다   [시 92:5]

시편 기자는 주의 행사가 어찌 그리 큰지, 주의 생각이 심히 깊다고 고백합니다.
참 알 수 없는 게 주님의 행사이며 주님의 생각입니다.
알 것 같다가도 알 수 없습니다.
정말 피하고 싶은 일을 겪게 하시므로 상상하지 못한 기쁨을 누리게 하시니 말입니다.
당할 때는 지옥인데 차츰 시간이 지나면 천국입니다.
어제는 병원치료를 받고 집에 가다가 길에서 혼절했습니다.
주변 분들이 구급차를 불러 줘서 응급실로 실려 갔습니다.
가족들이 출동하고 난리가 났습니다.
응급실에 오자마자 뇌 CT촬영, 엑스레이, 심전도검사, 혈액검사를 실시했는데 모두 정상입니다.
생전 처음 구급차를 탔습니다.

구급차 침대에 묶여 실려 가는 동안 의식이 돌아왔습니다.

요란하게 흔들거리며 병원으로 이송되는 20분간 많은 것을 생각하게 되었습니다.

무서운 것은 아니지만 허무하다는 생각이 들었습니다.

그렇게 순식간에 이 세상과 하직한다고 생각하니 가슴이 먹먹해지기 시작했습니다.

정말 내일 일은 알 수 없습니다.

멀쩡하게 치료 받으러 다니던 길에서 혼절했으니 말입니다.

전혀 상상도 하지 못한 구급차를 탈 줄은 꿈에도 몰랐습니다.

그러나 주님의 행사는 크고 주님의 생각은 깊으셨습니다.

주님은 어제를 천국행 예행연습의 날로 정하신 것입니다.

연습이야 많이 할수록 좋지만 연습 많이 하면 막상 실전은 더디게 일어나니 그것도 걱정입니다.

"안식에 들어가기를 힘쓸지니"가 주님의 말씀이니까요.

주님이 시간을 주신 이유는 천국행 준비에 만전을 기하라는 사인입니다.

언제 실려 가도 후회 없도록 말입니다.

【기도】 주님, 미숙한 자의 미숙한 천국행 준비를 용서해 주셔서 감사합니다. 잘 준비하게 하소서!

【적용】 중요한 일 미루지 않기!

병들고 은혜 안으로

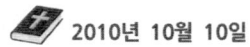
2010년 10월 10일

나는 천사를 보았다
시편 94:1-11

여호와여 보수하시는 하나님이여 보수하시는 하나님이여 빛을 비취소서 세계를 판단하시는 주여 일어나사 교만한 자에게 상당한 형벌을 주소서 여호와여 악인이 언제까지 악인이 언제까지 개가를 부르리이까   [시 94:1~3]

 시편 기자는 죄악을 행하는 자들을 복수해 달라고 하나님께 간청합니다.
 악을 자행하는 폭도들을 보면 당장 주님이 나타나 복수해 주기를 바랍니다.
 그러나 그런 일은 일어나지 않습니다.
 대부분 하나님은 침묵하십니다.
 그냥 마음속으로 복수를 하면서 마음을 달랩니다.
 그렇게 속 시원히 복수하지 못하는 마음은 깊은 회한으로 남습니다.
 한때 죽이고 싶을 정도로 미워했던 사람이 있었습니다.
 나에게 부당한 피해를 입혔기 때문입니다.
 온갖 저주를 퍼부었지만 그에게 아무 일도 일어나지 않았습니다.
 그때 느낀 패배감은 내 가슴을 멍들게 했습니다.
 그때 나는 깨달아 알았습니다.
 주님은 악인을 징치하시되 내 방식과 내 타임테이블을 따라 징치하지는 않는다는 것을.
 주님은 심판하시는 공의의 하나님이십니다.
 그러나 그 심판은 공정하게 이루어집니다.
 지금 예수님께 오늘 본문처럼 악인들을 고발한다면 뭐라 하실까 궁금합니다.

"그래, 내가 당장 하늘로부터 불을 내려 저들을 사르리라!"고 하실까? 그렇게 말씀하시지는 않을 것 같습니다.

주님의 심판이 더디 이루어지는 것은 그들도 구원받는 것이 주님의 뜻이기 때문입니다.

정말 구원받아야 할 사람들은 이 세상에서 주님을 대적하는 어리석은 악인들입니다.

그들은 앞뒤를 분간치 못하는 죄인들입니다.

하나님의 심판이 믿어지면서부터 악인들이 불쌍하게 느껴졌습니다.

저들이 어떻게 하나님의 심판을 견딜 수 있을까 생각하면 연민이 느껴집니다.

앞뒤를 분간치 못하고 악을 자행하는 자들이 가장 불쌍합니다.

오늘은 그들을 위해 중보기도를 해야겠습니다.

죄인을 향한 주님의 심정을 헤아리면서 말입니다.

복수의 마음은 자신을 태울 뿐입니다.

그러나 긍휼과 자비의 마음은 죄인뿐만 아니라 나도 구원합니다.

이 땅은 복수의 마음이 이글거리는 태양과 같습니다.

그 이글거리는 복수의 마음이 지구의 기후를 뜨겁게 덥히고 있습니다.

지구촌 여기저기서 복수의 아우성이 메아리칩니다.

폭발 직전입니다.

나 하나부터 긍휼과 자비의 마음으로 복수의 불을 끄지 않는다면 지구는 곧 폭발하고 말 것입니다.

오늘 예배를 통해 주님의 긍휼과 자비의 마음을 공급받고 싶습니다.

내 주변에서 늘 이런 소리를 듣게 되기를 바랍니다.

"나는 천사를 보았다!"

【기도】 주님, 고발하는 대신 중보기도하게 하소서!
　　　　누군가의 미움의 대상이 되지 않도록 처신하게 하소서!
【적용】 긍휼과 자비의 마음으로 대하기!

 2010년 10월 11일

놋쇠처럼, 깃털처럼
시편 94:12-23

여호와여 주의 징벌을 당하며 주의 법으로 교훈하심을 받는 자가 복이 있나니 이런 사람에게는 환난의 날에 벗어나게 하사 악인을 위하여 구덩이를 팔 때까지 평안을 주시리이다　　　　　　　　　　　　　[시 94:12, 13]

주의 징벌을 당하는 자와 말씀으로 교훈하심을 받는 자는 복이 있다고 합니다.

갑작스런 화재, 질병, 부도, 자녀 탈선, 가정불화, 교통사고, 도둑맞음, 관계 파괴… 이런 것들은 일상의 평안을 깨뜨리는 재앙입니다.

정말 피하고 싶은 불상사입니다.

그러나 이런 것들이 주님이 사용하시는 다양한 징벌들입니다.

하나님의 말씀을 그릇 행하다가 징벌을 당하면 자신을 돌아보게 됩니다.

징벌의 목적은 변화입니다. 징벌은 금을 연단하는 풀무와 같습니다.

그 풀무 속에서 불순물이 제거됩니다.

그래서 징벌을 당하면 순도 99.999% 정금으로 만들어집니다.

징벌을 당할 때는 아프지만 그 후에 주시는 평안이 그 아픔을 덮어 버립니다.

그래서 징벌을 당하는 자는 주님을 뜨겁게 사랑합니다.

징벌 당해 보지 않은 사람의 하나님 사랑은 피상적일 수 있습니다.

하나님이 사랑하는 자가 징벌을 당하면 더욱 하나님의 사랑을 깨닫게 됩니다.

그러나 징벌을 당할수록 하나님으로부터 멀어지는 사람도 있습니다.

전자는 다윗이요, 후자는 사울입니다.

하나님의 징벌을 당할 때 누구나 상처가 남습니다.

그러나 주님은 회복을 통하여 그 상처를 낫게 하십니다.

평안을 주신다는 것은 삶을 복되게 하신다는 의미입니다.

징벌이 끝나면 주님의 은혜가 내 삶을 복되게 하십니다.

징벌이 끝나면 상상치 못한 놀라운 일들이 일어납니다.

징벌을 당한 나를 위해 주님의 깜짝선물은 예비되어 있습니다.

그 깜짝선물이 무척 궁금합니다. 그리고 빨리 받고 싶습니다.

앞으로 나에게 남은 날은 주님이 주시는 깜짝선물을 까 보는 재미로 꽉 찰 것입니다.

그 선물 이웃들에게 나눠주는 기쁨으로 인생의 후반전을 채울 것입니다.

나는 정말 복을 받은 자입니다. 제대로 된 하나님의 징벌을 당하는 중이니까요.

제대로 된 주님의 징벌이 나에게 날개를 달아 주었습니다.

여러 가지 결박에서 자유하게 되었습니다.

【기도】 주님, 세상 수렁에서 건지시고 높은 하늘로 인도하심을 감사합니다.
【적용】 평안을 누리기!

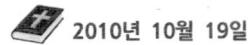
2010년 10월 19일

주파수를 점검하라
시편 102:1-11

여호와여 내 기도를 들으시고 나의 부르짖음을 주께 상달케 하소서 나의 괴로운 날에 주의 얼굴을 내게 숨기지 마소서 주의 귀를 기울이사 내가 부르짖는 날에 속히 내게 응답하소서 　　　　　　　　　　　　[시 102:1, 2]

　하나님은 얼굴을 숨기시는 분입니다.
　아무리 기도해도 응답이 없을 때는 하나님이 어디론가 숨어 버린 것 같이 느껴집니다.
　긴 터널에 들어온 것처럼 막막하고 답답합니다.
　주님은 나의 믿음을 측량해 보십니다.
　그 방법 중에 하나가 응답하지 않으시는 것입니다.
　그것도 괴로운 날에 말입니다.
　가장 절박할 때 응답하지 않으므로 내 믿음은 여지없이 흔들립니다.
　바람에 요동치는 물결처럼 두 마음으로 나뉩니다.
　믿으며 그리고 의심하며…. 믿음과 의심이 공존합니다.
　믿음을 키우는 것도 쉬운 일은 아니지만 의심을 떨쳐내는 것은 몇 곱절이나 더 힘듭니다.
　믿음만 있으면 의심은 자동으로 없어지는 것 같지만 그렇지 않습니다.
　주님이 응답하지 않으실 때도 계속적으로 기도하면서 의심의 크기를 줄여 나갑니다.
　무응답의 터널을 빠져나가는 최고의 방법은 주님의 말씀을 의지하는 것입니다.
　응답에 대한 주님의 말씀들을 골라 눈에, 입에, 귀에, 그리고 마음에 채워 넣습니다.

오늘도 의심의 싸움은 계속입니다.

눈에 보이는 세계와 보이지 않는 영적 세계와의 공간이 너무 크기에 의심의 골도 깊습니다.

진리말씀은 영적 세계입니다. 육체로 다가가면 반드시 실족합니다.

믿음으로 다가갈 때 서서히 그 세계가 열립니다.

주님은 육체적인 나를 영적인 사람으로 만들어 가십니다.

주님이 숨으실 때마다 나는 한 단계씩 영적인 사람으로 자랍니다.

내 소원은 즉시 응답받아 육적인 수준에 머물기보다 영적인 사람으로 자라나 항상 주님과 동행하는 것입니다. 에녹처럼 말입니다.

무응답의 깊은 터널은 영적인 사람이 통과하는 필수 코스입니다.

무응답은 주님의 주특기입니다.

오늘도 무응답을 각오하고 주님의 얼굴을 구합니다.

매일 주님의 얼굴을 구하는 자는 복이 있다고 했습니다.

얼굴 그 이상을 보게 될 것입니다.

돌아보면 항상 내 주파수가 잘못 맞춰져 있었음을 발견합니다.

엉뚱한 곳에서 응답을 찾았던 것이죠.

오늘도 조심스럽게 주파수 채널을 돌리며 주파수 조정을 합니다.

여기는 알파, 오메가 나오라. 오바!

여기는 오메가, 수신 양호하다. 오바!

영적 주파수 못 맞추면 평생 미아 됩니다.

주파수가 틀리면 오늘은 여기서 터지고 내일은 저기서 터집니다.

주님과 주파수만 제대로 맞추면 인생 누수는 없습니다.

【기도】 주님, 빗나간 주파수를 정확히 그리고 신속하게 찾게 하소서!
【적용】 내 생각 점검하기

2010년 10월 20일

안개 주의보 발령
시편 102:12-28

주께서 일어나사 시온을 긍휼히 여기시리니 지금은 그를 긍휼히 여기실 때라 정한 기한이 옴이니이다
[시 102:13]

때가 되면 주님은 시온을 긍휼히 여기셔서 회복시켜 주십니다.
주님은 영원할 것 같은 고난에 마침표를 찍어 주십니다.
그 시간이야 알 수 없지만 끝은 있습니다.
현상이 점점 악화되어 가면 그것이 곧 끝점에 이르리라고는 생각하지 못합니다.
어둠이 가장 깊을 때가 여명의 시간과 겹쳐 있는 시간입니다.
자꾸 살이 빠진다고 식구들이 걱정입니다.
증상이 좋아지지 않는 것 같다고 역시 낙심합니다.
그러나 나는 걱정하지 않기로 했습니다.
그런 낙심과 걱정의 잡소리를 거부하기로 했습니다.
질병의 끝을 정하신 주님을 믿기 때문입니다.
주변에서 별 소리들을 다 듣습니다.
도와줄 요량으로 하는 말들이겠지만 그중에는 들어야 할 말과 듣지 말아야 할 말들이 섞여 있습니다.
내가 말기 암이라고 하자 고치기에 너무 늦었다고 말하는 사람이 있습니다.
그들은 상식적인 의술 지식에 근거하여 떠들지만,
주님이 말기를 회복의 시작으로 바꾸실 것이라고는 믿지 않습니다.
믿지 않을 뿐 아니라 상상도 못합니다.

세상 정보로 똘똘 뭉친 심령에 초월적인 방법으로 역사하시는 기적의 주님이 계실 공간은 없습니다.

어느 방향이든 사람은 믿는 대로 열매를 보게 됩니다.

안 된다고 하는 사람은 평생 안 되는 열매만 거두면서도 안 된다는 생각 그 자체가 믿음이라고는 생각하지 못합니다. 그것도 일종의 믿음입니다.

망하는 것도 일종의 믿음입니다.

그러나 된다고 믿는 사람은 기적의 주님을 체험할 수 있습니다.

"믿음대로 될지어다!" 주님의 말씀입니다.

나에게 벌어지고 있는 각종 증상의 악화는 끝점을 향한 몸부림입니다.

최악의 날은 최고의 날과 겹쳐져서 다가오기 때문에 분별하기 쉽지 않습니다.

믿음이란 안경을 끼면 볼 수 있습니다.

오늘도 시야가 뿌옇습니다.

영적 시야는 믿음의 렌즈에 달려 있습니다.

상식의 렌즈를 끼고서는 믿음의 세계를 볼 수 없습니다.

상식의 안경을 끼고 주님을 따르면 좌충우돌 사고만 칩니다.

믿음의 도수를 올리면 보이지 않는 무궁한 영적 세계가 보입니다.

【기도】 주님, 더 큰 믿음을 키워 주소서!
【적용】 소망의 말 하기!

 2010년 10월 21일

기습적인 새벽 돌파!
시편 103:1-22

저가 네 모든 죄악을 사하시며 네 모든 병을 고치시며 네 생명을 파멸에서 구속하시고 인자와 긍휼로 관을 씌우시며 좋은 것으로 네 소원을 만족케 하사 네 청춘으로 독수리같이 새롭게 하시는도다   [시 103:3-5]

주님이 나를 위해 해 주신 일들을 보면 내가 얼마나 큰 사랑을 받고 있는지 알게 됩니다.
내 모든 죄를 사하시며, 모든 질병을 고쳐 주시며, 생명을 구원하여 주시며, 좋은 것으로 내 소원을 만족하게 하십니다.
나는 평생 갚아도 백만 분의 일도 갚지 못할 주님의 사랑을 받고 살아갑니다.
내 목숨을 다하고 뜻을 다하고 마음을 다하여 사랑해도 턱없이 부족한 사랑입니다.
언제 한 번이라도 주님의 마음을 시원하게 해 드렸는지 돌아보니 부끄럽습니다.
내 소원 채우기에만 급급하던 지난날들이 주마등처럼 스쳐갑니다.
주님을 기쁘시게 하는 일들은 항상 내 소원 그 뒷전이었습니다.
오늘은 문득 잠에서 깼습니다. 생명의 삶을 펼치기 전입니다.
아픈 것도 아닌데 새벽 2시에 깨어나 한 가지 생각에 사로잡혔습니다.
주님이 이렇게 물었기 때문입니다.
"아들아, 너의 생명을 아끼지 않고 나를 사랑할 수 있겠느냐?"
생각해 보니 나는 이렇게 주님을 사랑해 본 적이 없었습니다.
항상 앞뒤를 재는 계산적인 헌신이었습니다.

전폭적이고, 최선의 헌신이 없었음이 또렷이 떠오릅니다.

참 짧은 삶을 살면서 주님을 한 번도 전폭적으로 사랑해 본 적이 없었다고 생각하니 가슴이 먹먹해집니다.

이런 생각 끝에 지난주에 있었던 일이 떠올랐습니다.

지난주 어느 분이 10년간 모은 용돈이라며 적지 않은 돈을 보내주셨습니다.

그것을 받고 보니 과연 내가 그것을 받을 자격이 있는지 돌아보게 되었습니다.

10년간 모은 용돈이라면 보통 돈과는 차원이 다를 것입니다.

이 돈을 보면서 다윗과 세 용사가 생각이 났습니다.

블레셋과의 전쟁 중에 다윗이 시원한 물 마시는 게 소원이라고 하자 용사 세 명이 적진을 뚫고 들어가 베들레헴 우물물을 길어와 다윗에게 바치는 사건입니다.

용사들의 생명 값이 들어간 물이라는 것을 안 다윗은 한사코 그 물을 마시기를 거부하고 그 생명과도 같은 물을 여호와께 부어 드립니다.

내 목 하나 축이고자 남의 생명 값을 허비하는 것을 주님이 기뻐하실까 생각해 봅니다.

일찍 깨우시는 날은 꼭 나의 모습을 보게 하시는 하나님입니다.

나 역시 10년간 정성껏 모은 알토란 같은 돈을 허비할 자격이 없음을 주님은 명명백백하게 드러내십니다.

탐욕과 허황된 행실에 빠질 것을 안 주님이 미리미리 나의 내면을 고치십니다.

그리고 주님이 묻습니다.

"아들아, 너는 나만 의지할 수 있느냐?"

이런 일이 있은 후 생명의 삶을 펼쳤습니다.

본문에 주님의 응답이 있음을 발견합니다.

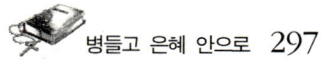

좋은 것으로 나의 소원을 만족하게 하사 내 청춘을 독수리같이 새롭게 하시는 주님.

주님의 질문에 뭘 더 망설이겠나 싶습니다.

"네! 주님 한 분이면 충분합니다!"

새벽 상념에 종지부를 확실하게 찍어주시는 주님은 참 놀라우신 분입니다.

주님의 새벽 돌파로 평안을 얻습니다.

【기도】 주님을 뜨겁게 사랑하고, 감동을 남기는 인생 살게 하소서!
【적용】 주님의 마음 살피기!

 2010년 10월 24일

은밀한 독대

시편 105:1-15

그 성호를 자랑하라 무릇 여호와를 구하는 자는 마음이 즐거울지로다 여호와와 그 능력을 구할지어다 그 얼굴을 항상 구할지어다   [시 105:3, 4]

여호와를 구하는 자는 즐거울 것입니다.

여호와의 능력을 구하고 그 얼굴을 항상 구하는 자 역시 마찬가지입니다.

여호와를 구한다는 것이 무엇이며 능력과 얼굴을 구한다는 말은?

여호와의 얼굴이 있는가? 그분은 영이 아니시던가?

"나를 본 자는 아버지를 보았나니"라고 주님을 말씀하셨고, 내가 곧 진리라고 말씀하셨습니다. 여호와의 얼굴은 곧 말씀이요, 능력 또한 말씀입니다.

말씀을 구하는 자는 마음이 즐겁습니다.

말씀을 구하는 자는 영적 능력을 얻습니다. 말씀은 원수를 무찌르는 칼이기 때문입니다.

이 아침에 묵상을 할 수 있는 것이 은혜입니다. 묵상은 말씀을 구하는 것입니다.

묵상은 영으로 주님의 얼굴을 뵙는 시간입니다.

묵상을 하고 주님의 임재를 경험하면 세상 그 무엇도 무섭지 않습니다.

마귀는 병마를 가지고 겁박을 합니다.

주변 사람들을 이용해 은근히 두려움을 불어넣습니다.

그러나 말씀으로 마귀를 대적하면 내가 능하신 주님의 손에 있음을 볼 수 있습니다.

치료의 하나님이 오늘도 나를 붙들어 주십니다.

나는 베풀어 주신 주님의 많은 행사를 만나는 사람들에게 전할 것입니다.

주님이 베푸신 기적과 이적들을 전하기 위해 온 세상을 누비게 될 것입니다.

나를 고치신 주님을 찬양합니다!

그 주님과 날마다 독대하는 것은 결코 빼앗길 수 없는 복입니다.

【기도】 주님, 만민들에게 주님을 전하도록 훈련받게 해 주셔서 감사합니다!
【적용】 한 주간 주님이 베푸신 기사를 성도에게 전하기!

 2010년 11월 2일

천 원짜리 묵상
에베소서 1:15-23

우리 주 예수 그리스도의 하나님 영광의 아버지께서 지혜와 계시의 정신을 너희에게 주사 하나님을 알게 하시고 너희 마음눈을 밝히사 그의 부르심의 소망이 무엇이며 성도 안에서 그 기업의 영광의 풍성이 무엇이며 그의 힘의 강력으로 역사하심을 따라 믿는 우리에게 베푸신 능력의 지극히 크심이 어떤 것을 너희로 알게 하시기를 구하노라   [엡 1:17-19]

천 원짜리를 통에 넣어야 인터넷이 연결되는군요.
늘 집에서 할 때는 몰랐는데 막상 돈을 내야 한다니 아깝다는 생각이 듭니다.
몇 가지 검사 받을 것이 있어 병원에 입원했습니다.
밖에 나오니 모든 것이 돈이군요.
그래도 묵상의 은혜와 천 원짜리를 바꿀 수는 없는 일.
기꺼이 천 원을 투입구에 넣고 묵상의 창을 여니 역시 주님은 풍성이십니다.
내게 주신 기업의 풍성함이 어떤지 조금씩 눈을 열어 갑니다.
내게 주신 능력이 얼마나 큰 것인지 시험 삼아 가동하기 시작했습니다.
있어도 해 보지 않으면 없는 것이나 마찬가지니까요.
쩨쩨하게 생각하는 못된 습관을 버리기로 했습니다.
쩨쩨한 마귀가 얼마나 집요한지 잘 떨어지지 않으려고 합니다.
그러나 이제는 쩨쩨 마귀를 떨어내는 데 성공했습니다.
그렇다고 방심할 일은 아닙니다. 언제 또 떼거지로 몰려 들어올지 모르니까요.

그동안 주님께, 그리고 사람들에게 참 쩨쩨하게 살았습니다.
그것이 가난으로 전락하는 마귀의 속임수인 줄 모르고 말입니다.
그러나 풍성으로 습관을 바꾸자 주머니가 금방 풍성해지기 시작했습니다.
무엇보다 가진 것이 별로 없는데도 마음 주머니가 풍성합니다.
물론 허풍은 조심해야겠죠. 영적 거품은 곧 사기꾼의 첫걸음이니까요.
주 안에서 풍성은 주님이 나에게 주신 약속입니다.
나는 그것을 누리면서 살려고 작정했습니다.
그것이 주님의 뜻이기도 하니까요.

【주님】 주님의 상속자로 불러 주셔서 감사합니다.
【적용】 풍성 나누기

 2010년 11월 3일

정밀 진단 결과

에베소서 2:1-10

긍휼에 풍성하신 하나님이 우리를 사랑하신 그 큰 사랑을 인하여 허물로 죽은 우리를 그리스도와 함께 살리셨고 (너희가 은혜로 구원을 얻은 것이라) 또 함께 일으키사 그리스도 예수 안에서 함께 하늘에 앉히시니   [엡 2:4-6]

병원에서 며칠을 지내보니 살고 죽는 문제만큼 더 중요한 문제가 없는 듯이 보입니다.

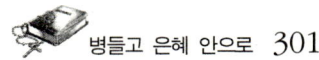

오직 살고자 하는 일념으로 똘똘 뭉친 사람들로 가득한 곳이 병원입니다.
살 수만 있다면 나이와 상태에 상관없이 할 수 있는 모든 처방을 감당합니다.
오늘 오전이면 나도 정밀검사 결과가 나옵니다..
그 결과에 따라 의학적 처방을 할 것인지 아니면 포기할 것인지가 결정됩니다.
초조하지만 나름대로 마음속에 결정한 것이 있어 평안합니다.
살고 죽는 문제에 모든 것이 함몰되는 세상에 같이 휩쓸리고 싶지 않습니다.
이미 나는 죽었다가 살아났기 때문입니다.
이제는 주님과 함께 다시는 죽지 않는 불사조가 되었습니다.
나중에는 일으킴을 받아 주님과 함께 하늘에 앉게 됩니다.
주님은 나에 대한 마스터플랜을 준비해 주셨습니다.
이제 살고 죽는 문제는 초월해서 살고 싶습니다.

하긴 세상에서 산 날들이 많으니 미련이 없을 수는 없겠지만
미련하게 땅에 묶이고 싶지는 않습니다.
미련하게 산 것은 지난 과거만으로도 충분합니다.
오직 소망이 있다면 주어진 이 땅에서 믿음의 삶을 사는 것입니다.
선한 열매를 남기면서 말입니다.

【기도】 주님, 생과 사 모두 주님의 품임을 알게 하시니 감사합니다!
【적용】 세상 길이 아닌 십자가 길 가기!

 2010년 11월 4일

긴 터널 입구에서
에베소서 2:11-22

이제는 전에 멀리 있던 너희가 그리스도 예수 안에서 그리스도의 피로 가까워졌느니라
[엡 2:13]

진단 결과 아주 나쁜 상황이 아니어서 장시간의 치료에 들어가기로 결정했습니다.

한편으로는 차라리 처치할 것이 없다는 결과가 나와 치료를 포기하고 싶은 마음도 있었습니다. 그러나 그것도 내 마음대로 되지 않습니다.

이제 내가 선택할 수 있는 것이 아무것도 없어 맡깁니다.

평안한 마음으로 주님의 손에 맡깁니다. 마지막 긴 터널을 지나야 할 것 같습니다.

끝은 모릅니다. 매 순간이 결과를 결정할 것이기 때문입니다.

본격적인 치료를 위해 어젯밤부터 약병과 튜브를 주렁주렁 달고 다니기 시작했습니다.

장기간 이런 상태로 병원 구석에 있는 인터넷 방에서 묵상을 올려야 할 것 같습니다.

남들 보기야 흉하겠지만 묵상할 수 있음이 감사합니다.

새벽에는 운동한다고 설치다가 호스를 타고 피가 역류하는 바람에 놀라 간호사에게 달려갔습니다.

간호사의 능숙한 처치로 피는 다시 호스를 타고 혈관 안으로 들어갔지만 손을 심장 위로 올리시면 안 된다는 핀잔을 들어야 했습니다.

피를 보는 순간 누구나 끔찍한 느낌을 받습니다.

피를 보자마자 군침을 흘리는 사람은 없습니다.

그러나 주님이 흘리신 피는 사랑스럽고 따듯하게 느껴집니다.
나에게 내린 모든 저주가 그리스도의 피로 해결되었기 때문입니다.
그 피로 바르고 온몸에 붓고 싶습니다.
집 전체를 페인트 칠하듯 바르고 싶습니다.
그 피는 여전히 저주를 몰아내는 능력이기 때문입니다.
그 고귀한 피로 하나님과 가까워졌기에 하나님을 찾는 것이 너무나 당연합니다.
하나님을 찾지 않는다면 그 피의 공로를 외면하는 것입니다.
어떤 순간이 오더라도 매 순간 주님을 부르고 찾습니다.
어제도 응급실에 실려 가는 위기의 순간이 있었는데 계속 주님을 불렀습니다.
앞으로 어떤 더 악한 상황이 온다고 해도 주님을 찾고자 합니다.
앞으로 상황이 호전되어 편안해져도 계속 주님을 찾을 것입니다.
그것만이 버려진 나를 하나님과 화목케 하신 주님 사랑에 대한 최고의 답례이기 때문입니다.

【기도】 주님께 온전히 맡깁니다. 하늘로부터 내려오는 평안으로 채워 주소서!
【적용】 찬송하며 기뻐하기!

2010년 11월 8일

가까이 오신 주님!
에베소서 4:7-16

오직 사랑 안에서 참된 것을 하여 범사에 그에게까지 자랄지라 그는 머리니 곧 그리스도라
[엡 4:15]

예수님에게 이르기까지 자라는 것은 하나님의 뜻입니다.
상당히 높은 수준이라 엄두를 못 낼 것 같지만 하나님은 하실 수 있습니다.
그 시작은 사랑 안에서 참된 것을 하는 것입니다.
거짓은 사단에게 영역을 내어 주는 항복 선언입니다.
참(진실)은 주님께 맡기는 자유 선언입니다.
아무리 작은 일이라도 거짓이 발붙일 자리를 허락해서는 안 되는 이유입니다.
거짓은 사단의 토굴입니다.
거짓은 사단의 통로입니다.
샅샅이 뒤져 아무리 작은 비밀통로라고 봉쇄해야 합니다.
참이 아니면 아무것도 아닙니다.
짙은 안개, 먹구름, 천둥과 바람으로 요동친 긴긴 밤이 지났습니다.
아침이 오지 않을 것 같은 어둠도 걷히고 날이 밝았습니다.
거짓이 아무리 득세해도 결국 참에게는 지고 맙니다.
참은 곧 예수 그리스도이시기 때문입니다.
주님이 더 가까이 와 계십니다.

【기도】 주님의 기대에 부응케 하소서!

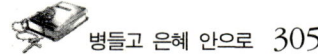

【적용】 매사에 참으로 하기!

 2010년 11월 9일

영으로 껍질 벗기
에베소서 4:17-24

진리가 예수 안에 있는 것 같이 너희가 과연 그에게서 듣고 또한 그 안에서 가르침을 받았을진대 너희는 유혹의 욕심을 따라 썩어져 가는 구습을 좇는 옛 사람을 벗어 버리고　　　　　　　　　　　　　　　　[엡 4:21, 22]

주님은 나를 새 사람으로 만드십니다.
요즘은 심령으로 새 사람을 만들어 가시는 주님의 은혜 안에 머물러 있습니다.
내가 원하는 수준이 아니라 주님이 원하는 심령으로 만들어 가십니다.
힘에 벅찰 때에는 그 끝이 어디인지 두려움이 엄습합니다.
그러나 주님은 오늘도 나를 만들어 가시는 일을 진행하십니다.
내가 느끼든 느끼지 않든 주님은 멈추지 않을 것입니다.
힘들 때는 종종 옛 사람의 때를 돌아보기도 합니다.
그러나 아무 부질없는 짓입니다.
주님은 시작하셨고 결국 이루실 것이기 때문입니다.
내가 만들어 가는 것이 아니라 주님이 친히 만들어 가십니다.
주님의 계획 속에서 말입니다.
내가 의지하며 기대하는 것은 하나님의 선하심입니다.

옛 사람의 껍질을 벗기시고 하나님의 생명으로 충만하게 하실 주님을 앙망합니다.

【기도】 주님의 일하심을 보게 하소서!
【적용】 영을 돌보기!

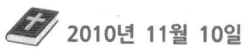 2010년 11월 10일

지각 묵상 변병
에베소서 4:25-32

마귀로 틈을 타지 못하게 하라 [엡 4:27]

항상 누군가가 나를 노린다는 사실이 섬뜩합니다.
24시간 경계를 서야 하니 보통 피곤한 일이 아닙니다.
그러나 한편으로는 누군가가 노린다는 것은 중요한 존재라는 의미에서 가치있는 일입니다.
마귀가 호시탐탐 노린다는 것은 내가 주님의 자녀임을 확증해 줍니다.
마귀가 자기 새끼를 노리지는 않을 테니 말입니다.
마귀는 마음의 상태를 노립니다. 가장 약할 때 공격하려고 말입니다.
그래서 마음을 지키는 것이 중요합니다. 마음은 말씀으로 지킬 수 있습니다.
감정과 느낌이라는 자연적인 상태에 놔두면 마음은 무방비 상태가 됩니다.

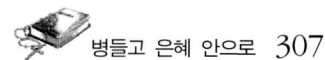

마음은 항상 영적 영역 안에 위치시켜야 합니다. 곧 말씀으로 마음을 지키는 것입니다.

상황이나 환경이 바뀌면 마음은 금방 흔들립니다.

병원 입원 10일째가 되니 나도 모르게 병원 시스템에 따라 움직입니다.

그러나 아무리 병원 시스템이 있어도 내가 할 수 있는 것을 다 할 수 있습니다.

기도, 예배, 묵상. 마음만 먹으면 다 할 수 있습니다.

좀 불편할 뿐이지 못할 지경은 아닙니다. 그러나 마귀는 그 틈을 타서 방해합니다.

병원이라는 환경에 나를 가두려고 합니다.

몇 번 속고 나서야 정신을 차립니다.

몸이 말을 안 듣고 현기증이 나는 등등 다 자연적인 영역에서 일어나는 일들입니다.

이런 자연적인 결과를 수용하자 마음을 빼앗기고 곧 묵상이 뒷전으로 밀리기 시작합니다.

처지고 기운이 없어지고 현기증이 심해지는 것은 마음을 빼앗긴 결과라는 것을 알았습니다.

그래서 이제부터는 자연적인 현상을 수용하는 대신 거부하기로 했습니다.

그 뒤에 마귀의 실체가 숨어 있기 때문입니다.

나는 자연적이고 육체적인 영역이 아닌 영적 영역으로 부름 받은 하나님의 자녀입니다.

마귀는 영적입니다. 그러나 마귀는 주로 자연적인 영역을 통해 공격을 합니다.

그것이 나의 약점임을 알기 때문입니다.

그 마귀는 주님을 떡과 영광이라는 육체적인 것으로 유혹한 장본인입니다.

"예수의 이름으로 명하노니, 더럽고 사악한 마귀야, 꺼져라!"

【기도】주님, 늘 제 안에 계시니 감사합니다!
【적용】상황을 뛰어넘는 주의 능력 구하기

 2010년 11월 16일

격리조치 해제!
에베소서 6:18-24

또 나를 위하여 구할 것은 내게 말씀을 주사 나로 입을 벌려 복음의 비밀을 담대히 알리게 하옵소서 할 것이니 이 일을 위하여 내가 쇠사슬에 매인 사신이 된 것은 나로 이 일에 당연히 할 말을 담대히 하게 하려 하심이니라 [엡 6:1, 20]

바울은 자신이 감옥에 갇힌 것은 복음을 위해서라고 말합니다.
참 멋진 고백이며 인생 해석입니다.
바울은 쇠사슬에 매이거나 자유하거나 그 삶 자체가 복음이었습니다.
이제야 격리조치가 해제되었습니다.
5일 동안 1인실 무균실에 격리될 만큼 상태가 악화되었지만
5일 만에 정상으로 회복되었습니다.
격리조치가 해제되자마자 생명의 삶 앞으로 달려와서 묵상을 즐깁니다.
참으로 답답한 격리 병동 생활이었습니다.
죽음의 문턱을 두 번이나 오고 가면서 많은 것을 생각하며 기도했습

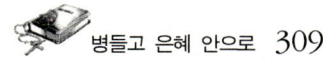 병들고 은혜 안으로

니다.

진지하게 자신을 돌아보는 시간이기도 했습니다.

몸이 정상으로 돌아와서 격리조치가 해제된 것도 중요하지만 어느 순간이든지 내가 복음의 산 증거가 되기를 바랍니다.

살든지 죽든지 다 복음에 유익하도록 주님이 나를 사용하실 것을 믿습니다.

이번 일을 통해 삶과 죽음을 초월하는 신앙의 능력을 조금이나마 맛보았습니다.

살든지 죽든지 내가 아닌 주님이 존귀하게 되기를 바랍니다.

한 번은 가야 할 그 길을 앞에 두고 두려워 떠는 자가 되지 않는 것을 평생 기도제목으로 삼고 살려고 합니다.

불현듯 찾아오는 죽음 앞에서 당황하지 않도록 말입니다.

잘 준비된 죽음을 위하여 매일 믿음으로 살려고 합니다.

살든지 죽든지, 쇠사슬에 매이든지 자유하든지 내가 복음의 산 증인이 되는 것을 방해할 것은 아무것도 없습니다.

【기도】 주님, 당당한 복음의 증인으로 살도록 인도하시니 감사합니다.

【적용】 복음의 증인으로 살기!

2010년 11월 19일

부끄러운 달인
요한계시록 2:1-11

그러나 너를 책망할 것이 있나니 너의 처음 사랑을 버렸느니라 그러므로 어디서 떨어진 것을 생각하고 회개하여 처음 행위를 가지라 만일 그리하지 아니하고 회개치 아니하면 내게 네게 임하여 네 촛대를 그 자리에서 옮기리라 [계 2:4, 5]

에베소교회는 첫 사랑을 버린 것을 인하여 주님의 책망을 듣습니다.
회개하여 첫 사랑을 회복하지 않으면 촛대를 옮긴다고 하십니다.
에베소교회는 대단한 교회였지만 중요한 것을 상실한 채 살고 있었습니다.
무엇을 잘한다고 해서 다른 부족한 것에 대한 면죄부가 되는 것은 아닙니다.
주님은 완전한 교회(온전한 사람)를 바라시기 때문입니다.
사람의 마음은 변합니다.
심할 때는 조석으로 변하는 것이 사람의 마음입니다.
영원히 신혼처럼 살 수는 없습니다.
신혼처럼 살다가는 삶은 금방 거덜 날 것이고, 몸은 금방 탈진할 것입니다.
사랑의 열정은 있어야 하지만 자칫 잘못하면 인생을 태워버릴 수도 있기에 위험천만한 불꽃이기도 합니다.
나를 움직이게 하는 원동력이 이미 익숙해져 버린 시스템인지 아니면 주님을 향한 사랑인지 돌아봅니다.
주님을 향한 사랑 없이도 얼마든지 목회할 수 있는 지경에 이르렀습니다.

그만큼 오랜 시간이 흘렀습니다.

그런 것은 없지만 굳이 말을 만든다면 "목회의 달인"이라고 할 수 있습니다.

눈 감고도 목회할 수 있고, 설교할 수 있는 경지에 이르렀습니다.

이제는 온 마음을 쏟지 않고도 심방하고, 설교하고, 가르칠 수 있습니다.

목회의 기술이 드디어 능수능란한 경지에 이르렀습니다.

그러나 이런 것들을 척척 해내지만 마음은 공허합니다.

주님을 향한 사랑으로 하는 것이 아니기 때문입니다.

주님과의 열정적이고 감동적인 사귐이 없습니다.

목회는 달인의 경지에 이르렀지만 마음은 늘 냉랭했습니다.

기술로 살아가는 황폐한 나를 발견합니다.

이런 나를 회개하며 첫 사랑을 회복하기를 바랍니다.

당장이라도 자신을 번제로 태워 드릴 만큼 뜨거웠던 첫 사랑이 그립습니다.

예수님 하면 자다가도 벌떡 일어났던 그때로 돌아가고 싶습니다.

세월이 나를 닳고 단 사람으로 만들었지만 이제는 풋풋하지만 열정적인 첫 사랑으로 돌아가고 싶습니다.

밋밋하게 오래 살기보다 첫 사랑을 회복하여 불꽃같은 인생을 살고 싶습니다.

촛대에서 피어오르는 붉은 사랑의 불꽃으로 남은 세월을 수놓고 싶습니다.

【기도】 주님, 단단해진 심령을 풀어 주소서!
【적용】 마음을 다하기!

 2010년 11월 21일

멍청한 자살 특공대
요한계시록 2:18-29

또 내가 그에게 회개할 기회를 주었으되 그 음행을 회개하고자 아니하는도다
[계 2:21]

회개할 기회가 있습니다.
그러나 무한정 회개할 기회가 주어지는 것은 아닙니다.
회개는 온전함에 이르는 길이지만 기회가 항상 있는 것은 아닙니다.
마치 시한폭탄 같습니다.
터지기 전에 작동을 멈추어야 합니다. 그렇지 않으면 터집니다.
그때는 늦습니다. 잿더미에 앉아 슬피 울 일만 남습니다.
회개를 미루려는 영적 나태함이 있습니다.
내일 회개하지, 좀 더 있다가 회개하지 하는 등등의 생각은 마귀가 주는 생각입니다.
회개는 당장 하는 것입니다.
미루는 회개는 결코 용서받지 못합니다.
회개를 미루는 것만큼 어리석은 것도 없습니다.
시한폭탄을 머리에 지고 다니는 것과 마찬가지이기 때문입니다.
그러나 결단함으로 회개하면 그 시한폭탄은 마귀의 진을 폭파시키는 강력한 무기가 됩니다.
회개를 미루는 것은 자살 특공대입니다.

【기도】 주님, 깨어 있어 회개하게 하소서!
【적용】 회개하기!

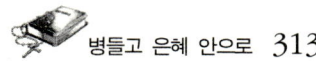

2010년 11월 23일

요란한 거인보다 작은 거인으로
요한계시록 3:7-13

볼지어다 내가 네 앞에 열린 문을 두었으되 능히 닫을 사람이 없으리라 내가 네 행위를 아노니 네가 적은 능력을 가지고도 내 말을 지키며 내 이름을 배반치 아니하였도다   [계 3:8]

빌라델비아 교회는 적은 능력을 가지고도 주의 말씀을 지키며 주님을 배반하지 않았습니다.
이 말씀은 큰 능력을 가지고도 말씀을 지키지 않은 교회가 있다는 뉘앙스를 풍깁니다.
사람을 겉모습으로는 판단할 수 없습니다. 교회도 마찬가지입니다.
대단한 것처럼 보이는 사람도 사실은 그렇지 않은 경우가 있고, 보잘것없어 보이는 사람도 알고 보면 대단한 사람이 있습니다.
교회도 마찬가지입니다.
허용과 과시로 남의 이목을 끄는 것보다 더 중요한 것은 얼마나 알찬 모습인가입니다.
큰 능력을 갖고 남에게 과시하는 것보다 더 중요한 것은 주께 인정받는 것입니다.
큰 능력으로 인기와 영광을 누리지만 주님께 인정받지 못한다면 오히려 큰 능력은 불행의 씨앗입니다.
적은 능력으로는 그 존재감을 사람들에게 어필할 수 없습니다.
그러나 적은 능력을 갖고도 주님의 말씀을 지키며 살 때 주님께 인정을 받을 수 있습니다.
큰 능력을 받아 교만에 빠지기보다 적은 능력으로 겸손하게 사는 것이 복입니다.

말씀을 지키지 않은 것에 대한 핑계는 없습니다.

주님은 교회들마다(성도들마다) 말씀을 지키며 살 수 있는 은혜를 주십니다.

빌라델비아 교회가 적은 능력을 갖고 말씀을 지키며 주님을 배반하지 않으려고 얼마나 애를 썼는가를 짐작할 수 있습니다.

큰 능력이 없음을 탓하며 살아온 날들이 부끄럽습니다.

큰 능력을 구하기보다 지금의 모습으로 주님의 말씀을 지키며 살도록 기도해야겠습니다.

지금의 적은 능력으로도 말씀을 지키며 살기에 충분하니 말입니다.

허황된 것 꿈꾸는 어리석음을 떠나 주님께 인정받는 알찬 모습으로 살기 원합니다.

골리앗처럼 덩치만 큰 숙맥으로 살기보다는 다윗처럼 작지만 알찬 작은 거인으로 살고 싶습니다. 크든 작든, 부하든 빈궁하든, 고학력이든 저학력이든, 남자든 여자든, 나이가 많든 어리든 아무 상관없습니다.

어떤 형편에 있든지 주님께 인정받는 사람이 진정한 거인입니다.

작은 거인으로.

【기도】 주님께 인정받는 알찬 인생 되게 하소서!
【적용】 말씀 지키기에 목숨 걸기!

2010년 11월 26일

지금 859호실에서는 무슨 일이?
요한계시록 5:1-14

저희로 우리 하나님 앞에서 나라와 제사장을 삼으셨으니 저희가 땅에서 왕 노릇 하리로다
[계 5:10]

예수님이 피로 값 주고 산 영혼들은 하나님 앞에서 나라와 제사장 삼으셨습니다.
그리고 땅에서 왕 노릇 하도록 모든 것을 이루셨습니다.
쫓겨 다니고 패배하고 두려워하는 것은 주님의 뜻이 아닙니다.
주님이 나를 향하신 뜻은 지금 여기서 왕 노릇하는 것입니다.
사탄은 나로 하여금 주님이 이루신 왕 노릇을 못하도록 방해합니다.
사탄은 자기의 종을 삼고자 저를 겁박합니다.
다시 환자복을 입으니 초라하기 그지없습니다.
그러나 이것은 겉모습입니다.
나는 여기서 왕입니다.
사탄의 권세를 깨뜨릴 수 있는 권능을 부여받은 왕입니다.
사탄 앞에서 한걸음도 뒤로 물러나지 않을 것입니다.
온갖 나쁜 보고서와 과학을 근거로 한 진단서로 내 심령을 위축시키지만 나는 좋은 보고서만을 택합니다.
의사는 어렵다고 말하지만 나의 최종적인 의사이신 주님은 다 하실 수 있습니다.
"사람으로서는 할 수 없으되 하나님으로서는 다 하실 수 있느니라!"
4인 병실에 3인이 심각한 상태의 환자들입니다.
나도 심각한 환자이지만 나는 그들의 처지를 내 것으로 받아들이지

않습니다.

억지를 부리는 것이 아니라 진리를 고수하는 것입니다.

나는 병마의 종이 아니라 주님의 피로 세우신 왕이기 때문입니다.

죄와 함께 역사하는 병마를 꾸짖고 내쫓습니다.

병실에 있으면 나도 그들과 같은 심각한 암환자이지만

나는 믿지 않는 그들의 결말을 따라가지 않을 것입니다.

나는 나 대신에 채찍에 맞으신 주님으로 인해 나음을 입은 왕이기 때문입니다.

나 때문에 내가 입원한 859호 병실은 더 이상 병실이 아닙니다.

나는 859호실을 왕실이라 부릅니다.

나는 왕실을 오며 가며 이렇게 선포합니다. 누가 알아주든 말든.

"다들 무릎 꿇어!"

나는 죄악과 병마에게 무릎 꿇을 수 없습니다.

나는 주님으로부터 이 땅의 왕으로 부름 받았기 때문입니다.

병동 1층 구석진 곳에 위치한 인터넷 검색실은 더 이상 초라한 장소가 아닙니다.

말씀 묵상을 통해 사탄의 진을 깨뜨릴 작전을 짜는 왕의 벙커입니다.

내가 어디에 머물든지 그곳은 왕의 거처입니다.

오늘도 왕 노릇 하는 재미로 입원생활을 즐기렵니다.

"왕들이여, 놀러들 오시구려!"

【기도】 주님, 왕의 권능을 행사할 믿음을 주소서!

【적용】 사탄을 향하여 호령하기!

2010년 11월 27일

궁색한 환자에서, 승리에 굶주린 전사로!
요한계시록 6:1-8

내가 이에 보니 흰 말이 있는데 그 탄 자가 활을 가졌고 면류관을 받고 나가서 이기고 또 이기려고 하더라 [계 6:2]

오늘은 흰 말을 타고 싶습니다.
백기는 투항이지만 백마는 이김입니다.
주님은 나를 이기는 자로 부르셨습니다.
나의 실패와 항복을 다 짊어지시고 주님의 승리를 나에게 전가시켜 주셨습니다.
이제는 나에게 패배자의 피는 흐르지 않습니다.
완전히 새로운 피조물로 새 피를 수혈받았습니다.
그 피가 주님의 피인데 바로 승리자의 피입니다.
오늘도 마음껏 현실의 장으로 달려 들어가 이기고 또 이기고 싶습니다.
지금도 이기게 하셨지만 아직 승리에 배고픕니다.
완전히 이기는 그날까지 오늘도 승리를 향하여 달려가고 싶습니다.
오늘도 사탄의 수하들이 덤빌 것이기에 마음의 고삐를 바싹 쥐고 승리를 향하여 달려갈 준비를 하고 있습니다.
이기고 또 이기는 승전보만 울리는 하루가 될 것을 믿습니다.
우리 주님은 "여호와 닛시"이십니다.
남들이 볼 때는 흰 환자복을 입은 궁색한 환자에 지나지 않겠지만 나는 주님의 흰옷 입은 백마의 기수입니다.
이기고 또 이기며…
골인하는 그 순간까지.

【기도】 주님, 승리로 포식하게 하소서!
【적용】 치료의 후유증과 부작용 내쫓기!

 2010년 11월 29일

영원한 사랑
요한계시록 7:1-8

가로되 우리가 우리 하나님의 종들의 이마에 인치기까지 땅이나 바다나 나무나 해하지 말라 하더라 내가 인맞은 자의 수를 들으니 이스라엘 자손의 각 지파 중에서 인맞은 자들이 십사만 사천이니 　　　　　　　　　　　　[계 7:3, 4]

하나님은 하나님의 종들, 즉 144,000명 이마에 도장을 찍으십니다.
도장은 소유권을 주장하는 아주 중요한 수단입니다.
주님은 이미 주님의 인감도장이신 붉은 보혈로 나의 이마에 도장을 찍으셨습니다.
하나님은 택한 자녀들이 어디에 있든지 반드시 골라내어 구원하십니다.
실수하지 않으시고 골라내십니다.
주님은 주님의 품에 안기는 날까지 한시도 나에게서 눈을 떼지 않으십니다.
졸지도 않으시고 주무시지도 않으십니다.
그래서 나는 걱정을 내려놓습니다.
지금 벌어지는 상황이 나에게 불리해 보여도 주님은 여전히 일하시기 때문입니다.

상황이 흔들릴 때마다 주님의 지켜주심을 의심한다면 주님이 기뻐하지 않으십니다.

주님은 심지가 굳은 사람을 기뻐하십니다.

갑작스럽게 상황이 바뀌었습니다.

주일 11시 예배를 마치고 곧바로 입원하게 되었지만 곧 찬양과 감사로 실망을 물리칩니다.

상황의 변화는 하나님이 일하신다는 증거입니다.

좋은 상황으로만 하나님이 일하시는 것이 아니라 안 좋아 보이는 쪽으로도 하나님은 일하십니다. 중요한 것은 그 결말입니다.

하나님은 모든 것을 합력하여 선을 이루시는 창조주의 능력을 가지신 분이십니다.

하나님이 끝이라고 선언하시기까지 끝은 없습니다.

하나님은 영존하신 분이시기에 끝이 없습니다.

나는 믿음으로 나의 끝을 영존하시는 하나님께 연결시켰습니다.

그러니 나도 끝이 없습니다. 나는 영원한 하나님의 것으로 인침을 받았습니다.

영원을 보장받은 자답게 오늘도 당당하게, 기쁘게, 감사하며 살렵니다. 여러 가지로 겁박하는 마귀를 조롱하면서 말입니다.

【기도】 주님의 자녀답게 이 땅에서 왕 노릇 하며 살게 하소서!
【적용】 어떤 상황에서도 기쁨을 주장하기!

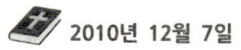
2010년 12월 7일

무능한 자의 넋두리, 부상자의 승전가
요한계시록 12:7-17

큰 용이 내어 쫓기니 옛 뱀 곧 마귀라고도 하고 사단이라고도 하는 온 천하를 꾀는 자라 땅으로 내어 쫓기니 그의 사자들도 저와 함께 내어 쫓기니라 내가 또 들으니 하늘에 큰 음성이 있어 가로되 이제 우리 하나님의 구원과 능력과 나라와 또 그의 그리스도의 권세가 이루었으니 우리 형제들을 참소하던 자 곧 우리 하나님 앞에서 밤낮 참소하던 자가 쫓겨났고 또 여러 형제가 어린 양의 피와 자기의 증거하는 말을 인하여 저를 이기었으니 그들은 죽기까지 자기 생명을 아끼지 아니하였도다 [계 12:9-11]

본문을 보면 전쟁하는 모습이 마치 3D 영화를 보는 듯 리얼합니다.
문제는 적이 보이지 않는다는 것입니다.
마귀는 영적인 데 비해 나는 그렇게 영적이지 못한 것이 큰 문제입니다.
예수님의 승리는 주장하지만 막연할 뿐입니다.
정말로 승리하여 승전가를 부르며 집으로 돌아오는 날들은 아주 드뭅니다.
보이지 않는 적을 모르기 때문입니다.
보이지 않으니 싸울 수 없고, 무슨 무기로 싸워야 할지 알지도 못합니다.
마귀 운운한다고 해서 영적인 사람이 되는 것이 아니기에 더욱 심각합니다.
오감으로 살아가면서 마귀와 싸워 승리한다는 것은 어불성설입니다.
영적전쟁은 판타지가 아니라 실전입니다.

진리의 안경을 착용하지 않으면 마귀를 보지도 못합니다.

엄한 대상에게 마귀 딱지를 붙이는 웃지 못할 일들이 얼마나 많은지 모릅니다.

하나님이 보이지 않기에 믿기 어렵듯 마귀 역시 마찬가지입니다.

마귀의 실존을 진짜로 믿는 것과 그냥 마귀라는 용어를 사용하는 것은 다른 차원입니다.

마귀의 실존을 진짜로 믿어야 그에 맞게 대처할 수 있습니다.

그렇지 않고 그냥 마귀 용어만 사용하는 어린아이 수준(육적인 수준)에 머문다면 영적 전쟁은 구경도 못해 볼 것입니다.

정말 영적인 눈이 밝아져 마귀의 역사와 진행 중인 치열한 영적 전쟁의 현장을 볼 수만 있다면 교회(성도)가 지금처럼 느슨하게 살지는 못할 것입니다.

지금 내 모습을 보면 봄소풍 가는 것인지, 아니면 팔다리 잘리며 적들과 싸우는 전쟁 중인지 알 수가 없습니다.

오늘도 눈을 비벼 보지만 마귀는 보이지 않습니다.

보지도 못하는 마귀한테 승리를 장담하는 모습이 꼭 북한한테 뒤통수 맞고 뒤늦게 펄펄 뛰며 응징하겠다고 큰소리치는 우리네 모습과 닮았습니다.

마귀를 만만하게 생각하는 한 허구한 날 깨지는 날의 연속입니다.

보이지 않는 적을 이길 수 없습니다.

하나님에 대한 믿음뿐만 아니라 마귀의 실존에 대한 믿음도 있어야 합니다.

그리고 영적인 존재인 마귀를 믿음으로 본다면 이제는 각오를 해야 합니다.

피 흘리기까지 싸울 각오 말입니다.

마귀는 지금 극렬하게 분노하고 있기 때문입니다.

미친 멧돼지마냥 닥치는 대로 물어뜯을 태세로 공격할 테니까요.
팔 다리 하나쯤 잃어버릴 각오 없이는 마귀와 싸울 수 없습니다.
선진들은 목숨까지 버렸습니다.
승전가는 무능한 자의 넋두리가 아닙니다.
승전가는 부상자의 훈장입니다.

【기도】 주님, 눈을 열어 마귀를 보게 하소서!
【적용】 마귀를 분별하여 싸우기!

 2010년 12월 9일

쇼킹 세일! 새벽기도를 팔다

요한계시록 13:11-18

저가 모든 자 곧 작은 자나 큰 자나 부자나 빈궁한 자나 자유한 자나 종들로 그 오른손에나 이마에 표를 받게 하고 누구든지 이 표를 가진 자 외에는 매매를 못하게 하니 이 표는 곧 짐승의 이름이나 그 이름의 수라 지혜가 여기 있으니 총명있는 자는 그 짐승의 수를 세어 보라 그 수는 사람의 수니 육백 육십 육이니라
[계 13:16, 17]

표를 받지 못하면 매매를 못하는 불이익을 당합니다.
매매를 못하게 하는 것은 가혹한 처벌입니다.
상종을 안 한다는 의미이기 때문입니다.
그냥 무심한 척 표 한 번 받아버리면 어떤 불이익도 없기에 참 갈등

하게 됩니다.

불의한 세상은 여전히 나로 불의한 표를 받게 하려고 안간힘을 씁니다.

세상에 속한 불의한 부류로 만들려고 합니다.

일상사 속에서 매일같이 벌어지는 일들이지만 깨어 있지 않으면 잘 모릅니다.

자신도 모르게 표를 이마에 그리고 손에 꽉꽉 찍고 다니는 불행한 일들이 벌어집니다.

모르면 모를까 나도 모르게 이마에 찍힌 표가 한두 개가 아닐 것입니다.

보험을 취급하는 성도의 권유에 따라 보험을 들었습니다.

이것저것 알차게 보험계약 조건을 만들어 주셔서 투병생활에 큰 보탬이 되고 있습니다.

생각만 해도 감사합니다.

그런데 마귀는 이 보험을 갖고 내 이마에 표를 찍으려고 합니다.

치료를 위해 병원에 입원하면 하루당 10만 원씩 지급됩니다.

마귀는 필요한 치료를 다 마친 나에게 병원에 더 입원해 있으라고 미혹합니다.

가만히 앉아서 하루당 10만 원이 지급되니 얼마나 큰 이익이냐고 말입니다.

일주일만 입원을 연장해도 70만 원이 굴러 들어옵니다.

그냥 몸이 안 좋아서 병원에 더 입원해 있겠다고 하면 병원에서야 대환영입니다.

병원 측에서 보면 병실이 비어 있는 것보다 훨씬 이득이니까요.

누이 좋고 매부 좋은 형국인 셈입니다.

실제로 그런 방법으로 같은 병실에 계속 입원해 있는 사람을 봤습니다.

한순간 유혹을 받았지만 나는 사탄의 표 받기를 거부했습니다.

세상살이에서 유혹은 피할 수 없지만 유혹을 받아들이는 것은 전적으로 내 책임입니다.

무엇보다 새벽마다 기도하는 성도들의 얼굴이 떠올랐습니다.

그들을 방치하고 경제적인 이득을 생각해서 병원에 입원해 있는 것은 큰 죄악이라는 생각이 들었기 때문입니다.

요즘은 새벽기도회를 인도하는 맛이 새삼스럽습니다.

나는 나의 새벽기도회의 설교가 10만 원보다 못하다고 생각하지 않습니다.

그보다 열 배, 아니 천 배는 더 가치가 있다고 생각합니다.

새벽성도가 은혜 받는 것은 돈으로 환산할 수 없는 하나님의 은총이기에 나는 돈으로 새벽기도를 팔아먹을 생각이 없습니다.

마귀는 새벽기도도 팔라고 유혹합니다.

마귀는 벼락 맞아 죽을 놈이 틀림없습니다.

삶이 만만치 않습니다.

자칫 방심하면 나도 모르게 이마에 표가 수두룩하게 찍힐 판입니다.

정신 차려야겠습니다.

마귀가 유혹할 때는 넘어갈 수밖에 없는 굉장한 조건을 제시하기에 더욱 깨어 있어야 합니다.

자본주의 시장경제 안에서 살기에 경제적인 이득을 따지는 것은 기본이지만 자칫하면 이마에 표 찍고 예배당에 앉아 있기 십상입니다.

자기 이마에 표가 수두룩하게 찍힌지도 모른 채 말입니다.

"Oh, my God!"

돈 주고 팔 수 없는 것이 믿음입니다.

믿음은 매매의 대상이 아닙니다.

마귀는 매매하자고 하지만 우리 대장이신 예수님이 마귀의 제안을 거부하신 것처럼 예수님을 따르는 제자들 역시 마귀와는 매매하지 않

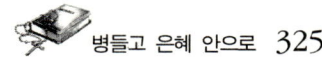

습니다.
 돈 몇 푼에 신앙을 파는 것은 영혼을 파는 것이나 일반입니다.
 미친 마귀는 매매하지 않는 것이 없습니다.
 마귀는 종합시장입니다.

 【기도】 주님, 돈 앞에 시험당하여 표 받지 않게 하소서!
 【적용】 불의한 생각 쫓아내기!

 2010년 12월 10

멀쩡한 군인, 이상한 전쟁
요한계시록 14:1-13

 또 내가 보니 보라 어린 양이 시온산에 섰고 그와 함께 십사만 사천이 섰는데 그 이마에 어린 양의 이름과 그 아버지의 이름을 쓴 것이 있도다 [계 14:1]

 구원받은 성도들의 이마에도 표가 있습니다.
 어린 양의 이름과 아버지의 이름입니다.
 이름이 찍힌 표는 소유권을 의미합니다.
 이마에 찍힌 것을 보면 본인이 새긴 것은 아닙니다.
 이름은 주님이 친히 이마에 새겨 주십니다.
 이 땅에서 진정으로 주님을 따르면 몸에 흔적(스티그마)이 남게 되어 있습니다.
 그것은 고난의 흔적입니다.

흔적 없는 제자는 제자가 아닙니다.

사탄이 권세 잡은 이 세상에서 사탄을 멸하실 주님 편에 선다는 것 자체가 위험천만한 일입니다.

물론 최종적으로는 주님이 지켜주시지만 부상은 피할 수 없는 숙명입니다.

전쟁 중에 부상 없는 군인은 군인이 아닙니다.

싸움을 피해 다녔거나 탈영병, 둘 중에 하나입니다.

예수님을 믿는다고 고백하는 순간 사탄의 표적이 됩니다.

그러니 이 땅에서 사탄과의 싸움에서 얻은 부상(신체적+정신적)은 소중한 흔적이 됩니다.

그 부상은 훗날 주님이 이마에 이름을 새기실 때 바탕이 되는 흔적입니다.

멀쩡한 사람은 이마에 짐승의 표를 받지만 부상당한 흔적을 가진 성도는 이마에 주님의 이름을 받습니다.

죄와의 싸움에서 부상을 안 당한다는 것은 소나기 오는 날 비 맞지 않을 수 있다는 말처럼 황망할 뿐입니다.

이 땅에서 부상의 흔적은 주님 소유임을 알리는 낙인이지만,

이 땅에서 마귀와의 전쟁에서 부상을 두려워하면 마귀에게 영원히 낙인찍힙니다.

【기도】 죄와의 싸움을 피하지 않게 하소서!
【적용】 죄와 맞서기!

2010년 12월 19일

가장 분주하신 주치의

요한계시록 19:1-10

이 일 후에 내가 들으니 하늘에 허다한 무리의 큰 음성 같은 것이 있어 가로되 할렐루야 구원과 영광과 능력이 우리 하나님께 있도다 그의 심판은 참되고 의로운지라 음행으로 땅을 더럽게 한 큰 음녀를 심판하사 자기 종들의 피를 그의 손에 갚으셨도다   [계 19:1, 2]

하나님의 최후 심판은 찬양 받으시기에 합당하십니다.
그의 심판이 참되고 의롭기 때문입니다.
굴곡진 인생으로 살다가 예수님의 보혈의 은혜를 입었습니다.
그 은혜로 하나님의 심판의 대상에서 벗어났습니다.
심판을 겨우 벗어난 것이 아니라 사랑의 대상이 되어 주님을 섬길 수 있게 되었습니다.
물론 섬김의 여정들이 늘 참되고 의로웠던 것은 아닙니다.
종종 다시 굴곡진 인생으로 비척거리며 걸었던 시간도 있었습니다.
그러나 한 번 지명하시고 부르시면 다시 철회하지 않으시는 주님의 한없는 은혜로 다시 참되고 의로운 길을 가고 있습니다.
그런 길지 않은 인생길에서 지금은 가장 힘든 시기를 지나고 있습니다.
이어지는 투병생활과 이에 따른 생활의 급작스런 변화로 혼란을 겪고 있습니다. 그러나 주님은 이런 혼란의 시기를 고통으로 끝내지 않으시고 새로운 정돈된 질서로 나를 인도해 주실 것을 믿습니다.
주님은 늘 그렇게 신실하게 역사하셨고, 지금도 모든 것이 합력하여 선을 이루도록 분주히 일하시기 때문입니다.
나는 형편과 사정을 바라보지 않습니다.

주님의 약속과 그분의 성품을 바라봅니다.

결국 주님은 굴곡진 인생을 참된 인생으로 만드시는 토기장이이십니다. 자기 죄와 불순종으로 버려지고 깨어진 토기를 그냥 방치하지 않으시고 다시 빚으시는 수고를 마다하지 않으신 분이 나의 주님이십니다.

병마로 파헤쳐진 몸과 영을 수습하시고 새롭도록 분주히 일하시는 분이 바로 나의 주님이십니다.

이 병원에서 가장 바쁘신 분은 담당 과장도, 주치의도 아닙니다.

주님이 최고로 분주하십니다.

3차 약물치료를 마치는 오늘도 주님의 손만 바라봅니다.

전능하신 그 큰 손을 말입니다.

치료 부작용도 나타나지 않아 주일 외출 허락이 났습니다.

주치의가 허락을 안 해도 탈영할 준비는 늘 하고 있습니다만.

성도들과 주일예배를 드릴 생각을 하니 들뜹니다.

새벽 3시에 깨어 잠 못 이루고 있습니다.

이렇게까지 주일예배가 흥분되고 기다려졌던 때가 있었는지 참 주님의 은혜는 놀랍습니다.

더 주심으로도 행복하게 하시더니, 덜 주심으로도 이렇게 감격적인 삶을 살게 하시니 말입니다.

역시 주님의 손이야말로 참된 마이더스의 손입니다.

터치하는 것마다 은혜로 바꾸시니 말입니다.

주님이야말로 유일하고, 진정한 주치의이십니다.

【기도】 주님, 3차 약물치료 감사드립니다.
　　　　인간의 상상을 초월하는 주님의 큰 역사를 믿습니다.
【적용】 치유 받은 자로 살기!

2010년 12월 25일

선물로써의 죽음
히브리서 9:23-28

한 번 죽는 것은 사람에게 정하신 것이요 그 후에는 심판이 있으리니 이와 같이 그리스도도 많은 사람의 죄를 담당하시려고 단번에 드리신바 되었고 구원에 이르게 하기 위하여 죄와 상관없이 자기를 바라는 자들에게 두 번째 나타나시리라
[히 9:27, 28]

끝이 있다는 것이 얼마나 큰 은혜인지 모릅니다.
죄의 결과이기는 하지만 육신은 한 번 죽습니다.
그리고 심판을 통해 서로 상반된 다른 세상과 만납니다.
심판을 대비한 사람에게는 소망이겠지만 그냥 산 사람들에게는 두려움입니다. 사후세계가 있다 없다가 아니라 모르는 상태로 죽음으로 빨려 들어가기 때문입니다.
병원에 있다 보면 죽음을 반갑게 여기는 사람들보다 피하고 싶어 하는 사람들을 더 많이 보게 됩니다.
그렇다고 피해지는 것도 아닌데 말입니다.
어쩌면 죽을 때 죽더라도 삶에 대한 애착을 끊지 못하는 것인지도 모릅니다.
피할 수 없다면 방법은 하나입니다.
적극적으로 수용하는 것이고, 준비하는 것이고, 나아가서는 즐기는 것입니다.
죽음을 친구처럼 여기면서 말입니다.
일단 죽음의 위협으로부터 벗어나면 인생은 상당히 달라집니다.
죽음의 두려움을 벗어난 사람의 행복을 막을 자는 없습니다.

오늘도 죽음의 그림자가 사람들을 따라다닙니다.
그들의 얼굴은 이미 죽은 자의 얼굴입니다.
살아 움직이나 생기가 없고 호흡하나 뜨거움이 없습니다.
오늘은 자신을 죽음에 내던지신 주님이 오신 날입니다.
주님처럼 죽음까지도 하나님의 영광의 도구로 활용하고 싶습니다.
인생은 사느냐 죽느냐의 문제가 아니라 영광스럽게 죽느냐 마지못해 죽느냐의 문제입니다.
죄의(저주) 결과가 가져온 죽음이지만 그것을 선물로써의 죽음으로 바꿀 수 있는 것이 믿음입니다.

【기도】 주님, 죽음의 종에서 벗어나게 하심을 감사드립니다.
【적용】 선물로써의 삶!

2010년 12월 26일

쪽팔린 왕!

요한계시록 20:1-6

이 첫째 부활에 참예하는 자들은 복이 있고 거룩하도다 둘째 사망이 그들을 다스리는 권세가 없고 도리어 그들이 하나님과 그리스도의 제사장이 되어 천년 동안 그리스도로 더불어 왕 노릇 하리라   [계 20:6]

나중에 주님과 함께 왕 노릇 한다는 말이 실감이 나지 않습니다.
지금 형편이 말이 아니기 때문입니다.

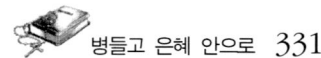

생과 사의 언저리에 서 있다 보니 나중 일까지 신경 쓸 겨를이 없습니다.

3차로 입원한 지 벌써 10일째입니다.

몇 번의 고비를 지나 조금 진정된 상태에서 병원 인터넷 검색대에 앉았습니다.

주일은 꼭 본 교회에서 지냈는데 지금 형편은 그러지 못해 오늘은 병원교회에서 예배를 드려야 할 것 같습니다. 양으로서 말입니다.

끝이 어디인지 참 그 깊이가 깊니다.

지금까지 겪은 고통도 만만치 않았는데 이것이 끝이 아니기에 더욱 그렇습니다.

사나 죽으나 다 주님의 뜻이지만 고통과 함께 사경을 헤맬 때는 한시라도 빨리 천국에 가고 싶은 마음이 굴뚝입니다.

이제 좀 진정되어 마음이 차분합니다.

모든 상황을 주님이 컨트롤하시지만 그래도 기분은 롤러코스터를 탄 것 같습니다.

지금의 내 모습은 장차 왕 노릇 할 모습과는 너무 어울리지 않습니다.

힘들게는 살아도 쪽팔리게는 살지 말아야 할 텐데 말입니다.

여기서부터 왕 노릇 좀 연습해야겠습니다.

나중에 왕 노릇 할 때 위엄 있게 호령하려면 지금처럼 살아서는 안 될 것 같습니다.

수시로 찾아오는 고통을 향하여 호통을 치고, 두려움에 대해서도, 그리고 죽음에 대해서도 호통을 치는 연습이 필요합니다.

나중에 왕 노릇 할 사람이 이런 것들 앞에서 벌벌 떨어서야 영이 서지 않습니다.

왕 노릇 할 사람의 영발이 영 아닙니다.

영의 근원이신 주님으로부터 강한 영을 공급받아야겠습니다.

슬며시 다가온 죽음도 화들짝 놀라 도망갈 정도로 강한 영을 말입니다. 오늘 병원 꽤나 소란스러울 것 같습니다. 오늘은 호통 좀 치면서 살렵니다.

【기도】 주님, 요즘 기가 많이 죽었습니다. 주님의 기(생기)를 부어주소서!
【적용】 사람들에게는 부드럽게, 사탄에게는 호통치기!

 2011년 1월 1일

Am I ready?
데살로니가전서 5:1-11

형제들아 때와 시기에 관하여는 너희에게 쓸 것이 없음은 주의 날이 임박함이라
[살전 5:1]

때와 시기는 알 수가 없습니다.
특히 얼굴과 얼굴로 주님을 만나 뵐 그날은 더 그렇습니다.
주님은 갑자기 오십니다. 그래서 주님이 오실 때 세상은 기겁을 할 것입니다.
그러나 현재 주님과 동행하는 삶을 살면 주님 오심이 기겁할 일이 아니라 기뻐할 일입니다.
하여튼 주님이 오시든지, 내가 먼저 주님께 가든지 때와 시기는 알 수 없습니다.
그래서 그날을 위한 유일한 방법은 오늘을 그날로 간주하고 사는 것

입니다.

　새해 첫 날을 마지막 날인 것처럼 살면 매일매일이 새 날이지만
　첫 날을 단지 첫 날로만 여기면서 세상 잠에 취한다면 첫 날은 재앙의 날입니다.
　내가 아직 이 땅에서 살고 있다면 아직 주님을 만나 뵐 준비가 덜 된 것이든지, 아니면 사명이 남아 있는 것입니다.
　그렇게 허락된 날을 잠자는 일로 허비한다면 잔여 삶은 재앙입니다.
　나는 아직 주님을 만나 뵐 준비가 덜 되었습니다.
　아주 많이 준비가 안 되어 있습니다.
　그래서 주님이 말기 암에서도 생명을 허락하신 것입니다.
　그런 날을 세상 잠에 취해 살 수는 없습니다.
　그래서 하루하루는 내게는 금쪽같은 날들입니다.
　말기 암으로 판정 받고 벌써 1년이 지나갑니다.
　또 주님은 2011년을 주셨습니다.
　1년이 10년이 될지, 30년이 될지 알 수 없습니다.
　다만 오늘을 주님 만나는 그날로 간주하며 깨어 살고 싶습니다.
　새해 첫 날도 자신에게 이렇게 묻습니다.
　"Am I ready?"
　아직 멀었음을 나도 알고, 주님도 아십니다.
　아 참, 우리 교회 식구들은 더 잘 압니다. 준비가 덜 된 나를.
　우리 가족들은 말할 것도 없구요.

【기도】 주님, 성화를 이루는 한 해가 되게 하소서!
【적용】 변화하기~ 싹 바꾸기!

 2011년 1월 4일

은혜로 샤워하는 2011년
다니엘서 1:1-9

다니엘은 뜻을 정하여 왕의 진미와 그의 마시는 포도주로 자기를 더럽히지 아니하리라 하고 자기를 더럽히지 않게 하기를 환관장에게 구하니 [단 1:8]

빠듯하게 살다 보면 이것저것 가릴 겨를이 없습니다.
일단 살고 봐야 하니까요.
특히나 포로로 끌려간 처지에서 왕의 진미를 거부하는 것은 목숨을 포기한 것이나 마찬가지입니다.
왕의 호의로 제공되는 음식이 자신을 더럽힌다고 거절하는 것은 왕을 멸시하는 짓이기 때문입니다.
다니엘은 이 엄청난 일을 벌이는 것이 두려웠을 것입니다.
그러나 다니엘은 하나님을 섬기는 신앙 양심을 그냥 묻어 버릴 수는 없었습니다.
왕의 진미는 우상에게 드려졌던 부정한 음식이라는 사실을 다니엘은 묵과할 수는 없었습니다.
그래서 그는 마음을 가다듬어 부정한 왕의 진미를 거절하기로 작심을 합니다.
"죽으면 죽으리라"는 다짐이 없이는 하기 힘든 작심입니다.
주님 말씀은 일점일획도 틀림없습니다.
살고자 하는 자는 죽고, 죽고자 하는 자는 산다는 주님 말씀이 생각납니다.
다니엘의 행동은 다급하면 신앙 양심이고 뭐고 다 팽개치고 일단 살 길을 찾는 나의 연약한 모습과는 너무 대조적입니다.

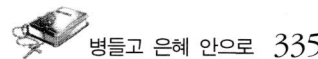 병들고 은혜 안으로 335

주님은 힘든 가운데서도 주님 편에 서는 자를 그냥 방치하는 그런 분이 아닙니다.

우리 주님은 반드시 은혜와 긍휼로 덮어 보호하시는 사랑의 하나님이십니다.

안락하고 타협하는 자에게는 주님의 은혜가 임하지 않습니다.

주님의 은혜는 신앙을 지키려고 위험을 감수한 사람에게 임합니다.

주님의 은혜는 무궁무진하지만 그렇다고 낭비할 만큼 흔한 것은 아닙니다.

벼랑 끝에 서 보지 않는 한 주님의 은혜의 맛을 볼 수가 없습니다.

벼랑 끝은 모든 것을 잃는 끝이 아닙니다.

벼랑 끝은 은혜의 시작점입니다.

이것은 벼랑 끝에 서 본 자만이 알 수 있는 비밀입니다.

신앙을 지키는 가운데 만나는 위험은 주님의 은혜가 흘러오는 골짜기입니다.

주님을 기쁘시게 한 다니엘의 행동은 결코 우발적으로 일어난 행동이 아닙니다.

그런 뜻을 정하는 데는 평상시 다니엘의 신앙훈련이 크게 기여했습니다.

다니엘은 매일매일의 삶 가운데서 직면하는 믿음의 선한 싸움에서 뒤로 물러나지 않았습니다. 평상시 훈련된 신앙이 위기의 순간에 빛을 발산합니다.

오늘 아침은 2011년 주님을 기쁘시게 하기 위해서 뜻을 정하여 실행할 것이 무엇인지 찾아보는 시간으로 활용하고 싶습니다.

"하나님이 보시기에 심히 좋았더라" 하실 그 무엇을 찾고자 합니다.

너무 많아 우선순위를 정해야 되지 않을까 걱정이 됩니다.

그러나 사실은 그런 것이 많으면 많을수록 신명나는 일입니다.

은혜가 폭포수처럼 밀려올 테니 말입니다.

【기도】 주님, 뜻 앞에서 두려워하지 않게 하소서!
【적용】 약물 의지하지 않기!

 2011년 1월 10일

소인배의 아침 스트레칭
다니엘서 2:46-49

이에 느부갓네살 왕이 엎드려 다니엘에게 절하고 명하여 예물과 향품을 그에게 드리게 하니라
[단 2:46]

기가 막힌 일이 벌어집니다.
자기가 끌고 와서 먹이고 가르친 포로 출신의 다니엘에게 왕이 절을 합니다.
왕의 체통이고 뭐고 다 팽개치고 마치 자기 신에게 하듯 엎드려 절을 합니다.
자기보다 못하지만 실력자를 알아주고 대우해 주는 사람은 통 큰 사람입니다.
자기보다 못한 지위를 가진 사람이라도 인정해 줄 것은 인정해 주는 위인이 진짜 큰 인물입니다.
느부갓네살은 다니엘을 인정해 줄 뿐만 아니라 그에 걸맞은 대우까지 해 줍니다.

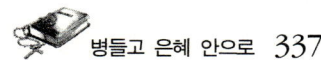

아랫사람이 잘하면 시기와 쟁투를 일삼는 세상과는 다릅니다.

자기편이 아니면 절대 인재를 등용하지 않는 모습 속에서 소인배일 수밖에 없는 이유를 알게 됩니다.

평신도 중에는 목회자보다 더 성실하고, 더 신실하고, 더 은사가 많은 분들이 계십니다.

고개가 절로 숙여지지만 마음 한켠에서는 인정해 주지 않고 쟁투하려는 못된 마음이 도사리고 있는 것을 감출 수가 없습니다.

내가 소인배일 수밖에 없는 이유입니다.

그러니 능력있는 많은 사람이 모여들지 않는 것이 당연합니다.

큰 나무는 쉴 만한 그늘이 넓은 법인데 말입니다.

아, 느부갓네살처럼 통 큰 사람이 무척 부러운 아침입니다.

오늘은 마음 크게 먹고 통 크게 살아 보렵니다.

괜히 가랑이 찢어지지 않을지 걱정입니다.

마음의 가랑이 억지로라도 찢어야 넓어질 테니 꾹 참고 마음의 스트레칭을 해 보렵니다.

【기도】 주님, 통 큰 리더십을 주소서!
【적용】 넉넉한 마음으로 살기!

 2011년 1월 11일

또 부끄러운 저녁
다니엘서 3:1-12

느부갓네살 왕이 금으로 신상을 만들었으니 고는 육십 규빗이요 광은 여섯 규빗이라 그것을 바벨론 도의 두라 평지에 세웠더라 [단 3:1]

다니엘의 세 친구들은 왕의 어명을 어기고 금 신상에게 절하지 않습니다.
그들도 금 신상에게 절하지 않으면 어떤 사태가 벌어질지 잘 알고 있습니다.
귀중한 목숨을 포함한 모든 것을 잃어버릴 수 있습니다.
그들은 왜 무모한 신앙의 위기를 자처할까?
한참 잘 나가니까 훗날을 기약하면서 일단은 바벨론에 동화되어 살면 좋지 않을까?
신앙이 과연 목숨을 포함한 모든 것을 버릴 가치가 있는 것일까?
금 신상에게 절을 하면 긍휼히 풍성하신 하나님이 그 마음을 이해해 주시지 않을까?
이렇게 목숨이 달린 문제에서는 현실과 타협하는 것이 용서받지 못할 죄가 될까?
참 부러운 신앙의 모습이지만 과연 "나"라면 그렇게 할 수 있을까?
제정신으로는 도저히 따라할 수 없을 것 같기에 부끄러운 죄책감이 듭니다.

【기도】 주님, 어떤 시험도 이길 수 있는 믿음과 담대함을 주소서!
【적용】 작은 일부터 순종 훈련!

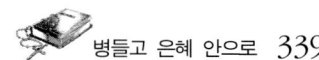 병들고 은혜 안으로 339

2011년 1월 16일

더 좋은 미래를 위한 휴지기

다니엘서 4:19-27

> 왕이 보신즉 한 순찰자, 한 거룩한 자가 하늘에서 내려와서 이르기를 그 나무를 베고 멸하라 그러나 그 뿌리의 그루터기는 땅에 남겨두고 철과 놋줄로 동이고 그것을 들 청초 가운데 있게 하라 그것이 하늘 이슬에 젖고 또 들짐승으로 더불어 그 분량을 같이 하며 일곱 때를 지내리라 하더라 하시오니 [단 4:23]

느부갓네살 왕은 7년이라는 휴지기가 필요한 왕입니다.

휴지기 동안 왕은 왕직을 수행하지 못하고 야인처럼 역사의 뒤안길로 사라진 것처럼 비참하게 살아야 합니다.

이 기간 동안 그는 모든 것은 하나님이 다스리신다는 사실을 깨닫게 됩니다.

어떻게 보면 왕으로서는 비극적인 일이지만 7년 후에 다시 왕의 나라가 견고하여진다는 의미에서는 소망이기도 합니다.

꼭 일사천리로 달리는 것만이 성공은 아닙니다.

사람은 완전하지 않기에 다듬어져 가는 휴지기가 필요합니다.

그 기간은 낭비하는 시간 같지만 사실은 더 성숙해질 수 있는 기회이기도 합니다.

사람들에게 잊혀진 채 야인처럼 살아야 하는 것은 분명 고통입니다.

그러나 이 휴지기를 통해 더 견고한 미래를 만들어 갈 수 있다면 고통으로만 끝나지 않습니다.

견고한 미래를 위해서 지불해야 하는 세금 정도로 여긴다면 참을 수 있지 않을까 합니다.

이 휴지기가 꼭 필요한 것은 아닙니다.

휴지기 없이 형통하게 견고한 미래를 맞이한다면 그것이야말로 금상 첨화입니다.

그러나 사람이라는 것이 꼭 아파야만 깨달으니 어쩌겠습니까?

오늘 묵상은 우리 교회 이름이 등장하여 더 생생한 묵상으로 다가옵니다.

그루터기 교회를 2005년 9월 1일 개척했으니 올해가 6년차입니다.

올해가 지나온 시간 중에 가장 힘든 날입니다.

가장 힘든 시간을 지나야 한다는 의미에서는 아픔이지만

견고한 미래를 내다본다는 의미에서는 소망이며 비전입니다.

목적 없는 아픔은 없습니다.

성숙 없는 아픔도 없습니다.

열매 없는 아픔도 없습니다.

그러려면 주어진 휴지기 동안 자숙하며 죄악에서 돌이키는 일들이 있어야 합니다.

아픔의 시간만 지나면 저절로 견고한 미래가 주어지는 것이 아닙니다.

하나님의 목적에 맞도록 휴지기를 보내는 것만이 견고한 미래를 약속받을 수 있습니다.

시간만 때우면 제대하는 군대와는 다릅니다.

주님이 원하시는 꼭 해야 할 일들을 하지 않는다면 휴지기는 7년이 아니라 평생도 갈 수 있습니다.

와우, 생각만 해도 소름이 끼칩니다.

이슬에 젖은 채 들풀 가운데 버려진 그루터기는 생명력을 머금으며 때를 기다립니다.

그 생명력은 그 전의 영광과는 비교가 안 될 만큼 더 빛나는 미래의 영광으로 도약할 하나님의 힘이며 생기입니다.

결국 훗날 이 그루터기는 하나님이 더 나은 미래를 위해 남겨두신

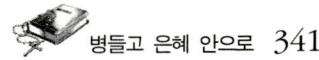

병들고 은혜 안으로 341

거룩한 씨라는 사실을 모든 열방이 알게 될 것입니다.

"밤나무와 상수리나무가 베임을 당하여도 그 그루터기는 남아 있는 것 같이 거룩한 씨가 이 땅의 그루터기니라 하시더라." [사 6:13]

이제 얼마 안 남았습니다.

조금만 참으시면 됩니다.

더 좋은 미래가 기다리고 있습니다.

회개한 자에게 과거는 더 이상 고통의 산실이 아닙니다.

회개한 자에게 아픈 과거는 더 나은 미래가 자라는 온상입니다.

【기도】 주님, 밤새 아픔과 맞서 견딜 힘을 주시니 감사합니다!
【적용】 자신을 돌아보기!

2011년 1월 17일

최고 고리대금~ 하늘 이자

다니엘서 4: 28-37

그 기한이 차매 나 느부갓네살이 하늘을 우러러 보았더니 내 총명이 다시 내게로 돌아온지라 이에 내가 지극히 높으신 자에게 감사하며 영생하시는 자를 찬양하고 존경하였노니 그 권세는 영원한 권세요 그 나라는 대대에 이르리로다 땅의 모든 거민을 없는 것 같이 여기시며 하늘의 군사에게든지 땅의 거민에게든지 그는 자기 뜻대로 행하시나니 누가 그의 손을 금하든지 혹시 이르기를 네가 무엇을 하느냐 할 자가 없도다 그와 동시에 내 총명이 내게로 돌아왔고 내 나라 영광에 대하여도 내 위엄과 광명이 내게로 돌아왔고 또 나의 모사들과 관원들이 내게 조회하니 내가 내 나라에서 다시 세움을 입고 또 지극한 위세가 내게 더하였도다 그러므로 지금 나 느부갓네살이 하늘의 왕을 찬양하며 칭송하며 존경하오니 그의 일이 다 진실하고 그의 행하심이 의로우시므로 무릇 교만하게 행하는 자를 그가 능히 낮추심이라 [단 4:34-37]

오랜 시간이 지나면 다 잊습니다.
특히나 7년이라는 장구한 세월은 모든 것을 잊게 하기에 충분한 시간입니다.
그러나 주님은 잊지 않으시고 약속대로 느부갓네살 왕에게 되돌려 주십니다.
총명도 나라도 영광도 다 되돌려 주십니다.
그 7년은 느부갓네살 왕의 불치병을 고치는 치료기간이었습니다.
그는 하나님만이 고치실 수 있는 불치병을 앓고 있었는데 그 병명은 "교만 병"이었습니다.
사랑 깊은 약속만이 시간이 지나도 변하지 않습니다.
주님이 나를 향하신 약속은 사랑 깊은 약속입니다.
사람은 7년이면 다 잊지만 하나님은 700년이 지나도 잊지 않으십니다.
주님은 신실하십니다.
인생이 아니시기에 식언치 않으시고, 한 번 약속하시면 반드시 지키시는 신실한 분입니다.
어쩔 수 없이 내 손에서 떠나는 것들이 있습니다.
돈, 건강, 명예, 영광, 사람들….
그러나 치유의 기간이 지나 때가 차면 주님이 다 되돌려 주십니다.
그 전 것보다 더 좋은 것으로 말입니다.
이 땅에서 누리지 못한 것과는 비교도 안 되는 기가 막힌 것들을 영원히 누릴 수 있도록 천국에서 돌려주십니다.
그러니 억울해 할 필요가 없습니다.

하나님이 가져가신 것은 다 뜻이 있습니다.
그리고 그것들을 이자에 이자가 붙어 눈덩이처럼 불어나는 사채처럼 엄청난 것으로 되돌아옵니다.
이생이든 내세든 말입니다.
꼭 여기서 누리는 것만이 능사가 아닙니다.
여기는 어차피 잠깐이지만 거기는 영원하니 비교가 안 됩니다.
또 짧지 않은 치료의 시간이 기다립니다.
이번 주부터 7주간 매일 방사선 치료를 시작합니다.
병원과의 거리도 멀고 많이 지쳐 입원하여 치료를 받습니다.
상황은 내가 통제할 수 있는 단계를 훌쩍 지났습니다.
내 생각이 있지만 내 생각은 내려놓고 주님이 이끄시는 대로 순종하는 마음으로 따라갑니다.
7주가 끝인지 또 다른 단계로의 시작인지 주님만이 아십니다.
분명한 것은 끝이 있다는 것입니다.
오래지 않을 것입니다.
막상 그때는 오래 지나는 것처럼 느껴지지만 지나고 나면 잠깐입니다.
느부갓네살의 7년도 잠깐이었던 것처럼 말입니다.
느부갓네살 왕이 들으면 펄쩍 뛸지 모르겠습니다.
당하는 자에게 7년은 결코 짧지 않다고 말입니다.
그러나 주님에게 7년은 눈 깜짝할 사이도 안 됩니다.
주님의 시간 개념으로 7주간의 방사선 치료가 지나갔으면 합니다.
주님은 포기하지 않는 자들에게 되돌려 주십니다. 몽땅.
아니 이자까지 쳐서 말입니다.
결코 억울해 하지 않도록 말입니다.
주님은 되돌려 주시는 약속의 하나님이십니다.

【기도】 주님, 이 모든 것이 아름다운 추억이 되게 하소서!
【적용】 나의 생각 내려놓기!

[부록]
내가 본 故 김종성 목사

故 김종성 목사를 추모하는 글들/
목사님! 목사님! 우리 목사님/
나의 아버지 김종성 목사

병·들·고·은·혜·안·으·로

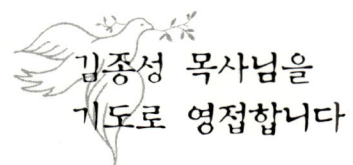

김종성 목사님을
기도로 영접합니다

내가 더욱 급히 저를 보낸 것은 너희로 저를 다시 보고 기뻐하게 하며 내 근심도 덜려 함이니 이러므로 너희가 주 안에서 모든 기쁨으로 저를 영접하고 또 이와 같은 자들을 존귀히 여기라
[빌립보서 2:19-30]

오늘 말씀을 묵상하며 김종성 목사님이 생각납니다.
마치 에바브로 디도의 건강문제로 빌립보 교인들이 근심 걱정한 것처럼 우리가 김종성 목사님의 건강문제로 걱정하고 있으나 하나님의 긍휼로 건강이 회복되어 빌립보 교회를 찾는 "에바브로 디도"처럼 김종성 목사님께서 건강한 모습으로 이 말씀의 창에 나타나 우리를 기쁘게 하실 것이라는 믿음이 솟구쳐 옵니다. 아멘.
그런데 목사님은 이미 주님 품으로 가셨군요. 갑자기 떠오른 목사님의 생각이 하나님 곁에 가시어 영접 받는 모습이었을까요. 우린 기도로 영접합니다.
주님 곁에서 평안하시고 천국의 아름다운 삶을 위해 기도합니다.
주님!
김종성 목사님에게 긍휼을 베푸신 은혜에 감사를 드리고 찬양을 올립니다. 아멘

차동길

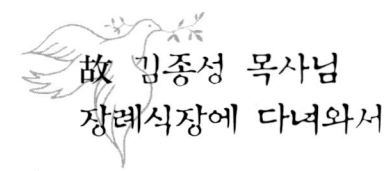
故 김종성 목사님 장례식장에 다녀와서

내가 처음 그의 글을 접한 것은 지난해 초 봄 사순절 무렵이었다.
오는 봄을 시샘하듯 불어대는 꽃샘바람이 차가운 봄의 문턱에서 그는 그동안 게시판에 올려 온 글을 접고 잠시 피정을 다녀온다는 글을 남겼었는데 그때 이미 심신이 피로에 지치고 힘들어 있는 것을 나는 알지 못했다. 그리고 지난해 봄, 여름, 가을, 겨울을 지나면서 올라오는 그의 글들은 이미 꺼져 가고 있는 생명의 불꽃을 믿음의 심지로 일으키면서 활활 타오르는 것 같았다.

그러나 지난 1월 17일을 끝으로 그는 글을 접었는데 주님께서 허락하시고 연장해 주신 시간이 거기까지였던 것 같다.

모두가 여기 게시판에서 다시 그의 글이 올라오기를 기다리는 가운데 어제 갑자기 올라온 부고의 소식은 글로써 그를 알아온 많은 사람들에게 한순간 숨을 멎게 하는 슬픔이고 충격이었다.

오늘 아침 교회로 향하면서 오전예배 후 꼭 문상을 가봐야겠다는 생각을 했는데 여러 일들이 겹쳐서 오후 늦은 시간이 되어서야 찾아가 볼 수 있었다. 그가 마지막 투병으로 힘들었을 지난겨울은 무던히도 춥고 추웠었는데 오늘 그를 찾아가는 길은 따스한 봄기운이 피어오르는 날씨여서 내심 그의 가는 길이 외롭지만은 않겠다고 생각했다.

내일 그의 가족들이 벽제 화장터에 가서 모든 장례 절차를 마치게 되기까지 오늘만큼만 따뜻한 날씨가 되어 주기를 비는 마음 간절했다.

장례식장은 가난과 고난 가운데 목양했을 한 목회자의 삶을 반영하는 듯 소탈하면서도 조용한 침묵 가운데 추모하는 사람들의 발길이 간간이 이어지고 있었다.

나는 그의 생전에 한 번도 그를 본 적이 없고 글로써만 접해 왔기 때문에 그냥 조용한 문상을 하고 싶었다. 그의 영정 앞에 서서 찬찬히 그의 모습을 바라보며 마음 깊숙한 기도를 드렸다. 바라보는 그의 얼굴 위에 많은 사람들을 감동시켰던 그의 글들을 매치시킬 때 왠지 모르는 슬픔이 마음에 밀려왔다.

유족들에게 주님의 평안과 위로의 말씀을 전하고 나와서도 그냥 돌아가는 발걸음이 아쉬워서 몇 번 더 그의 영정을 바라보고 또 바라보면서 그의 인상을 마음에 새겼다. 돌아오는 길에 내 마음에 담았던 그의 인상을 떠올리면서 말기 암의 고통 속에서도 감동적인 글들을 쏟아낸 비결이 무엇인가를 생각해 보았다. 언젠가 그의 글에 목의 통증을 호소하는 글을 남겼었는데…. 아마 주의 성령의 역사가 그의 목에까지 꽉 차서 그는 필경 성령의 기운에 사로잡혀 글을 썼으리라고 생각했다.

힘겨운 투병 생활 가운데서도 그의 생명과 바꾼 여기 생명의 게시판에 남겨진 글들이 헛되지 않도록 반드시 한 권의 묵상집이라도 나오면 좋겠다는 생각이 간절했다.

아래 올려진 한 자매의 글에서도 같은 소원이 올려진 것을 보았는데 이것이 여기 게시판을 드나드는 모든 분들의 마음이라고 생각한다.

주님 앞에 먼저 보낸 그의 이별을 한순간 눈물과 슬픈 감정으로 끝내지 않고 많은 열매를 바라보며 심어진 한 알의 밀알처럼 되게 하기 위해서 어떤 모양으로든지 많은 분들의 뜻을 모아 문집이 발간되었으면 정말 좋겠다.

다시 한 번 故 김종성 목사님의 명복을 빌며 남은 가족들에게 주님의 위로와 평안을 전합니다.

생명의 삶 게시판을 빛냈던 故 김종성 목사를 추모하면서….

박해동

김종성 목사님을 추억하며
내 마음에 남은 글
― 김종성 목사의 행복한 생각에서 발췌한 글

"잠 못 이루는 밤"

"이거 너만 먹어!"

 귀한 음식을 해 올 때마다 반복하는 누님의 애절한 레토릭. 평상시 자기도 못 먹어 보는 귀한 음식을 비싼 값을 치르며 아픈 동생을 위해 해 온다. 그래서 양이 얼마 안 되는데 멀쩡한 식구들이 먹으면 정작 먹어야 하는 동생은 얼마 먹지 못할 것이 아니냐는 상식적인 취지에서 하는 말이다. 그럴 때마다 꼭 나만 먹겠다고 대답한다.
 대답이야 그렇게 하지만 귀한 음식을 보면 가장 먼저 생각나는 것이 자식 아니던가. 내가 먹어 배부른 것보다 아들이 먹어 배부른 것이 더 행복한데 어쩌란 말인가.
 자식 사랑을 상식 안에 가두기에는 덩치가 너무 크다.
 그러나 아무리 나만 먹는다고 언구럭 부려도 누님은 안다.
 누님의 작전이 달라졌다. 내가 먹을 것과 아들이 먹을 것을 같이 해 온다. 내 것은 순수 국산 한우, 아들용은 호주산.
 부드러운 한우를 한 입 깨물 때마다 누님의 사랑은 곰비임비 불어만 가고, 아들은 넙데데한 표정으로 호주산 불고기를 씹으며 차별의 한을 삭힌다.

가슴에는 진한 사랑이,
목에는 후끈거리는 통증이,
밤에는 끈적거리는 열대야,
이래저래 잠 못 이루는 여름밤이다.
국산 한우와 호주산 불고기를 한곳에 넣고 볶으니
그 맛이 그 맛이다. 나도 아들도 누님도 모른다.

*사랑 외에는 남는 것이 없다.

김진희

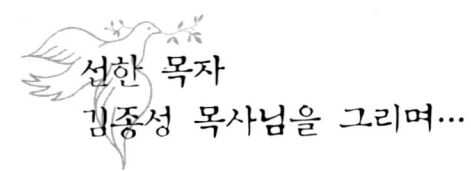
선한 목자
김종성 목사님을 그리며…

나는 선한 목자라 선한 목자는 양들을 위하여 목숨을 버리거니와 삯꾼은 목자가 아니요 양도 제 양이 아니라 이리가 오는 것을 보면 양을 버리고 달아나나니 이리가 양을 물어 가고 또 해치느니라 달아나는 것은 그가 삯꾼인 까닭에 양을 돌보지 아니함이나 나는 선한 목자라 나는 내 양을 알고 양도 나를 아는 것이 아버지께서 나를 아시고 내가 아버지를 아는 것 같으니 나는 양을 위하여 목숨을 버리노라.

[요한복음 10장 11-15절]

김종성 목사님은 요한복음 10장 11-15절처럼 하나님 말씀으로 사셨습니다.

길지 않은 7년 목회 기간 동안 가족들을 위하여 사례비를 받은 적도 없고, 소천하시기 3개월 전부터 지급되었던 사례비도 연약한 교회를 위하여 헌금하셨습니다.

김종성 목사님은 우리 그루터기 교회에 진정한 이 세상의 선한 목자이셨습니다.

김종성 목사님을 한 줄로 표현할 수 있도록 기도하며 글을 씁니다.

그루터기 교회 안수집사 성기흠

목 수술보다 말씀 증거를 선택하신 목사님

저는 故 김종성 목사님을 만나 뵌 지는 오래되지 않았습니다. 3년 전 가을쯤이었습니다.

섬기던 교회에서 상처를 많이 받고 의지할 곳 없었던 저는 주일학교의 새소식반에서 나누어 주는 주보를 받고 주일학교에 대한 비전과 교회에 대한 비전을 보았습니다.

이 교회에 가면 제가 해야 할 일이 있겠구나 생각되었습니다.

성도는 많지 않았지만 故 김종성 목사님은 연약한 성도들의 믿음을 강조하셨습니다.

저는 예배시간마다 눈물로 예배를 드렸습니다. 감사와 은혜의 눈물이었습니다.

교회가 물질로 어려웠지만 한 번도 설교시간에 헌금을 강조하지 않으셨습니다.

오직 성도들을 말씀과 사랑으로 양육하셨습니다.

故 김종성 목사님의 설교를 들을 때 하나님의 음성으로 들렸고 예수님의 사랑을 체험하는 시간들이었습니다. 목사님은 혼자서 묵묵히 기도하시면서 하나님과 교통하는 분이셨습니다.

누구보다도 성도들을 사랑하는 목자이셨습니다.

故 김종성 목사님은 하나님 뜻대로 살려고 하셨습니다.

세상과 타협하지 아니하고 오직 말씀과 기도가 목사님의 전부이셨습니다.

자신의 몸을 돌아보지 아니하시고 지하 교회에서 1년을 작정하시고 매일 밤 철야를 하시면서 교회 부흥을 위해 기도하셨던 목사님이셨습니다.

지금 故 김종성 목사님은 계시지 않지만 지금 그루터기 교회 성도들은 믿음을 지키기 위해 흩어지지 아니하고 故 김종성 목사님을 대신해서 오실 목사님을 기다리고 있습니다.

목사님은 계시지 않지만 목사님께서 얼마나 성도들을 사랑하셨는지 모두가 느끼고 있습니다. 병마와 싸우시면서 마지막까지 말씀 전하시기를 원하셨습니다.

수술하시는 것을 마다하시고 당신의 말씀 사역을 끝까지 감당하셨던 분이셨습니다.

故 김종성 목사님은 비록 작은 교회의 이름 없는 목사님이셨지만 말씀과 사랑이셨습니다.

그루터기 교회 전도사 성명숙

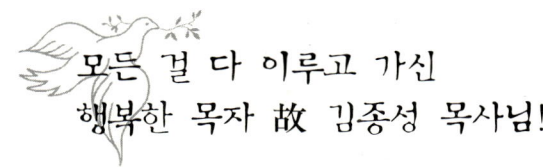
모든 걸 다 이루고 가신
행복한 목자 故 김종성 목사님!

당신이 오늘도 너무 보고파 울고 또 울었습니다. 언제쯤 이 눈물이 마를지 모르지만 당신은 위대하고 크신 업적을 남기고 가신 훌륭한 주의 종이었으며, 주 믿는 우리들에게 영원히 기억되실 것입니다.

주님께선 우리 故 김종성 목사님의 일을 통하여 저에게 또한 남은 자들에게 너무도 큰 깨달음을 주셨습니다.

우리 목사님은 주 안에서 소망하고 꿈꿔 왔던 모든 기도의 응답을 받고 소천하셨습니다.

첫째는 암이라는 질병을 오로지 주의 손으로 치유해 달라고 간절히 기도하셨는데 이루셨습니다. 처음 암이라는 진단을 받을 당시 수술을 통해선 목숨을 건질 수 있었으나 목소리를 잃게 될 것이기에, 그러면 말씀을 전할 수 없기에 자기 목숨을 포기하셨습니다.

그리고 수술 없이 오로지 기도로 낫기를 원하셨습니다. 세상 사람들은 비웃고 조롱하였을 것입니다. 믿는 저 또한 미련스러워 보였습니다. 의학의 힘을 빌려 목숨부터 살린 후에 다른 방법을 찾지 않으셨는지 속으로 안타까웠고 이해되지 않았습니다. 그러나 우리 故 김종성 목사님은 순수하게 오로지 말씀에 입각하여 나음을 믿었습니다. 확신한다고 외치셨고 눈물로 고백했습니다.

그 사이 홀로 고통과 외로움에 얼마나 힘드셨을까 생각하면 너무도 죄송스럽습니다.

그래서 또 눈물이 납니다.

그러나 주님은 그 기도에 응답하셨습니다.

이 부질없는 세상에서의 단순히 암이라는 질병의 나음이 아닌, 완전하고 확실한 영육의 나음인 천국에서의 나음이었습니다.

감히 하나님의 그 뜻을 헤아릴 수 없는 우리의 생각들은 응답 또한 우리 식의 해석으로 이해했던 것입니다.

고통과 질병이 없는 그곳, 천국에서의 완전한 회복을 약속하셨는데, 우리가 잘못 알아들은 것이죠. 이 사실은 장례 둘째 날 한 목사님의 말씀을 통해 깨닫게 하셨습니다.

그리고 그날 저녁 다시금 새로운 사실을 알게 하셨습니다. 목사님의 나머지 기도도 모두 주님께 상달되었고 이루어 주셨으며, 지금도 이루시고 계시구나 하는 사실입니다.

그렇게도 추위와 외로움과 고통과 싸우며, 외치며 부르짖었던 기도, 동두천 10만 성도를 그루터기 교회에 보내달라고 목사님이 품을 수 있게 해 달라고 기도드렸던 기도도 다 이루셨습니다.

몇 명 안 되는 우리 그루터기 교회 식구들과 오프라인에서 목사님을 아시는 모든 분들과, 이곳 생명의 삶을 통해 말씀을 나누는 식구들을 통해 무한대로 뻗어나갈 것을 확신합니다.

우린 우리 지역 동두천만을 바라보며 꿈 꿔 왔는데, 하나님은 전 세계, 전 우주를 목사님께 허락하신 것이었습니다.

비록 그는 천국에 가셨지만 이 일은 계속 진행될 것입니다.

또 한 가지 우리 목사님의 소망이신 책이 출간되어 나온다는 사실을 오늘 이곳에서 알게 되어 다시 한 번 놀랐습니다. 그것도 진행되어 반드시 이루어질 것을 믿습니다.

우리 목사님의 사명은 아직 끝나지 않았으며, 남은 저희들을 통해 계속 이루어 나갈 것입니다.

오로지 주의 영광만을 위해….

전 모든 깨달음을 느끼게 해주신 주님께 너무도 감사하고 감사드립니다.

마치 예수님과 같이 멸시 천대 받으며 오로지 믿음을 굳건히 지키고 가신 故 김종성 목사님의 이야기는 후세에 영원히 기억되길 바랍니다.

성경책에서만 읽었던 예수님의 삶을 우리 목사님의 삶을 통해 체험할 수 있어서 저는 슬프지만 너무 행복합니다.

그리고 우리의 기도 또한 절대 헛되지 않으며 땅에 떨어지지 않음을 새롭게 깨닫습니다.

그래서 저 또한 주 안에서 큰 꿈, 비전을 품으며 나아갈 것입니다.

목회자로서 너무도 멋진 삶을 살고 가신 김종성 목사님!

당신은 너무 행복한 목자였습니다.

지금도 제 가슴속엔 천국에서 천국 백성들 앞에 나와 멋진 설교를 하고 계신 목사님이 그려집니다.

"아빠, 천국에서 꼭 다시 만나요.
아빠, 말씀대로 열심히 신앙생활 할게요."
믿음의 딸 문희가….

그루터기 교회 집사 정문희

# 안녕… 목사님…

저가 그리스도의 일을 위하여 죽기에 이르러도 자기 목숨을 돌아보지 아니한 것은 나를 섬기는 너희의 일에 부족함을 채우려 함이니라 [빌립보서 2:19-30]

목사님을 알고, 함께한 지도 10년도 훌쩍 지났습니다.
"안녕하세요. 전도사님"으로 시작해서
"축하드려요. 강도사님"을 지나 드디어
"우리 목사님" 했던 그때가 하나도 잊혀지지 않는데….
우리 곁에서 당신을 떠나보내야 한다는 것이 믿어지지 않습니다.
매주 빠짐없이 잠에서 꿈을 꿨습니다. 건강한 모습으로 교회에 돌아오시는…
꿈이 깨고 나면 아쉬우면서도 행복했습니다.
그런데 이제 그런 꿈속에서 당신을 만나면 저는 어떻게 해야 하나요?
또 꿈에서 깨면 슬퍼서 어떻게 해야 하나요?
내가 알지 못하는 하나님의 깊은 뜻이 있겠죠.
내가 이해할 수 없는 하나님의 더 놀라운 계획하심이 있었겠죠.
주님을 신뢰합니다. 당신이 마지막까지 주님을 신뢰할 수 있도록 우리를 가르쳤으니까요.
그래도 목사님이 보고 싶으면 오늘처럼 계속 눈물이 날 것 같습니다.
울어도 이해하세요. 슬퍼해도 이해해 주세요.
이 밤 목사님께 다시 찾아갑니다. 영정사진으로라도 좀더 오래 봐야겠습니다.
뜨겁게 말씀을 전하시던 설교자였던 목사님을 기억합니다.

비가 많이 오던 날 걱정스레 데리러 오신 아버지 같던 목사님도 기억합니다.

내가 좋아하는 홈런볼을 기억하고, 건네시던 친구 같던 목사님도 기억합니다.

아파 입원한 내게 내가 아플 테니 이제 병원 오지 말라던 목사님도 기억합니다.

아무것도 눈치 못 챈 우리에게 눈물 글썽이며 마지막 주례라고 했던 그날의 주례사도 기억합니다.

아직도 떠오르는 게 너무 많은데 인사해야 합니까?

안녕… 나의 목사님…

안녕….

【기도】 사모님과 희망이와 라미를 위로하시고, 지켜 주세요.

양미선

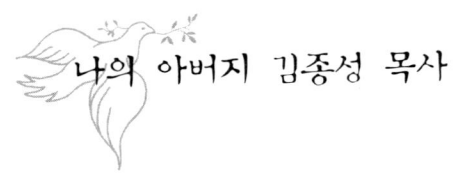

나의 아버지 김종성 목사

아버지가 처음 교회를 다니시게 된 것은 어머니의 간절한 기도 때문이었습니다.

1995년 의정부 광명교회에서 먼저 신앙생활을 하셨던 어머니가 아버지의 구원을 위해 금식을 하시며 기도하셨고 이 기간 중에 하나님이 아버지의 꿈에서 아버지를 만나주시면서 아버지는 하나님을 영접하게 되었습니다.

그리고 그 당시 어렸던 제가 어색하게 느낄 정도로 이전의 모습과는 180도 다르게 바뀌셨습니다. 아버지는 간혹 저에게 자신이 꿈에서 만난 하나님에 대해 말씀해 주시곤 하셨는데 그 모습은 굉장히 강하고 크시며 경외로운 느낌이었다고 하셨습니다.

하나님을 영접한 후 아버지는 광명교회에서 믿음생활을 하셨습니다.

이 믿음생활 중에 하나님이 아버지를 죽음의 위기에서 2번 건져주셨는데 그 중 첫 번째는 성수대교 붕괴사건이었습니다.

이 당시 교회에서는 특별새벽기도를 하고 있었는데 아버지는 새벽기도를 마치고 자가용을 타고 성수대교를 건너 직장으로 출근을 하셨습니다. 그런데 2시간 후 바로 성수대교의 일부가 무너져 내렸고 그 시간은 바로 아버지가 보통 때 출근하시는 시간이었습니다.

두 번째는 대교에서의 교통사고였습니다. 새벽기도를 마치고 출근하시던 아버지가 대교에서 잠깐 졸아 중앙선을 넘으셨고 마주오던 차의 경적소리에 놀라 핸들을 반대로 꺾어 가드레일과 충돌했습니다.

이 상황에서 뒤따라오던 차가 있었다면 큰 사고로 이어질 뻔했지만 하나님의 도우심으로 뒤에 차가 오지 않았고, 사고 후 정비사가 이 차를 몰았던 사람은 어떻게 됐냐며 물을 정도로 파손이 심했던 차 사고에서 아버지는 조금도 다치지 않으셨습니다.

이렇게 신앙생활을 하시던 중 1997년, 하나님께서 아버지에게 목회자가 되어 동두천으로 가서 목회를 하라는 말씀을 하셨고 아버지는 이 말씀에 순종하셨습니다. 그런데 이 당시 갑작스런 아버지의 목회 결정에 저희 가족은 반대를 하였고 결국 아버지는 홀로 동두천으로 가셨습니다.

이때의 기억을 떠올려 보면 아버지와 어머니, 저 그리고 누나 사이에는 깊은 갈등이 있었습니다. 아버지는 아버지대로 하나님이 시키신 일을 하는 자신과 함께해 주지 않는 가족들이 답답하고 혼자서 많이 외로우셨을 테고, 저, 어머니, 누나는 갑작스럽게 가정을 내팽개쳐 버리고 동두천으로 가버린 아버지가 야속했습니다.

어머니와 누나는 생계전선으로 뛰어들었고 당시 중학생이었던 저는 늦은 밤, 어머니와 누나가 돌아오시기 전까지 빈집에 홀로 우두커니 앉아있기 일쑤였습니다.

아버지는 동두천에서 홍근표 목사님을 만나 복음제일 교회에서 전도사로 사역을 하셨는데 저희 가족은 일주일에 한 번 주일마다 교회 예배를 드리고 상봉을 하고 저녁이 되면 다시 흩어지곤 했습니다.

며칠 전 아버지의 일기장을 발견하고 펼쳐보았는데 거기에는 어느 주일 저녁 '너희들이 다 가버리고 찬말 집에 돌아와 이렇게 앉으니 정말 외롭다'라고 적힌 말이 있었습니다.

평소 가족들 앞에서 절대 약한 모습을 보이시지 않던 아버지였기에 일기를 적으면서 외로움을 삭이셨을 아버지의 모습을 상상하니 저의 가슴은 저릿하기만 하였습니다.

이런 힘듦 가운데서도 아버지는 하나님을 붙들며 사역과 목회자 공부를 계속 하셨고 2005년 목사안수를 받으셨습니다.

목사 안수를 받으시면서 하나님께서 들려주셨던 음성이 '진실되고 성실하게'였다고 말씀해 주셨습니다.

2007년, 하나님의 인도하심으로 드디어 저희 가족은 동두천에 같이 모여 살게 되었습니다. 그러나 이 행복도 잠시 2010년 아버지는 편도암 말기 판정을 받으셨고 수술을 받으면 치료가 가능하지만 목소리를 잃어 목회를 할 수 없을 수도 있다는 사실에 수술을 거부, 하나님이 가자고 말씀하시면 툭 털고 가는 것, 그것이 바로 믿음의 선한 싸움이라고 말씀하시면서 끝까지 성경 묵상하시고 기도하시다가 2011년 2월 19일 소천하셨습니다.

수술을 하면 살 수 있음에도 불구하고 한사코 수술을 거부하는 아버지가 저는 정말 원망스러웠습니다. 아버지가 믿고 이렇게 우리 가정을 힘들게 하는 하나님이 미웠습니다. 만약 아버지가 이대로 돌아가신다면 나는 절대로 하나님을 믿지 않을 것이라고 생각도 했었습니다.

그러나 저의 이런 어리석은 생각은 아버지의 장례식장에서 예배를 드리면서 철저하게 깨졌습니다. 목사님의 말씀을 통해 하나님이 저에게 들려주신 것은 '한 알의 밀알이 그대로 있으면 한 알로 끝나지만, 땅에 떨어져 죽으면 많은 열매를 맺게 된다'였습니다.

하나님은 아버지로 하여금 이 세상을 떠나게 하시면서 저희 가족, 그루터기 교회 식구들, 생명의 삶 식구들의 마음에 믿음의 열매가 심겨지게 하셨습니다. 이제 더는 슬프지 않습니다.

이제는 고통 없는 천국에서 하나님과 함께 있는 아버지를 생각하면서, 눈부시게 빛나는 그 천국을 소망하면서, 하나님과 함께 갑니다!

아들 *김희망*

| 편집 후기 |

故 김종성 목사의
묵상집 편집을 마치고

이번에 故 김종성 목사님의 묵상 글들을 편집하면서 나는 많은 은혜를 받았다.

그가 쓴 한 편 한 편의 글들이 그냥 가볍게 쓰여진 것이 없는 묵직한 영혼의 무게로 닿아졌다. 어떤 글들은 읽어 내려 가면서 나도 모르게 눈물이 줄줄 흐르기도 했다.

편집해 나가는 글이 마지막 묵상 글이 올려진 1월 17일에 접근되면서부터는 더욱 집중된 마음으로 읽어 나갔다.

지난해 성탄절에 올려진 글로부터 시작해서 새해를 맞는 글들은 그가 이 세상에서 마지막이 될 기념일들이 될 것을 주님은 이미 아셨는지 그 어느 때보다 더 진지하다 못해 비장함까지 느끼게 하는 영혼의 글들을 쏟아내게 하고 있다.

이 무렵부터 애독자들과 주고받는 댓글들도 더욱 진지해져서 댓글 속에서 묻어나는 진한 슬픔들이 교차되고 있는데 아마 곧 닥쳐올 임종을 예견한 것이었을까?

생명의 불꽃이 꺼져가는 마지막까지도 생명 연장에 대한 기대를 저버리지 않고 하나님께 향한 믿음과 기대를 포기하지 않는 모습에서는 생명의 숭고함도 느꼈다.

그러나 그도 편도암이 주는 고열과 고통에 너무 힘이 들었는지 우리 게시판에 마지막 글을 올리기 며칠 전부터는 그 고통을 표시하며 자유로운 몸이 되어 주님께 날아가고 싶은 소원을 드러내기도 했는데….

그럴수록 그의 묵상 글에 댓글을 다는 분들의 안타까움과 기도가 더욱 간절해지는 모습들이 글 속에 배어 있는 것을 보았다.

이제 그는 우리 곁을 떠났다.

한동안 생명의 삶 게시판을 뜨겁게 달궜던 것만큼이나 그의 퇴장은 우리의 가슴에 싸늘한 슬픔을 남겼다.

왜 하나님께서는 한창 일할 나이에 있는 그를 데려가셔야 하는가?

그토록 많은 사람들이 안타깝게 드린 기도들이 정녕 무용하게 된 것인가?

그러나 참새 한 마리의 생명까지도 하늘 아버지의 허락이 아니면 떨어질 수 없다는 말씀 앞에 우리는 모든 슬픔을 묻어야 하고 우리의 의문부호들을 내려놓아야 한다.

이제 그는 우리 곁을 떠났지만 그는 글로써 우리와 함께 남았다. 주님께 향한 진중한 영혼의 무게로 써내려간 그의 묵상 글들은 그가 살아 있을 때보다 그가 떠난 후 더 큰 영향력을 후대에 남길 것이라고 확신한다.

그가 생전에 책을 내고 싶었던 그 소원을 하나님께서 그를 아는 우리를 통해서 이루게 하시는 것을 느낀다. 아무래도 하나님께서 그가 남기고 간 유고 묵상집을 통하여 하실 일이 많으신 것 같다.

그런데 다행히 그의 묵상 글들이 우리 손에 있어 출판하게 되니 얼마나 감사한 일인가….

박해동

故 김종성 목사 묵상집을 펴내는 사람들의 모임:
'생명의 삶과 함께하는 사람들' http://cafe.daum.net/kimjongseng

주님!
"이 모든 것이
아름다운 추억이 되게 하소서"

　이 한 줄의 기도는 故 김종성 목사님이 남긴 700여 편 묵상 글의 마지막 기도문입니다.
　생명의 삶 게시판에서 날마다 한 말씀으로 묵상을 하다가 육체의 죽음과 맞닿아 치열하게 믿음의 싸움을 하셨던 김종성 목사님의 깊은 영혼의 울림이 마지막 묵상이 끝나는 이 시간 제 영혼에 까닭 모를 깊은 울음을 낳습니다.
　우리 주님이 우리 위해 십자가에서 피 흘려 죽으사 우리에게 부활의 영광을 바랄 수 있는 소망을 주셨기에 예수님 안에서의 육체의 죽음이 무에 그리 새삼스레 못 견디게 슬프기야 하겠습니까만 날마다 영혼으로 주고받았던 묵상 동지로서 그 명쾌하고 진솔한 묵상을 더 이상은 대할 수 없다는 것이 너무도 안타깝고 슬픕니다.
　그동안 우리는 故 김종성 목사님을 통하여 육체로 사는 이 땅에서의 마지막 때를 미리 서 보는 귀한 시간에 있었습니다.
　그 귀한 시간에 치열하게 믿음의 꽃을 피우신 故 김종성 목사님은 우리에게 향기로운 믿음의 꽃 한 다발 남기시고 이제 우리와 나누었던 아름다운 추억을 가지고 주님의 품에 안기셨습니다.
　지금 우리는 우리에게 남겨진 믿음의 꽃다발을 손에 들고 우리들 각자에게 놓여진 우리들의 인생을 향해 서 있습니다.
　우리의 주먹에 힘이 들어가며 우리 마음에는 뜨거운 무엇인가가 복받쳐 오릅니다.
　우리 주님 만나는 그날까지 우리들도 믿음의 싸움에서 결단코 이기리라 다짐합니다.

  이미 우리 주님이 이기어 놓으신 그 승자의 자리가 마침내 우리의 것이 될 것입니다.

  주님!

  포장이 수려하지는 않지만 진한 믿음의 향이 흐르는 이 꽃다발을 받아 주시옵소서.

  온전히 주님께만 영광을 올리옵니다.

  할렐루야, 아멘.

임복자